比较

No.4, 2012
61

COMPARATIVE STUDIES

吴敬琏 主编

中信出版社
CHINA CITIC PRESS

比较

COMPARATIVE STUDIES

主管 中信集团

主办 中信出版股份有限公司

出版 中信出版股份有限公司

主编 吴敬琏

副主编 肖梦 吴素萍

编辑部主任 孟凡玲

编辑 包敏丹

封面设计 李晓军 / **美编** 杨爱华

经营部

总经理 吴传晖（兼）

总经理助理 黄易

商务拓展总监 王正

华北销售总监 宋洋/**客户总监** 胡蓉 田野

华东销售总监 王海瑾

华南客户总监 苏丽衡

市场总监 金楠

发行总监 邱道姗

整合营销总监 周铁

设计总监 石乐凯

品牌传播总监 马玲

独家代理：财新传媒有限公司

电话：（8610）85905000 **传真：**（8610）85905288

广告热线：（8610）85905088 85905099 **传真：**（8610）85905101

电邮：ad@ caixinmedia. com

订阅及客服热线：400-696-0110（8610）58103380 **传真：**（8610）85905190

香港地区订阅热线：（00852）21726522

订阅电邮：circ@ caixinmedia. com **客服电邮：**service@ caixinmedia. com

地址：北京市朝阳区西大望路1 号温特莱中心 A 座16 层（**邮编：**100026）

卷首语

2012年，距中国共产党十四大提出确定“社会主义市场经济体制”的目标模式20有年。一旦我们开始回溯中国经济改革开放的历程，“比较”的作用就无可忽略。是主编吴敬琏开创了第一个“比较”的平台，大量有关国别改革、学术前沿和历史经典文献的翻译、介绍，使得人们开眼界、启智慧、长知识，从而对我国从传统计划经济体制向社会主义市场经济转型和发展起到了重要的作用。当下值得警醒的是，中国经济虽然取得了巨大的发展成就，但通过“比较”可以发现，20年前提出的社会主义市场经济体制改革的目标未能完全实现，有的方面甚至还出现了倒退。那么就让我们以“比较”为利器，从国际、历史、制度、政策的比较视角选材，以供读者思考中国做借镜。

编委郭树清履任中国证监会主席以来，股票行情并不乐观，作为学者出身的官员，他在工作会议上的发言，依然是学术味十足。他围绕着“计划与市场”的经济学永恒主题，谈及了历史上相关的几次著名且重要的争论，由此，他期望中国金融业界的创新，就是对“创新能力不足，监管能力也不足。审批的环节太多，市场准入门槛很高，一旦进入市场后，对行为、过程的监管就缺失了”种种弊端的改革。

近几年，“保增长”一直是中国经济的头等大事。蔡昉教授认为，在中国经济从二元经济向新古典状态转变的过程中，潜在增长率已经下降。如果在此条件下，不设法通过诸多领域的深化改革来提高潜在增长率，仅希望借助产业扶持政策、区域发展政策和刺激性宏观经济政策，来追求超越潜在增长率的实际GDP增长率，只会导致更大的扭曲，甚至牺牲长期稳定和可持续发展。

苏联为什么会在它成立70年后崩溃？不同立场和观点的人，会给出不同的因由。吉尼维尔·内尔发表于英文版《比较经济学杂志》的文章，讨论的就是苏联崩溃的原因及其对市场经济的启示。文章探讨了寻租和集权的关系，以及对不同经济体制的比较分析，这是政策研究、转型经济学和发展经济学的一个重要内容。作者描述了苏联计划经济的本质，即层级制的命令经济，其基本特征是官员通过权力分配和强有力的惩罚实施层级控制；依靠政治手段顺着层级往上爬，然后运用职权控制下级人员的谋权，是该体制的根本驱动力。计划经济是普遍伺机而动的寻租行为。随着苏联推行经济改革，计划经济被突破且变得不稳定，人们对惩罚的惧怕就逐渐消退，此时，由于没有新的激励来确保忠诚，寻租行为迅速蔓延，进而导致整个命令体制的崩溃。作者还比较分析了市场经济中的寻租行为，认为它会导致市场经济的集权化。因此，寻租社会既可以从命令经济的分权化蜕变而来，也可以由市场体制的集权化演变而来，是计划和市场两种体制之间的中间体制。

《美国的昨天，欧洲的今天》是2011年诺贝尔经济学奖得主萨金特的颁奖演讲。萨金特针对欧盟当前面临的困境，阐述了美国在18世纪90年代至19世纪曾面临的两次宪法决策问题：通过将独立战争时期的州债务国有化、赋予联邦政府征收关税的财政体制重整，建立财政联盟；通过《铸币法案》、成立国家银行、取消州纸币，赋予联邦发行法定货币权的货币制度调整，建立了美元共同货币联盟。这两次宪法决策问题也说明了民主政治如何平衡利益冲突。萨金特认为，我们可以从美国历史中获得的部分教训是，政府预算约束和国债定价等式总是行之有效的。如果财政政策是负责任的，也即不靠通胀税的收入来维持政府预算平衡，货币当局维持低通胀就较为容易；但是，如果财政政策挥霍无度，货币当局就不可能维持低通胀，因为跨期政府预算意味着货币当局迟早要征收足够多的通胀税来为预算融资。从这个意义上讲，货币政策和财政政策并不能完全各自独立，它们必须协调一致。在协调财政政策与货币政策时，我们可以找到既简单又透明的方法。

杜克大学经济学教授铁木尔·库兰是当前最受关注的致力于比较历史制度分析的经济学家之一。这篇题为“用系统方法解析文明的经济轨迹”的文章，试图用系统方法来阐释一个困扰已久的历史难题：西欧作为经济强权的崛起以及随之而来的包括伊斯兰世界、印度和中国在内的其他文明的衰落。库兰教授的基本观点是“文明”是由相互影响、相互补充的社会特性组成的一个系统。这些互补的特性既包含“物质”要素，也包含“文化”要素。文化要素受物质激励的影响，反之也会影响物质。因此，单向因果关系的各种例子并不能解释我们观察到的不同文明的经济表现差异。阐释文明的经济轨迹其机制必定包含跨越物质与文化界限的双向因果关系。因而要进一步解决与文明的经济表现有关的问题，就需要进行跨学科的尝试。而这些尝试必须基于制度互补性的系统方法。

印度政府首席经济顾问、美国康奈尔大学经济学教授巴苏从研究人员和政策制定者的双重视角，对当代印度面临的财政、货币、汇率管理等政策挑战进行了经济学分析。在财政政策方面，应当为基础设施投资提供精心设计的财政担保，令人信服地向企业家和投资者传递致力于精心安排重大投资项目的信号。在货币政策方面，有两个难题，一是货币政策是控制通胀的；二是在工业化国家受困于经济停滞的通缩时，新兴经济体国家的首要问题却是控制通货膨胀，这加大了货币政策实施的难度。在汇率管理方面，巴苏认为，正在工业化的现代经济体需要引导汇率，以保证实体经济的稳定，并将经常项目赤字保持在一定限度内，为此他提出了一个新的概念“日程表式的干预”，以使中央银行在干预外汇的同时，避免减持或增持外汇储备。最后，他强调了政治、文化、法律、社会规范等非经济因素的重要性，应该对这些因素进行更多的研究，并将之纳入经济政策制定的框架中。

生育率的历史性转变在现代经济的发展过程中起到了关键的作用。耶鲁大学经济史教授蒂莫西·吉内恩的文章简要描述了法国、英国、德国、美国与意大利在18世纪末到20世纪初的生育率转变模式。以此为基础，归纳分析了现有文献对生育率转变的6个主要经济解释：婴幼儿死亡率下降、避孕技术的创新和普及、养育孩子的直接成本上升、养育孩子的机会成本变化、孩子质量提高带来的收益增加以及社会安全网和私人保险与储蓄工具的出现。作者认为这都不能完全解释当时的生育率转变，更重要的是目前关于生育率转变的研究，很多关键的概念和数据均来自人口学家，而人口学家给出的定义与经济学家的定义有很大差异，因而可能会起到误导作用。作者指出，要想更好地了解生育率的历史性转变对经济发展的重要作用，经济学家可能需要另起思路，并为新的研究指明方向。当前，我国正处于人口转型的关键时期，人口结构变化对经济发展的影响正在日益显现，吉内恩教授的文章可以为我们研究中国的人口问题提供有益的启示。

“法和经济学”栏目是悉尼大学公司法教授詹尼弗·希尔的文章。作者探讨了安然、世通等跨国公司丑闻和2008年全球金融危机后，有关股东权利和角色的理论争论及英美澳等国在修改相关法律时的重新定位。这些争论和重新定位主要反映在股东保护、股东与董事之间的权力分配、高管薪酬决策中的股东参与等公司治理问题上。本文还将伯利教授在《现代公司与私有产权》以及伯利——多德之争中对股东的描述，与近期对股东的重新定位进行了比较。正如作者所述：“相比伯利教授所处的时代，近期公司法中股东的作用正在变得更加不固定、更加不可预期、更加具有争议性。但伯利教授引领的公司法当代发展的道路依然清晰可见。”

英国金融服务局主席阿代尔·特纳的文章“影子银行与金融不稳定”对此次金融危机进行了梳理，对影子银行的定义以及规模进行了估计。他认为，此次金融危机之前，就已经发现了影子银行风险的苗头，但是当局并没有采取相应的行动，最终导致了当前的危机。特纳认为，这次针对影子银行的监管改革要足够彻底。与此同时，现代全球金融市场的本质特征是不断变化，由此产生新的风险和新的关联性。故而，应将包括影子银行在内的整个金融体系置于永久的监管之下，以便发现重要的趋势和风险。

目 录

Contents

第六十一辑

转轨经济 Transition Economy

前沿 Guide

比较制度分析 Comparative Institutional Analysis

海外特稿 Special Feature

积极地、审慎地探索和创造

郭树清

今天召开的证券公司创新发展研讨会，备受各方关注。市场期待了很久，我们也做了充分准备。一个会议如果想要真正取得实效，做充分的准备很重要。陈云同志曾经说过，要用 90% 以上的时间做调查研究，解决问题不到 10% 的时间就可以了。我讲几个综合性、一般性的问题。

为什么要开这个会议？经过 20 多年的快速发展，证券行业现在到了历史上最好的时期。有人将过去的发展概括为“野蛮生长”、“清理整顿”和“规范发展”三个阶段，现在还处于规范发展阶段，希望从这次会议开始，进入到创新发展的新阶段。为什么证券业要创新发展？是为了行业繁荣？为了让公司有更多业务？为了适应市场需求？都有一定道理，但不完全，不充分。真正的大背景是，中央经济工作会议、全国金融工作会议都提出，金融一定要提高为实体经济服务的能力。我们的金融服务业虽然有了很大发展，但仍然是一个瓶颈部门。其表现在于，中国储蓄向投资的转化还不够顺畅、不够理想。

作为一个储蓄大国，中国每年的储蓄占 GDP 的比例高达 40% 以上，那就是说有大约 20 万亿元，按现在的汇率计算也有 3 万多亿美元，位列世界第一。但是资金的闲置、浪费以及重复建设等问题还很突出，很多企业得不到资金。从总量看，储蓄率非常高，但资本配置的效率不够高。从结构看，

* 本文根据作者 2012 年 5 月 7 日在“证券公司创新发展研讨会”上的发言整理而成。

大量的资本没有配置到最合适的地方，存在严重的浪费。我们必须正视这个现实：全社会的资金配置，不仅不能说是最优，恐怕也不能说是次优，远远没有达到这个水平。要解决这些问题，在很大程度上就是证券行业和资本市场的责任了。

第一，“两多两难”是我们民族面临的一个挑战。

“两会”结束后我去浙江调研。浙江的同志说，他们现在最难办的问题就是“两多两难”，即中小企业多，融资难；民间资本多，投资难。金融市场上，需求足够多，供应也足够多，但成交不够多。这个问题，不仅是浙江一个省的问题，也是全国性的问题；不仅是金融的问题，也是国民经济的问题；不仅是经济的问题，无疑也是一个社会和文化的问题。

世界上似乎还没有出现过这种情况。一方面，我们有极高的储蓄率，按现行统计达到50%左右。2011年底城乡居民银行存款余额达到34.4万亿元，全部银行存款80多万亿元。这和上世纪80年代、90年代的情况完全不一样，那个时候没有钱。我记得90年代初的时候，北京市修了两公里的地铁，由于那个项目没有经国家计委批准，所以被全国通报。现在北京地铁同时开工100多公里，去年有13条线路在建，欧洲人、美国人都觉得不可思议。目前中国外汇储备是最多的，我们的资本输出在给全世界作贡献。

而另一方面，市场体系发育不平衡，劳动力、土地等要素市场存在一些扭曲，金融市场不够发达，资本市场的问题更加严重。这些问题造成的后果是全社会资本的闲置、浪费和风险集聚。当前，国内有的领域资金十分紧缺，比如，中小企业、“三农”、教育、医疗、文化及其他民生服务领域，但有些领域却投资过多，产能过剩，例如许多制造业、重化工业、矿业，在一些地方还包括基础设施、能源交通。至于直接由政府主导的投资，与市场没多少关系，但闲置和浪费更为严重。例如，一些城市兴建了很多体育场馆，每个场馆耗资十几亿、几十亿，但短暂使用之后，许多都长期搁置在那里，这种情况发达国家都极为少见，我们是发展中国家更不该如此。

此外，还有城乡二元分割问题。农民进城从事非农产业还按农民对待，城乡要素资源不能双向流动，发展不均衡十分明显。北京周边几十公里外的农民年收入不到2 000美元，如果把河北省算进来，那就形成一个环北京的贫困带，人均收入才只有2 000元人民币，反差相当大。

这里涉及一个非常深刻的问题，就是资本的稀缺性问题。搞市场经济，无论资本主义也好，社会主义也好，按说资源是稀缺的——现代经济学所有的模型都是以资源稀缺作为假定前提的，但是在我们这个时代，资本似乎不再那么稀缺。不仅在相对意义上，甚至在绝对意义上似乎也是这样。若按在建房屋的面积来计算，去年中国的房屋建设规模大概是世界的一半，全世界一半的工地在中国。

与此同时，中国的资源浪费问题也很严重，其中既有国有企业，也有民营企业。许多所谓的高科技产业、新兴产业，包括光伏产业、电动汽车、风力发电等在内，重复建设的很多是民营企业。居民个人的浪费也很严重，比如城市居民买了房子不出租，不少进城的农民还在老家建新房，都在那儿闲着，实际等于空置。我们中国人很节俭，很爱储蓄，但是很多人没有贴现、折现、现金流的概念，不知道这是占压了自己的资金，客观上必然会有折旧和利息成本，是损失了机会收益的。所以我说“两多两难”问题是我们整个民族在发展中面临的问题，涉及经济体制的各个领域，当然重要的是价格、金融、财政体制问题，投融资体制则更为直接。解决这个问题很不容易，但是在座的各位投资银行家义不容辞。

第二，不能创新是中国经济和金融的最大风险。

在讨论中国经济问题时，有人认为要吸收借鉴美国、欧洲金融创新过度导致危机的教训，这无疑是非常必要的，但是得出的结论是金融不要创新了。这与中国面临的情况不符。无论是从全局上说，还是具体到金融体系、金融企业，我们最大的危险是不会创新，不能创新。不要认为创新很容易，胡搞乱来不叫创新，真正的创新并不容易。

胡锦涛总书记在去年“七一”发表的重要讲话中，提出了我们党在新时期面临的“四大危险”：精神懈怠的危险，能力不足的危险，脱离群众的危险，消极腐败的危险。这是政治问题和党的建设问题，但也在一定程度上揭示了经济和金融的一个要害问题，就是能力不足。

从一个角度看，传统的发展经济学理论认为，一国经济增长的首要决定因素是资本，发展中国家都不缺劳动力，土地资源等也可以在国际之间调剂，缺少的是资本。所以资本的多寡，曾经可以解释一切经济发展问题。但在当代的发展实践中，这理论几乎丧失了生命力。

从另外一个角度看，在上世纪 30 年代，欧美经济学界发生过一场关于资本主义和社会主义、市场经济和计划经济优劣的辩论。对于计划经济的优越性，有许多道理可以支撑和印证。最有力的学说是由奥斯卡·兰格提出来的，他说，中央计划局可以模仿市场的价格信号，使全社会的生产非常高效，同时避免市场的盲目性。批驳计划经济的经济学家，也拿出了许多过硬的论据，例如消费需求的无限多样性，强迫命令难以持续，平均主义分配会导致激励机制的丧失。更重要的是，以米塞斯和哈耶克为代表的奥地利学派认为，没有货币价格或私人财产的存在，正确的经济计算是不可能达成的。但是，对市场经济捍卫最有力的，是熊彼特提出的“破坏性创造”理论。他认为，市场经济的优越性在于不断地创造新技术、新组合、新模式，西方经济确实有危机和周期性，这恰恰是经济有活力和有动力的表现，是其生命力的源泉，因此是一种“破坏性的创造”。经过这么多年，计划经济的试验在一度取得巨大成功后，最终被证明难以持续下去。市场经济也已经不是当年的形态，实践证明自由竞争与宏观调控必须结合起来。然而，一个基本的元素大家都赞同，就是创新。新增长理论的代表人物保罗·罗默认为，对于经济增长贡献最大的是经验、想法和创意，与过去西方经济学中各种增长理论很不一样，那些理论都认为物质、劳动和资本最重要。

总之，从发达国家的经验看，创新推动已经成为现代经济的主流。美国最典型，从最高层次上，占据了全球竞争的优势，占据了现代农业、制造业、服务业所有领域的优势。中国现在是世界上最大的工业国，我们有 200 多种产品产量全世界第一，钢铁、汽车等制造能力都已远远超过美国，但是我们比较担心，高增长后会出现停滞，或者没有高速度的时候就很快出现停滞，也就是“中等收入陷阱”。因为我们的经济基本上是模仿和学习发达国家，在产业链低端从事生产，没有多少自己的创新和创造，只能跟在人家后面一步一步往前挪动，这种增长模式很难永久持续。这正是实体经济强调创新驱动的重要原因。2006 年 1 月，党中央、国务院正式提出到 2020 年建成创新型国家的战略目标，可以说是反映了经济社会发展的时代要求。实现这个目标，要靠体制机制，要靠人才，要靠许多条件，这是很不容易的。迄今为止，我们还有很多不足，经济中追求数量的倾向，科研中依靠政府的倾向，教育中追求分数的倾向还非常普遍。因此，我们说，不能创新是发展的最大危险。

中国的金融体系也是这样的问题。创新能力不足，监管能力也不足。强调审批的环节太多，市场准入门槛很高，一旦进入市场后，对行为、过程的监管就缺失了。进入成本很高，违法违规的成本很低，这样的市场无法做到高效。为什么说我们的金融体系最大的威胁是创新不足呢？分析一下金融体系中种种奇怪的现象也就清楚了。例如，上市企业不能破产，市场化并购太少，公司信用类债券几乎没有违约，这都是很奇怪的现象。按道理债券违约应该是经常发生的，就像破产和倒闭一样，我们这里也没有，尤其是最近几年没有，很奇怪。但实际上经济活动中的风险既没有化解，也没有消失，既没有分散，也没有转移。在对外开放程度不高的情况下，金融体系的风险在日益积聚。所以，和经济体系一样，创新不足是中国金融体系面临的最大问题。

第三，金融创新迎来了最好的历史时期。

这是业界一致的看法，表现为几个方面。

一是我国产业结构调整，转变发展方式的进程在日益深化，这对金融服务实体经济提出了层出不穷的需求，要为不同规模、不同类型、不同发展阶段的企业提供差异化的金融服务。

二是财富管理成为全社会的迫切需要。不仅个人储蓄要保值增值，社保资金、养老基金、住房公积金也面临投资运营的问题。过去10年，地方管理的养老基金平均回报率扣除通胀后是负的0.9%。目前，全国企业存款20多万亿、机构存款20多万亿、个人存款30多万亿，其中很大比例需要通过财富管理实现保值增值。

三是利率和汇率市场化改革正在加速深化，金融产品定价和管理市场风险，成为企业和家庭极为现实和普遍的需求。

四是社会各界对推进新一轮证券行业的改革具有较高期望。当前，我国几乎所有行业都正在经历着新一轮的改革，社会普遍呼唤再次去行政化，对于金融行业尤甚。中国金融业和资本市场的改革从没有停止过。上半年，我们按照温家宝总理在《政府工作报告》中的要求，在新股发行、分红、退市等方面加快改革进程。媒体非常关注，但是有的报刊文章，把这些叫做所谓的“新政”，这不正确，其实这是证监会一直在做的工作。

五是进一步扩大开放和国际化，使得金融创新具有更好的条件。中国企业和居民个人以各种形式走出去的步伐正在加快，如沃尔沃被吉利并购，IBM个人电脑被联想并购，中国人在很多发达国家作为外来居民买房的数量都是数一数二的，这个速度还会加快，世界希望中国有更多的需求，有更多的投资。所以创新也是必然的，否则无法适应需要。例如，我们的证券公司还没有一家能够为海外并购做财务顾问，更多的优势还是在国内，所以我们鼓励大家“走出去”。

六是资本市场已经发育到一定水平，为正常合理的金融创新奠定了坚实基础。经过20多年的改革发展，我国资本市场规模快速扩大，体系不断健全，结构日益优化，监管的有效性切实增强。目前，中国股票市值位居全球第三，债券市场规模世界排名也是第四第五，资本市场已经发育到需要加快创新的阶段了。例如，股票市场因盲目投资和炒作已经付出了巨大的代价，“三炒”的恶劣后果也已人尽皆知，价值投资、长期投资能够得到合理的回报，开始逐步成为大家的共识。

中国证券市场还很不成熟，问题还很多，投资回报率较低，投资费用成本过高。但也要看到，短短10年间，中国股票市场的规模从几万亿扩展到20多万亿元，市盈率从平均的50～60倍变成目前的13、14倍，发生了根本性的变化，这种市场结构的改善，为进一步创新提供了基础。再比如，债券的重要性在行业内得到了普遍的认同。债券的规模应当比股票大，金融市场价格体系、估值体系、风险控制体系要建立在债券市场上。国外经验表明，对于投行业务来讲，将来成长潜力最大、收入最多的可能就是固定收益产品。除公开发行的股票、基金、债券外，今后私募、场外交易、柜台交易等理财、债券和股本类创新产品的规模也将快速增长，证券中介服务的增长潜力必将得到进一步释放。

第四，创新必须紧紧围绕实体经济的需要。

一定要牢记，实体经济的需要是金融创新的源泉，否则就成了无源之水、无本之木。亚洲金融危机，特别是爆发于欧美发达国家的全球金融危机，给全球金融行业带来极大震撼，同时也在深刻地警示我们，只有紧紧抓住国民经济的关键领域和薄弱环节，才能取得社会各个方面的理解和支持，证券行业的创新才具有强大的生命力。从商业的角度来说，着眼长远，着眼全局，注重投资的联动效应，做好市场渗透，才能赢得客户。美国的投资银行，经常能找到有潜力的小公司，这种小公司有的就办在居民楼的地下室或车库里，给予及时的数量恰当的资金支持。中国资本市场就缺乏这样的筛选机制和服务能力。作为证券行业，应该支持中小微企业、“三农”、文化创意产业、科技企业，还可以通过市场并购等途径促进其加快发展。明显的例证是，我们对于发展现代农业，抓好食品安全的需求很迫切。比如奶制品行业，若没有现代化企业成长起来，面对诸如千家万户养奶牛的无序局面，挤奶、送奶这样的复杂环节，如何控制风险，又如何能够提高产业竞争力，是个很大的难题，而这与金融服务不足又有很大的关系。

投资银行里的人都号称是最聪明的人，针对这些问题应该能够找到好的解决方案。我们比较重视“新三板”，重视中小企业私募债，重视各种投资基金，农产品期货，这对证券行业的健康发展非常有好处。两个证券交易所深入实际，到中西部地区、工业园区进行沟通和联系，期货交易所也做得很好，正在研发许多新的产品，拜访了很多客户，这些都是非常重要的。

除了直接的金融服务以外，间接服务于实体经济的产品和工具同样重要。要积极探索利率互换、外汇远期、国债期货、商品期权等金融工具，切实提高资源配置效率，降低风险危害，为实体经济提供间接服务。

第五，创新特别需要理解和包容。

像柯达公司这样的世界知名公司、百年老店，即使倒闭了，也值得人们永远怀念。柯达不仅把胶片做到极致，而且正是它发明了为自己带来灭顶之灾的数码相机。经济发展、技术进步，都会导致企业经营困难，这不是柯达公司一家的问题。我们现阶段的金融创新，有相当多的“拿来主义”，很多实际上不是我们的原创。可以充分学习和借鉴发达国家，这是有利的条件，但是也有其危险性，就是容易简单照搬、食洋不化。创新不可能不犯错误，要懂得宽容，但还是要努力避免犯那种可以避免的错误。

首先，要避免重复我们自己的错误。建议大家一定要认真读一读新近出版的《朱镕基讲话实录》，朱总理在这套书里，不少文章和讲稿都提到我国金融领域中，过去曾经出现过的“乱拆借、乱贷款、乱集资”问题，以及证券期货行业挪用客户保证金问题。这些错误警示我们，在创新过程中一定要防止出现一哄而起、一哄而上。永远不要忘记我们曾经有过的“开发区热”、“房地产热”和“股票热”。第二要避免重复西方发达国家的错误。中国证券公司的杠杆率普遍很低，欧美投资银行是我们的10倍，我们的杠杆率可以提高。但我们可能需要谨慎对待直投业务，我们的直接投资业务平均占 4%，美国高盛、摩根占 1%，我们还是比较高。

推进证券业创新需要把握的原则是：（1）严格区分公募和私募，逐步完善投资者适当性制度。如果区分得当，一多半的风险可以避免。（2）永远不做自己不懂的产品。要将场外交易和柜台交易纳入登记、备案制度，保持一定的透明度。（3）不取不义之财。一定要牢固树立诚信观念，继承优秀的中国金融文化传统，特别是对客户，一定要有充分的风险提示机制，不欺骗客户、蒙蔽客户，这是好的投资银行和差的投资银行的根本区别。（4）风险敞口始终保持在可以控制的范围内。（5）时刻做好经营状况向最坏方向发展的准备，要有逆周期的拨备。

第六，证券公司应该勇敢地承担起自己的责任。

首先是行业的责任。中国的金融创新主要集中在直接金融领域，间接金融领域也有，但不那么多。也就是说，创新主要集中在证券行业、基金行业、期货行业等方面。当然，我理解的证券行业是一个开放的行业，不能局限为就是 109 家证券公司 26 万人。金融行业的相互交叉是必然的，关键是要分业监管、行为监管、公平竞争。

证券业要发展必须开放。要坚持自主渐进、互利共赢、风险可控。自主，不是搞自我封闭、自我保护，而是有利于我们学习先进经验和技术。改革开放后的相当长时期内，我们是以“引进来”为主，这是正确的，也是必然的，因为它符合我们的核心利益。外国人来中国办厂设机构，要求我们开放市场，根据对等原则，我们也可以到对方市场设机构。但我们是发展中国家，需要技术和资本，美国等发达国家对我们开放了市场又有多大意义？因为我们的知识和技术要靠间接的学习和利用，所以以我为主，就是从金融业、国民经济发展的最紧迫的需要出发，从我们金融业发展的现实阶段出发。

我相信，只要具备开放的心态，证券业也好，投资银行也好，发展成熟的速度就会大大加快。我在商业银行工作时深有体会。从 2004 年开始到现在，有几百家外资银行进入中国市场，但市场份额到现在也只有 2% 左右，这是平等竞争的结果。外资银行网点不如我们多，对当地的文化不了解，怎么能竞争过中国的银行呢？如果中国的银行也使用先进的管理方式、同样的网络、同样的 IT、同样的 ATM 机，肯定比外资银行好，没有什么做不好的。国有商业银行的重组上市过程中，外资银行参股最高的达到将近20%，有人说中国的银行变成外资的提款机了，如今赚钱了要撤了。外资确实赚了钱，但中国的商业银行在对外开放过程中，技术水平进步了，经验方面提高了，人才培养了，最根本的是劳动生产率迅速接近了发达国家银行。

其次是市场责任。你们是市场的组织者、主要参与者，市场是否有秩序，是否公开、公正、公平，投资者权益是否得到足够保护，证监会有责任，你们在座各位都有责任。比如说发行、退市、分红制度的实施，上市公司的治理，都得靠你们去监督，去教育，去培训。

证券公司上市我们都赞成。但为什么有的公司发行市盈率达到40、50倍？如果市场认可、投资者认可，定80倍也没问题，但投行保荐人必须要说出道理来。对企业的定价绝不能建立在搞关系、讲人情、相互交易、送礼等不公平做法上。要建立诚信档案，严格按照法律追究，法律如果没有规定则可以建议推动修法。总之，要采取最严格、最严厉的措施，遇到一单处理一单。把投资者当傻瓜来圈钱的时代一去不复返了。世界上没有免费的午餐，投资银行家应该最清楚这一点。

最后还有社会责任。这次会议印发的《关于推进证券公司改革开放、创新发展的思路与对策》的征求意见稿，专门有一段写社会责任。表面上看这和创新大会关联不大，是我建议写进去的。

证券公司也好，证券行业也好，必须有强烈的社会责任感。牢固树立诚实守信、依法合规、关心国家、热爱人民、扶贫济困、绿色环保的理念。证券公司党组织和管理层也要讨论是不是有精神懈怠的危险，是不是也有能力不足的危险，是不是存在脱离群众、消极腐败的危险？在座的很多人也是下过乡、扛过枪，在工厂里干过活的，任何时候，不管做什么事，都要和国家人民同呼吸共命运，要尽可能地多到社会基层走一走，多和普通群众在一起聊一聊，这样就和社会保持了一种紧密的联系。每一个机构，每一个企业都应当组织更多的专业或业余活动，深入社会实际。

业内一些同志认真分析了美国和欧洲金融危机的经验教训，提出中国绝不能出现像美欧那样，由于少数金融机构向其管理人员，支付与他们的贡献和责任严重脱节的高收入，而造成的对社会的撕裂，即所谓1%和99%的严重对立。我们确实不能也不应该产生这种华尔街式的社会分裂，我们也完全有能力避免这样的结果。

欲速则不达

如何应对潜在增长率的降低

蔡　昉

一、引言

在中国迄今为止的二元经济发展阶段上，经济增长所需要的劳动力具有无限供给的特征，抑制了资本报酬递减现象，人口红利带来的高储蓄率转变成投资率，生产要素供给得以充分满足；劳动力大规模从农业向非农产业转移创造了资源重新配置效率，构成全要素生产率的主要组成部分；微观激励机制的改善带来技术效率的提高；通过学习过程以及引进外商直接投资，与发达国家巨大的技术差距可以转化为自身的技术进步。因此，在对外开放和体制改革的条件下，过去30余年中国享受了极高的潜在增长率，并实现了大体相同水平的实际经济增长率。

然而，随着15～64岁劳动年龄人口增长率的下降，并预期在2013年停止增长，农业剩余劳动力大幅度减少，中国经济的二元经济发展特征逐渐减弱，越来越受到新古典增长条件的约束，即出现劳动力短缺及其导致的资本报酬递减现象，农业与非农产业之间资源重新配置的窗口缩小，未来的经济增长既受到投入要素的约束，全要素生产率改进的潜力也会减小，因而潜在增长率必然相应下降。

在潜在增长率下降的条件下，政策面临诸多选择。是不遗余力地试图实现一个超越潜在增长率的实际增长速度，还是任由潜在增长率决定未来的增长速度，或者做出努力以合理改变潜在增长率，要求采取截然不同的政策手段，进而会产生大相径庭的经济增长后果。

我们以图 1 说明应对潜在增长率下降的各种政策选择及其可能的结果。在当前的长期总供给曲线 S_1 条件下，实现更高的产出意味着更高的总成本。例如，当产出水平从 O_0 扩大到 O_1 的情况下，总成本从 C_0 大幅度升高到 C_2。而且，如果扩展这个总成本概念的话，我们可以看到它不仅指与投入产出相关的物质成本呈现显著的递增趋势，实际上还包括在宏观经济稳定性和经济增长可持续性意义上的成本，如高通货膨胀率、资源和环境代价，甚至包括追求高速度的政策所造成的损害，如生产要素价格的扭曲、资源配置效率的降低、产能过剩等等。可见，追求高于潜在增长率的实际增长速度是危险的。

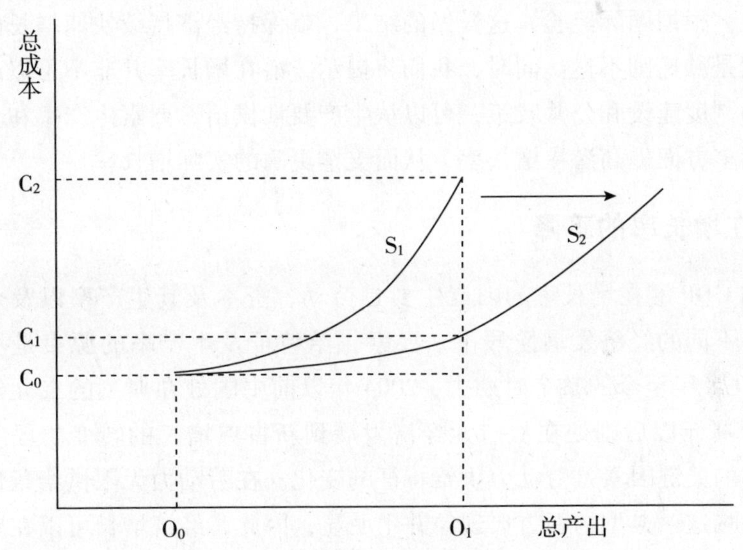

图 1　不同长期总供给曲线下的增长代价

一个在分析中常见的错误，或者经常会造成政策误导的倾向，是把经济增长需求方因素与供给方因素混为一谈。当我们谈到潜在增长率时，需求方的因素只是影响实际增长率与潜在增长率之间的差距，即增长率缺口。短期强劲的需求可以把实际增长推到潜在增长能力之上，孱弱的需求可以造成实际增长达不到潜在增长能力，但是，决定经济增长可能性的，归根结底是受到要素供给和生产率因素制约的潜在增长率。因此，在潜在增长率没有提高的情况下，人为制造需求的扩大，以为是某种新的经济增长点，只能助长实际经济增长超越潜在增长率的倾向，同样会造成扭曲的结果。

但是，潜在增长率却是可以改变的。例如，在价格刺激增大和体制环境改善的条件下，相关生产要素的供给可以增加。此外，激励机制的改善也具有促进生产率提高的效果。如果长期总供给曲线从图中的S_1扩展为S_2，同样的总产出增长（从O_0扩大到O_1）可以在小得多的总成本（仅仅从C_0上升到C_1）基础上实现。换句话说，改变了潜在增长率既可以实现更高的经济增长率，同时不会造成扭曲和对宏观经济的损害。

本文将引用若干关于潜在增长率的估计结果，说明其降低的必然性。我们还将论证，追求一种超过潜在增长率的实际增长速度，必然要采取扭曲性政策手段，造成宏观经济的不稳定性，加剧经济增长中的不平衡，妨碍经济发展方式的转变。根据国际经验，这样做的结果，就保持经济持续快速增长的愿望来说，必然是欲速则不达。同时，我们将揭示，潜在增长率并非不可以改变。通过必要的制度建设和公共政策，可以从生产要素供给、要素生产率和全要素生产率等诸多方面提高潜在增长率，从而支撑更高的实际增长率。

二、潜在增长率的下降

影响 GDP 潜在增长率的因素主要是劳动、资本及其生产率以及全要素生产率。在不同的经济发展阶段上，要素供给特征及生产率的源泉是不尽相同的。在 1978 年至今的整个时期中，2004 年以前中国处在典型的二元经济发展阶段，2004 年以后则处在从二元经济发展到新古典增长的转变阶段。影响潜在增长率的关键因素是劳动力供给特征的变化。在劳动力无限供给条件下，资本报酬递减这一典型的新古典现象并不明显，因此，经济增长可以在要素积累的条件下得以维持，而劳动力从农业到非农产业的转移可以创造资源重新配置效率，为经济高速增长提供生产率改善的基础。因此，一旦劳动力无限供给特征开始消失，上述条件就发生根本性的变化，潜在增长率的下降就势所必然。

作为人口结构变化和经济增长速度从而对剩余劳动力吸收速度的结果，劳动力供求关系的变化是逐渐发生的。但是，劳动力需求增长速度快于劳动力供给增长速度，终究会在某一时刻以劳动力短缺和工资上涨的方式突出表现出来，即所谓刘易斯转折点的到来。2004 年最符合刘易斯转折点的上述标志性表现。对中国来说，继 2004 年刘易斯转折点到来之后，另外一个转折点即以劳动年龄人口停止增长以及人口抚养比停止下降为标志的人口红利消失点，到来得格外早。

根据日本学者的研究，日本经过刘易斯转折点的时间大约是在20世纪60年代初（Minami，1968）。如果以人口抚养比开始提高的年份作为人口红利消失的转折点，日本到达这个转折点的时间为1990年，两个具有转折意义的时间点之间相隔30年左右。韩国学者的研究则表明，韩国在20世纪70年代初经过刘易斯转折点（Bai，1982），而以人口抚养比提高为标志的人口红利消失点则要在2013年前后达到，其间相隔约40余年。如果以2004年作为中国的刘易斯转折点，2013年人口抚养比提高的年份作为人口红利消失点，其间仅仅相隔9年（图2）。

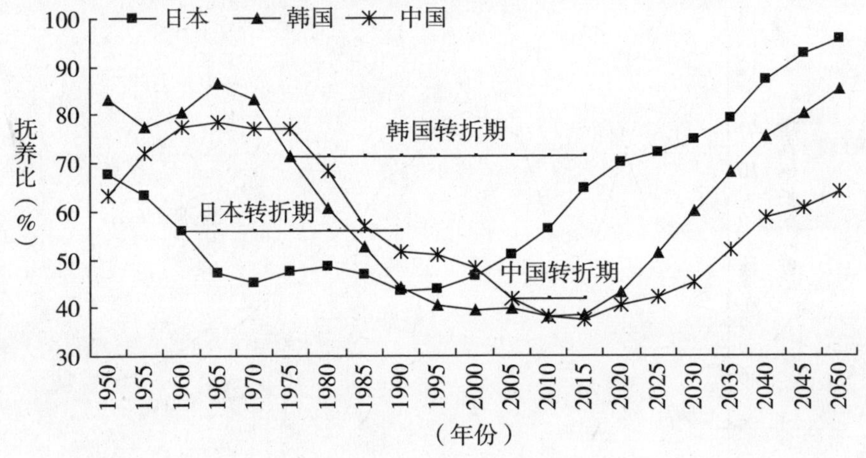

图2　中、日、韩三国转折期比较

资料来源：UN（2009）。

按照人们通常使用的数据来源看，仅就人口红利消失及其对潜在增长率的影响这一点来说，以人口抚养比已经降到最低点，预期很快就显著提高为特征，中国目前的发展阶段与日本的1970年以及1990年都具有相似之处：1970年，日本人口抚养比降到最低点，但是，在这个低点水平上一直保持到1990年，自那之后，人口抚养比才迅速提高。与此相应，日本经济的潜在增长率也大幅度降低（池田信夫，2012，第6页）。此后，无论其实际增长率是超过还是达不到潜在增长率，相应地形成或正或负的产出缺口，终究只能围绕潜在增长率浮动（Amornthum，2002）。事实上，日本的实际GDP增长率从1950~1970年期间的年均为9.2%，大幅度降低为1970~1990年期间的3.8%，并进而陷入1990~2010年期间0.85%的停滞状态。

基于增长核算方法，许多研究者对1978～2009年中国潜在GDP增长率进行了估计，并对2010～2020年情景进行了预测①，得到比较类似的结果。例如，高路易（Kuijs，2009）的估计结果是：中国在1978～1994年期间的平均潜在GDP增长率为9.9%；1995～2009年期间为9.6%；2010～2015年平均为8.4%，2016～2020年平均为7.0%。陆旸（2012）的估计结果则更悲观一些，即中国的平均潜在GDP年均增长率，在1978～1994年期间为10.39%，1995～2009年期间为9.76%。但是，在“十二五”时期将下降到7.79%，在“十三五”时期进一步降低到6.31%（图3）。

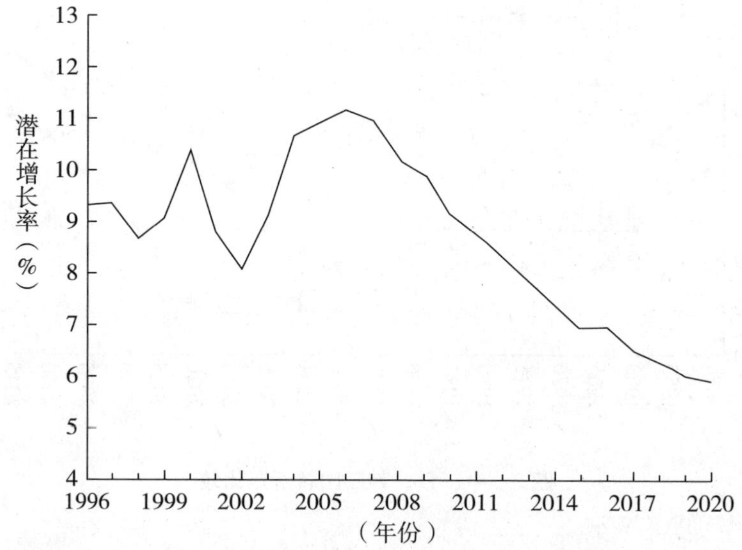

图3　中国GDP潜在增长率预测

资料来源：陆旸（2012）。

由于中国人口转变的变化速度，实际上大大超过了以往的预测，所以，我们有理由认为，上述预测仍然可能高估了中国GDP的潜在增长率。根据一直以来的预测，中国15～64岁劳动年龄人口于2013年停止增长并随后绝对减少，人口抚养比的逆转也发生在同一年。而最新的数据显示，由于长期处于低生育水平阶段②，

① 估算过程及其数据和方法的细节，请参见陆旸（2012）以及Kuijs（2009）。

② 大部分学者和联合国官方报告认为，中国的总和生育率约为1.4～1.5。然而，有人分析2010年人口普查数据得出，总和生育率已经下降到1.18。参见穆光宗（2012）。

中国15~59岁年龄人口已经于2010年开始绝对减少（中国发展研究基金会，2012，第10章）。因此，劳动力供给的制约要比预测中设想的情形严重得多。

与此相应，大多数预测也难以准确地评估资本报酬递减现象的严重程度，从而高估了资本供给的潜力。更重要的是，随着农业剩余劳动力的大幅度减少，不再可能像以往那样轻易获得资源重新配置效率。而与发达国家技术差距的逐步缩小，也使得未来增长的后发优势式微，技术进步难度无疑加大。这都会使全要素生产率的增长显著减速。

三、追求高速度的代价

如果中央调控者不情愿接受降低了的潜在增长率，则需要借助“抓手”，施加外力或市场力量之外的刺激因素，以争取获得超越潜在增长率的更高增长速度。此类政策可以表现为旨在探寻新的比较优势的产业扶持政策、以维持高增长速度为目标的经济刺激政策，以及着眼于培育新的经济增长点的区域发展战略。那么，对潜在增长率的这种偏离有什么问题吗？无论是从国际经验还是从中国经济已经存在的“不协调、不平衡、不可持续”的现实看，通过政策手段不遗余力地追求超越潜在增长率的实际增长速度，很显然是有问题的。

首先是造成宏观经济不稳定，在频繁的调控中伤害中小企业的成长环境。用刺激性政策手段追求超越潜在增长率的高速度，不可避免给宏观经济带来不稳定因素，也加重了经济增长的不平衡、不协调和不可持续。除了潜在的日本式的泡沫经济危机之外，实施刺激性政策之后，在担心通货膨胀及其预期攀升，从而出台紧缩性政策的情况下，撇开国有大型企业和国家级投资项目往往会受到例外的保护，而让中小企业成为调控重点不说，即使没有这种先验式的政策歧视，调控过程本身也必然造成中小企业和民营经济成为首当其冲的牺牲品。

例如，在收紧货币供给的政策要求下，一方面依靠提高准备金率和基准利率等手段抑制贷款需求，另一方面通过所谓“窗口指导”直接控制贷款规模。这时，宏观调控常常强调一个原则，叫做“有保有压”，初衷是保护那些健康和具有连续性的投资项目，压抑那些可能导致产能过剩的项目。但是，在基层商业银行的直接操作中，则出于贷款的安全性、可控性等目的，把“有保有压”执行成为保大企业、大项目，压中小企业和民营项目。因为前者有政府的担保，有免于风险的软预算约束从而还款能力，而后者只能依靠竞争生存。

在这种情况下，中小企业遭遇的紧缩程度一定大于大型企业。

在新的发展阶段上，生产率的提高空前地仰仗中小企业的创新活动。宏观经济不稳定及其造成的中小企业反复遭遇政策压抑，必然阻碍全要素生产率的改善，结果反而伤害经济增长速度。

其次是造成生产要素价格扭曲，导致对比较优势的背离。人为推动的大规模投资意味着过多廉价资本的投入，压低了资本要素的相对价格，导致背离比较优势的资本密集程度提高，并加剧资本报酬递减现象。中西部地区制造业的资本密集程度，在2000年以后呈迅速上升的趋势，速度大大快于沿海地区，而且经过2003年和2004年的快速攀升，资本密集化的绝对水平已经高于沿海地区。例如，2007年，制造业的资本劳动比，中部地区和西部地区分别比东部地区高20.1%和25.9%。也就是说，中西部地区制造业变得更加资本密集型，重化工业化程度更高了。

中国经济增长的现实显示，随着劳动年龄人口增长速度的下降即人口红利的式微，劳动力无限供给特征进一步弱化，经济增长越来越具有新古典特征，资本密集程度提高已经遇到报酬递减现象，具体表现为随资本投入增长加快，资本边际回报率迅速降低（图3）。

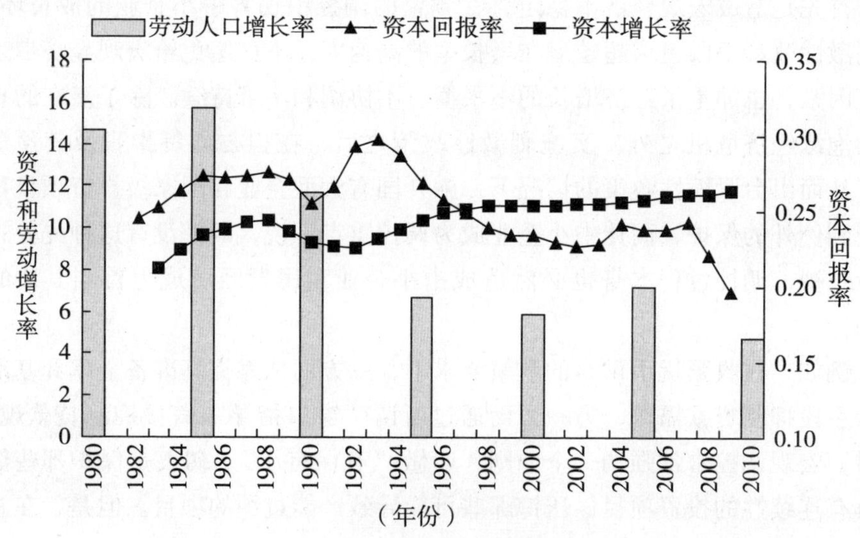

图4 资本深化与资本报酬递减现象

资料来源：Cai 和 Zhao（2012）。

第三是造成资源的浪费，加重已经呈现的产能过剩。外在于市场力量的投资行为，容易导致资源的配置不当，投资效率降低，进而造成产能过剩的结果。政府在比较优势变化加快的时期，介入直接的投资活动，以寻找具有潜在竞争优势的部门、地区等新增长点，在赶超型国家是一个常见现象。正如在中国可以看到的，这类政府干预可以体现在一系列政府战略和政策之中。总体来说，被选择为接续传统比较优势，政府意在扶持的新兴产业，具有投资规模大、建设周期长、技术上具有探索性等特点。一旦确定，其投资和建设可能产生蜂拥而上的后果。

历史经验表明，发展中国家在赶超发达国家的过程中，经常会把作为发展结果的产业结构当作直接赶超的对象，即企业在预测动态比较优势时，往往把发展特定的资本和技术密集度更高的产业作为赶超手段。在众多企业和投资者的判断高度一致的情况下，在投资的方向上就会形成潮涌现象（林毅夫，2007）。在政府介入投资活动的情况下，不仅政府及其引导的投资规模较大，而且附带着各种优惠甚至补贴，更是以其引导性和产业关联放大这种投资影响，引领投资涌向同一方向或同一地区。

多年来中央政府三令五申尝试解决的产能过剩和重复建设问题，与基础设施先行、区域发展战略、产业振兴和发展战略性新兴产业等政策的实施之间，有着内在的矛盾。产业政策或区域发展战略中选定的产业名录，往往成为超前发展的行业，也恰恰是潮涌现象发生，进而形成过剩产能的领域。例如，2010年，相对于而言，除了纺织业和轻工业中的部分具有国际竞争力的行业之外，那些被列入扶持对象的行业，产能利用率大多显著低于中国工业总体产能利用率82%的水平。其中钢铁行业的产能利用率还不到50%，有色金属行业只有70%略强（曲玥，2012）。

最后是造成对无效率企业的过度保护，阻碍全要素生产率的提高。对于经营不善从而应该退出的企业甚至行业干预补贴等各种优惠，直至政府进行直接干预防止其倒闭，总是以保就业、GDP和税收的名义做出的，但其结果则是保护落后，伤害竞争机制，造就僵尸企业。中国的经济发展仍然握有后发优势，在体制改革、管理效率提高、新技术应用等诸多领域中，仍有大量低垂的果子可供收获，以显著改善微观生产效率。要获得这个效率源泉以便保持可持续增长，有赖于企业的各种创新行为，做出适合自身效率最大化的管理模式和技术的选择，而政府在其中任何一项微观经济活动中，都不宜越俎代庖。

中国古代哲学所讲“不破不立，不塞不流，不止不行”，与熊彼特认为“创造性破坏的过程，就是资本主义的本质性事实”讲的是同样的道理，即如果没有一个创造性破坏的环境让缺乏效率的企业消亡，让有效率的企业生存和发展，就无法使全要素生产率特别是微观生产效率在经济增长中起支配作用，在更接近新古典增长的环境下，就无法实现可持续的经济增长。

四、挖掘新的增长源泉

综上所述，在经济发展阶段变化并导致潜在增长率下降的情况下，人为追求超越潜在增长率的高速度，是不恰当的政策选择，在许多情形下会伤害长期可持续性，造成欲速不达的结果。因此，对于经济政策决定者来说，认识到潜在增长率的约束性是必要的。然而，潜在增长率却是可以改变的。通过挖掘相关生产要素特别是劳动力供给潜力，以及提高要素生产率和全要素生产率，可以提高潜在增长率，从而允许经济增长实现更高的速度。对于中国经济来说，现实中的确存在着诸多机会窗口，可以通过改革达到提高潜在增长率的目标。

目前，人们作出中国潜在增长率下降的预测，主要基于劳动力供给的变化趋势。也就是说，随着劳动年龄人口数量开始减少，不仅劳动力供给本身制约经济增长速度，而且更重要的是，劳动力短缺意味着长期以来资本报酬不会递减的经济增长条件发生了变化。因此，如果劳动力供给潜力可以得到进一步的开发，同时人力资本得到显著提升，不仅有助于消除要素瓶颈，还有利于缓解资本报酬递减现象。

此外，随着中国经济呈现出越来越多的新古典增长特征，长期可持续增长，归根结底需要从要素投入驱动转变到全要素生产率驱动的轨道上来。因此，探索如何改善全要素生产率，是提高潜在增长率的重要途径。

首先，农村劳动力的转移潜力仍然巨大。一般来说，在劳动力成为经济增长制约要素之后，提高劳动参与率可以产生提高潜在增长率的效果（陆旸，2012）。对于中国未来5~10年的时间来说，进一步推动农村劳动力向城市非农产业的转移，稳定其劳动力供给，是提高劳动参与率的中国特色道路。2010年，中国城市化率达到49.95%，但是，具有非农业户口的人口比重仅为34.17%。两个比例之间的差别主要是那些进入城市务工经商超过6个月的农村转移劳动力。

农民工身在东部城市打工，而户籍仍落在中西部农村这种状况，意味着按照现行户籍制度，他们不能长期稳定地在打工地区生活及至养老。因此，通常在年纪偏大之后就会返乡务农，导致务农劳动力或者农业剩余劳动力主要由40岁以上农民构成。

被统计为城市常住人口却未能获得城市户口的状况，不仅降低了城市公共服务的均等水平，也导致这部分重要劳动力来源的供给不稳定。因此，以农民工市民化为主要内容的户籍制度改革，并配合以劳动密集型产业从沿海地区向中西部地区的转移，可以消除农村劳动力流动的制度性障碍，扩大其进一步转移的地理和产业空间，加大劳动力供给总量。

其次，人力资本积累力度要明显加大。根据中国数据估算，劳动者从第二产业的劳动密集型就业转向第二产业的资本密集型就业，要求受教育水平提高1.3年；转向第三产业技术密集型就业，要求受教育水平提高4.2年。受教育年限的提高需要长期的积累，而不是一朝一夕可以做到的。例如，即使伴随着义务教育普及率的提高和高等教育的扩大招生，16岁以上人口的受教育年限，在1990~2000年期间仅仅从6.24年增加到7.56年，总共才增加1.32年，2005年为7.88年，5年中只增加了0.32年。

为了达到未来劳动者受教育年限的提高，要求包括高等教育在内的各级各类教育保持高速发展。长期以来，中国劳动者受教育年限的提高，主要是通过普及义务教育达到的。随着义务教育毛入学率已经达到百分之百的水平，继续提高受教育年限必须通过高中和大学的普及。高中与大学的入学率互相促进、互为因果。高中普及率高，有愿望上大学的人群规模就大；升入大学的机会多，也对上高中构成较大的激励。目前政府预算内经费支出比重，在高中阶段较低，家庭支出负担过重，加上机会成本高和考大学成功率低的因素，使得这个教育阶段成为未来教育发展的瓶颈。因此，从继续快速推进高等教育普及化着眼，政府应该尽快推动高中阶段免费教育。相对而言，高等教育应该进一步发挥社会办学和家庭投入的积极性。

最后，开拓全要素生产率提高的新领域。在典型的二元经济发展时期，由于农业中存在着剩余劳动力，农业生产率显著低于非农产业，因此，劳动力转移本身就可以带来巨大的生产率改进。在中国过去30余年的经济增长中，这种资源重新配置效率构成全要素生产率改进的重要组成部分。在刘易斯转折点到来的条件下，随着农业中剩余劳动力的减少，大规模的劳动力转移必然减速，全要素生产率的改进途径也将发生变化。

具体来说，如图5所显示，随着中国经济日益从二元经济发展向新古典增长转变，全要素生产率的源泉将经历从三次产业之间的资源重新配置，到第二和第三产业内部重新配置，及至到部门内企业间的重新配置的转变。

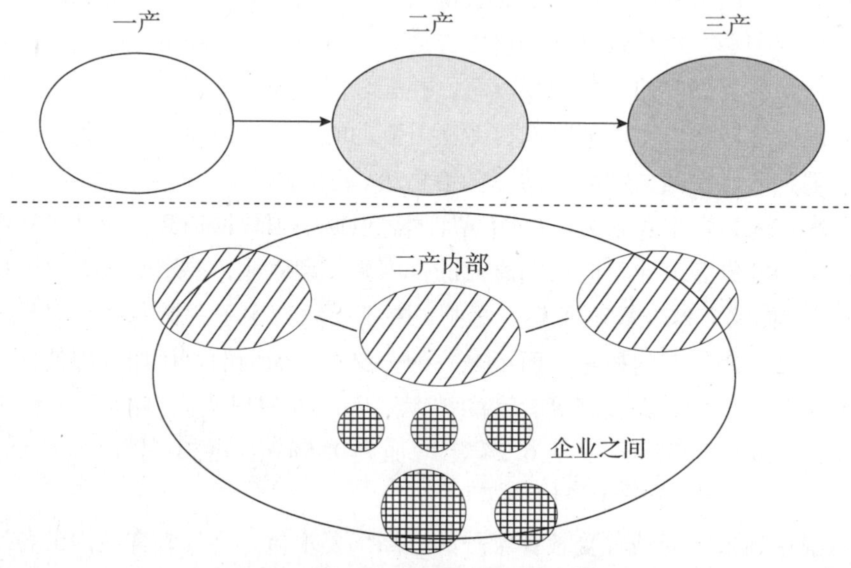

图5　刘易斯转折点前后的生产率源泉

未来10年，是中国从中等偏上收入国家迈向高收入国家行列的关键时期，与人均GDP在6 000～12 000美元的中等收入国家相比，中国农业劳动力继续转移的潜力仍然是巨大的。汇总2007年世界上一些处于这个阶段国家的资料可以发现，平均的农业劳动力比重为14.8%，比中国低接近10个百分点①。这意味着今后10年中，我们从现有的1.92亿农业劳动力出发，每年需要减少近200万人，即降低1个百分点。这样的话，就能保持资源重新配置效率的持续提高，进而支撑中国经济增长的可持续性。

不过，随着新古典增长时期的来临，三次产业之间的资源重新配置效率终将式微。今后全要素生产率提高将更多地来自于以下源泉。第一，由于第二产业各行业之间存在着生产率的差异，生产要素向生产率更高的行业流动，可以

① 突破以往只能对劳动力就业按照年度进行分类的局限，把农村劳动力在不同经济活动中的劳动投入，以人月进行了划分得出，可以发现中国目前实际务农劳动力总数为1.92亿，占全部劳动力的比例为24.7%（都阳、王美艳，2011）。

继续获得资源重新配置效率。第二，行业内部的企业之间也存在生产率差异，允许更有效率的企业生存、扩大和发展，相应地淘汰那些长期没有效率改进的企业，可以提高行业进而整体经济的生产率水平。从这些源泉实现更多的全要素生产率，要求拆除行业进入和退出壁垒，消除生产要素流动的制度性障碍，通过竞争机制实现优胜劣汰。

五、结语

在面对潜在增长率下降的条件下，借助产业扶持政策、区域发展战略和刺激性宏观经济政策，以追求一个超越潜在增长率的实际 GDP 增长速度，既是一种简单易行的政策手段，又具有看得见摸得着的特质，容易被决策者接受，实施起来也比较直截了当。而改变潜在增长率的办法，大多有赖于在诸多领域的全面深化改革。在改革"低垂的果子"已经被采摘殆尽的条件下，进一步改革难度加大，常令人举步维艰。

以首次提出"中等收入陷阱"概念著称的世界银行经济学家卡拉斯指出，诸如发展资本市场、加快创新和发展高等教育、改善城市管理、建设宜居的城市和形成集聚效应、有效的法治、分权和反腐败等领域的改革效果，至少需要 10 年之久才能显现出来（霍米·卡拉斯，2011，第 470 ~ 501 页）。着眼于提高未来潜在增长率的改革所具有的这种长期性，常常会使决策者因耐心不足，而回到超越潜在增长率的老路上。但是，走老路的结果最终必然是伤害长期增长的可持续性。

可见，深化改革固然是中国经济长期可持续增长的必由之路，但是，却不应该过于功利地看待改革，期待对于经济增长有立竿见影的效果。面对潜在增长率的下降，一方面需要把改革推向新的高度和深度，为更长期的持续增长构建制度条件；另一方面也要做好充分的心理准备，习惯于并接受在更接近新古典增长状态下的较低增长速度，把增长模式从立足于各种"低垂的果子"的速度型，转向立足于生产率提高的质量型。

参考文献

Amornthum, Somchai (2002), Japan's Potential Growth: An HP Filter Approach, *Research Paper for Econ* 614 *Economic Development of Japan*, Department of Economics, University of Hawaii at Manoa.

Bai, Moo－ki (1982), The Turning Point in the Korean Economy, *Developing Economies*, No. 2, pp. 117－140.

Cai Fang and Zhao Wen (2012), When Demographic Dividend Disappears: Growth Sustainability of China, in Masahiko Aoki and Jinglian Wu (eds) *The Chinese Economy: A New Transition*, Basingstoke: Palgrave Macmillan, forthcoming.

Kuijs, Louis (2009), China Through 2020 － A Macroeconomic Scenario, *World Bank China Research Working Paper* No. 9.

Minami, Ryoshin (1968), The Turning Point in the Japanese Economy, *The Quarterly Journal of Economics*, Vol. 82, No. 3, pp. 380－402.

都阳、王美艳（2011），《中国的就业总量与就业结构：重新估计与讨论》，载蔡昉主编《中国人口与劳动问题报告 NO. 12——“十二五”时期挑战：人口、就业和收入分配》，社会科学文献出版社。

霍米·卡拉斯（2011），《中国向高收入国家转型——避免中等收入陷阱的因应之道》，载林重庚、迈克尔·斯宾塞编著《中国经济中长期发展和转型：国际视角的思考与建议》，中信出版社，第 470～501 页。

林毅夫（2007），《潮涌现象与发展中国家宏观经济理论的重新构建》，《经济研究》第 1 期。

陆旸（2012），《中国的潜在产出增长率及其预测》，载蔡昉主编《中国人口与劳动问题报告 No. 13——人口转变与中国经济再平衡》，社会科学文献出版社。

穆光宗（2012），《“负人口观”阻碍大国复兴》，《环球时报》7 月 21 日。

曲玥（2012），《大规模投资维持的增长速度——产能过剩研究》，载蔡昉主编《中国人口与劳动问题报告 No. 13——人口转变与中国经济再平衡》，社会科学文献出版社。

中国发展研究基金会（2012），《中国发展报告 2011/12：实现人口、经济和社会的协调发展》，中国发展出版社。

转轨经济

Transition Economy

Comparative

寻租、层级制和集权

苏联迅速崩溃的原因及其对市场经济的启示

吉尼维尔·内尔

背 景

苏联档案资料的解密，不仅重新引发了学术界对苏联历史的兴趣，还掀起了经济学家和政治学家研究这个经典社会主义体制运作方式的热潮。在苏联时代，西方世界就已经对社会主义经济的性质及其生产潜力议论纷纷。① 传统观点（Berliner，1957；Krylov，1979；Kornai，1980，1986；Nove，1986）将社会主义经济的物资短缺视为国家计划经济特有的弊病。雅诺什·科尔奈（Janos Kornai，1980）认为，软预算约束给供给约束型经济创造了无限需求，而父爱式管理和控制则创造了使层级制度占统治地位的文化。约瑟夫·柏林纳（Joseph Berliner，1957）指出，"安全因素"或称囤积居奇，是造成短缺的一个原因。大体说来，研究苏联经济的学者已找到相关证据，证明计划经济的各

---

* Guinevere Liberty Nell，就职于英国华威大学（Warwick University），还在美国传统基金会数据分析中心从事经济建模和政策分析工作。主要研究领域为奥地利学派经济学和苏联经济史，以及经济建模和政策分析。原文发表在 *Comparative Economic Studies*，2011（53）上。——编者注

① 本文中的"社会主义"是指生产资料的共同所有权，在实践中是国家所有权。当讨论到苏联的政策时，无需进一步澄清，它指的是斯大林时期的经典社会主义（Kornai，1992）。尽管后来的苏联领导人减少恐怖政策，并放松了部分控制，但本文还是认为，中央计划是苏联解体之前基本的经济组织机制。

种协调问题是短缺和贫困的一个主要原因。

然而，大约在苏联解体的时候，一些观察家对传统观点提出质疑。例如，若干经济学家（Boettke，1993；Anderson 和 Boettke，1997；Shleifer 和 Vishny，1992）不同意将苏联视为计划经济，他们在构建理论模型时，把苏联视为一种寻租经济，与市场经济没什么不同，只不过管制更为严格而已。根据这些模型，寻租活动导致了各种短缺。苏联企业的厂长们游说部长们降低物价或产出，以便获取短缺货品的“额外收益”（side payments）。

然而，寻租模型所依赖的基础，即分散化的供给和价格选择，在苏联并不存在。近期一些学者（Lazarev 和 Gregory，2002；Gregory，2002；Harrison，2002）利用可获得的最新档案资料所进行的研究，证实了苏联问题专家早已描述过的情况。苏联企业的厂长实际上游说的是希望获得较高而不是较低的价格。寻租行为无法推动经济的发展，更无法推动苏联这个经典社会主义社会的经济发展。然而，经济学家误以为寻租能推动苏联的经济是因为，在他们进行研究、著文论述的时候，苏联确实落入了寻租经济。

虽然寻租模型没能准确描述经典社会主义，但它们可以帮助阐释苏联体制崩溃的原因，以及市场体制和社会主义体制之间的临界点。有各种模型说明了层级制社会主义社会的激励结构如何导致寻租，这些模型都有重要的意义。除了这些模型外，再了解为什么命令经济不将寻租作为重要的经济推动力，就能更好地说明为什么苏联经济崩溃得如此之快，以及为什么俄罗斯会采取现行的经济模式。

尽管寻租行为使资源配置更集权化，但确实使命令经济更分权化。这是一种重要的干预机制，可以帮助我们更好地研究转型经济、混合经济体制和发展经济学。

苏联经济的性质

彼得·勃特克（Peter Boettke，2001）认为，苏联并不是计划经济体制。它不仅没能实现其乌托邦式的理想，而且事实上，它从未真正实现过任何形式的“计划”，只是沦为一种寻租的高度干预的市场经济。勃特克指出，虽然社会主义的初衷是合理计划的经济体制，但最终结果是，不光合理，就连计划经济也都成了泡影。为了支持他的这一观点，勃特克援引了米塞斯

（Mises，1988［1922］）和哈耶克（Hayek，1945）的传统观点，认为计划经济者无法控制经济，因为他们不能合理地配置资源。没有价格信号或局部知识（local knowledge），仅仅使用经济总量指标，是不可能进行合理规划的。

有关社会主义社会经济核算的上述基本见解无疑是正确的。① 如果没有市场来揭示需求、成本和局部知识，计划者就不知道如何最有效地配置资源。然而，这并不意味着他们不能推动经济，只不过是无意识或并非出于他们的本意罢了。计划者可以控制经济，只不过其控制不见得合理。试想，一辆车，既可以由做出分散化决策（在市场经济中运营企业的方式）的司机驾驶，也可以由绝对服从中央指令的司机驾驶。即使那些指令对于把车开到特定目的地毫无益处，甚或要求司机偏离公路、穿过田地，他们仍旧可以调控司机的路径选择。② 同样的道理，尽管分散化的力量非计划者有意识的意图所能控制，但它们并没有推动苏联的经济。这与消费者至上的市场经济有本质区别，也不同于寻租导向的寻租经济。

康斯坦丁·克里洛夫（Constantin Krylov，1979）认为，“按计划的价格设定程序是导致国民经济整体失调的根本原因”。虽然他丝毫不赞同合理计划的可行性，但他坚称，“计划”是苏联经济的重要影响因素：

> 根据国民经济规划制订的计划是推动苏联经济运转的主要手段。计划的本质特性无可争议地决定一切。（第 37 页）

这种观点认为，层级制经济和计划者的命令即使再不合理，也是经济发

---

① 有关理论论据，也可参见 Mises（1988［1922］，2008［1949］）；Hayek（1945）和 Hoff（1949），支持社会主义的实践证据可参见 Nove（1986）和 Krylov（1979）。

② 这里借用了 Steele（1992）的比喻，他将米塞斯的经济核算观点描述如下：“同样的，如果我们在芝加哥开车，而且完全随意地行驶，我们可以确定，车子不会开到圣路易斯。为了评估工厂是产生了净效益还是浪费惊人，我们必须对工厂的投入和产出进行定价（或用某些替代的成本测算方法）”（Steele，1992，第 19 页）。有趣的是，列宁在 1922 年党代表大会上的最后一次发言中，竟然也用了这个比喻，虽然他是用来描述新经济政策的，其中，国家规定了大部分的价格，但允许保留一些私人所有权：“机器拒绝服从手的操作。这就像一辆汽车，并没有朝司机预定的方向开去，却驶向了其他人想去的地方；就像一只有些神秘莫测、无法无天的手操纵着它，天晓得那是谁，也许是个奸商，或是资本家，又或者两者兼是。不管怎样，汽车不会完全按司机设想的方向行驶，而且常常会开往一个截然不同的地方”（Lenin，1965［1922］）。

展的推动力，这种力量启动了经济，并决定了生产和资源配置。

也有学者（Zaleski，1980；Wilhelm，1985；Naishul，1992）指出，苏联，至少在斯大林去世后，是一种“有管理的”（managed）或“受行政支配的”（administered）经济体制，而非计划经济。① 较低层级的资源配置不太集权化，而且各项计划往往会根据下级官员的报告加以修正。② 然而有人可能会说，在这一点上，下级官员只有两个权力。其一是与上级谈判，以弱化他们提交给上级官员的严格计划中过于苛刻的条件；其二是隐瞒信息，以便使计划不那么苛刻。这两种行为上级官员都能预测到，因而不会给体制带来什么实质性的改变。下级官员为低产量和高投入努力讨价还价，并尽可能隐瞒那些能显示其真实生产能力的信息，这完全符合命令经济的本质。同时，委托代理关系中的代理人总倾向于卸责，巧占便宜，这也符合命令经济的本质。总之，所有这些都构成了“命令经济的根本问题”（Harrison，2008）。

对于勃列日涅夫时期的层级制内部的腐败程度、权力分配和计划控制，也存有争议。有些学者（Naishul，1992；McFaul，1995）认为，计划通常都是“自下而上”的，腐败是普遍现象，因此企业负责人拥有实际产权。另一些学者（Berliner，1957；Nove，1986；Kornai，1992；Harrison，2008）则声称，国家已经预见到了企业和国家之间的讨价还价，这也解释了更加严格的初始计划、“规划”（planning in）和“棘轮效应”，国家对腐败的治理仅限于那些延缓计划实施的腐败行为。

---

① 尽管 Kassof（1964）用“受行政支配的”经济来形容苏联，但实际上他的描述更接近计划经济。他主要是想区分涉及大量恐怖和镇压的极权主义和允许一定程度上放松社会管制和弱化恐怖手段的极权主义。

② Vitaly Naishul 是这样描述的：“在勃列日涅夫时代，受行政支配的市场的典型互动模式如下：企业提出资源需求，随着层层上报，资源需求也就越积越多，直至某一级获得授权的代理人将生产任务安排给生产者。然后，这些任务在各个生产企业之间分配，得到生产任务的企业又会再次请求给予必需的供给，计划周期就这样周而复始地循环。与斯大林时代的自上而下不同，勃列日涅夫时代的经济计划是自下而上的；计划并不是指令性的，而是反复的或周期性的讨价还价。每次‘向上’请求给予原材料和‘向下’下达生产任务，都伴随着上级和下级激烈的讨价还价，下级总是力争配置最多的资源而承担最小的生产任务。因为垂直讨价还价体系的组织能力不足，所以社会体制不得不忍受合法的法制化管理或完全非法的横向交换，随着经济越来越复杂，法制化管理或横向交换的重要性也不断增加”（Naishul，1992）。

社会主义中的市场范围

勃特克(2001,第148页)还描述了苏联经济中广泛存在的市场,包括tolkachi(中介人)。tolkachi的字面意思是“推进者”,指的是那些被企业厂长派去向供应商施压,促使供应商执行供应命令,从而确保企业能完成计划目标的职员(Berliner,1957)。虽然tolkachi参与买卖,但他们这样做是为了使国有企业能够完成计划目标。因此,这种活动的起因是国家制订的计划,而非由这些人的企业家精神所推动。

他们买卖的产品,是计划者命令他们生产的。对这类商品的需求也取决于计划者的目标。这些商品的价格或交换价值,均由国家计划的供给和需求所决定。此类市场的内在合法性缘于如下事实:计划者认识到,tolkachi交易是苏联工业发展计划这台摇摇欲坠的机器的润滑剂。tolkachi交易远非自由市场,只是为了完成国家命令,只是一个国家垄断组织与其他国家垄断组织交换国家计划的商品而已。①

此外,作为政府实体,它们的预算约束是软的(Kornai,1986),所以它们在交易中愿意支付的价格,纯粹基于外部给它们设定的投入需求,完全不考虑成本最小化。② 这类企业甚至没有向下倾斜的需求曲线。事实上,诺夫(Nove,1986,第179页)证明,社会主义企业的投入品需求曲线是向上倾斜的,这样它们就可以在汇报的时候提高成本。

虽然苏联的黑市和灰市在苏联经济中起到了重要的作用,从而增加了公民

---

① 有意思的是,苏联政府经济学家(比如那些国家计划委员会的工作人员)和其他马克思主义经济学家,在整个苏联时期一直在争论这个问题。例如,奥塔·锡克(Ota Sik)探索的理论问题:根据马克思主义理论,在真正的共产主义时代到来之际,是否所有的交换都会停止。问题在于社会主义交换——纯粹社会主义企业之间的交换——是否和普通的商品交换一样。苏联时期出现过一些思想学派。斯大林认为社会主义交换与普通商品交换有着本质上的不同,而左派则认为,所有的商品交换最终必定完全停止(Sik,1967)。虽然斯大林的论点也许是基于权宜之计,但可以肯定的是,有固定产出和固定投入的两个政府机构之间的讨价还价和交换,完全不同于可以有效推动经济的市场交换。

② 从某种程度上说,预算就是一种约束,尤其是在优先级别低的企业,因为计划者会根据不同的采购类型给生产企业提供不同的原材料。然而,价格仍非采购的首要考虑因素,因为每项采购都有各自的配置指令,而这个因素往往才是最重要的。为了完成资源配置指令,不管需要什么样的价格,国家都能覆盖所有的成本(Berliner,1957)。

的福利，但在经济性质上只占从属地位。这些市场并没有促进生产；它们只在地下秘密进行。正如柏林纳（1957）所说："企业间非正式的微妙关系，代表了一个被严重束缚但又试图打破中央计划格局的市场经济雏形。"

社会主义中的寻租行为

勃特克（2001）、施莱弗和维什尼（Shleifer 和 Vishny，1992）认为，企业厂长和部长们合谋促成了短缺。他们把苏联描述成寻租经济体系，分散化的寻租驱动了生产和资源的配置。根据他们的模型，厂长请求各部长通力合作，促使他们生产的商品出现短缺，以便从消费者那里获取"额外收益"。然后，与部长们共享这部分"额外收益"。而哈里森和金（Kim，2006）曾驳斥过这种解释；这里作一个简短回顾，重温一下为什么这种解释不正确，这将有助于阐明命令经济的性质。

计划者为企业制定目标是命令经济的一部分。勃特克（2001，第 145 ~ 146 页）、施莱弗和维什尼（1992）认为，这些目标都是最大化的，很像卡特尔联盟设定的产出限制。然而，有证据表明，事实正好相反。诺夫（1986）和伯林纳（1957）记载了每个计划期间企业目标的"棘轮效应"。当企业成功完成它的计划产量时，那么下一时期的计划产量指标就会提高。如果哪个企业超出了计划产量，新的计划将结合该企业达到的实际产出水平，逐渐调高产量指标。对部长来说，维持低的计划产量就无异于天方夜谭。

大量证据表明，部长们总是试图提高而不是降低他们所管辖企业的产量。除了逐渐加大每个计划期间的产量外，当推行的各项改进激励企业完成"超计划"的更高产量时，部长们通常会抓住这些证据，证明企业能够达到更高的生产水平，并以此为基础提高企业的目标产出水平（Nove，1986，第 101 页）。部长们都要完成他们各自的产出计划。在这些计划的驱动下，部长根据本部门计划的最重要产品，为本部门下辖的企业厂长设定"奖金"（Berliner，1957）。作为层级计划的一部分，各部长和企业厂长一样，也受上级设定的目标和奖励所驱策（参见 Kontorovich，1986）。根据对前苏联企业厂长的采访，伯林纳（1957，第 23 页）总结了有关苏联企业厂长生活的"大量事实"，并指出"从上面来的压力感"形成了"不断提高产量的要求"。

毫无疑问，"利益集团"，即厂长和部长们，都会游说，以降低产量目标或提高投入配额。① 然而，这是尼斯卡南式（Niskanen - style）的预算最大化，不是勃特克或施莱弗和维什尼所讲的寻租行为。这些官僚们并不是游说改变产品的实际价格，以获取贿赂或黑市销售所得的“额外收益”，而只是想努力减轻自己的负担，确保他们在计划层级内的成功。有证据表明，企业厂长实际上“游说”更高的价格（Sik，1967；Krylov，1979；Kornai，1980；Nove，1986；Gregory 和 Harrison，2005），且用更高价的“新产品”来规避固定的低价产品（Berliner，1957；Harrison，1998）。他们会上报更高的投入成本或使用更贵的原材料，因为他们知道这样会使计划者设定较高的价格，而较高的价格有助于他们完成计划任务。

更深层的原因可以说明，即使社会主义企业不想夸大成本，低定价的投入也不会导致短缺。在社会主义经济里，就算受寻租行为的驱动，降低价格也不会减少供给，因为供给完全由计划确定。唯有需求会自由响应。然而，企业的需求并不一定会对较低的价格作出回应，因为它们具有软预算约束，并受到资源配置指令的限制，即使可以通过 tolkachi 来完成也要受到限制（Berliner，1957）。② 所以，单凭较低的价格并不能带动需求，因为价格不是唯一的考虑因素：正如俗话常讲的，卢布就是一张纸，只不过印上了其他东西，才具有购买力。最后，假如行贿受贿无处不在，较低的官方价格同样不会提高需求，因为贿赂成本也要加入其中。在这种情况下，即使较低的官方价格意味着更多的贿赂，它也不会引起短缺。

---

① Belova 和 Gregory（2002）也讨论了高层部长的寻租行为。他们得出结论认为，虽然斯大林反对这种寻租行为，但允许部分存在，而后来的专政者都无法阻止这种寻租，他们对“寻租”的定义和本文所使用的寻租概念有所不同。他们引证的寻租行为并不是经济的驱动力，因为计划推动着这些部长，而且计划是从上级传达下来的，这些高层官员所分享的租金实际上是由专政者（或“斯大林集团”，这意味着中央政治局）给予的，以确保他们的忠诚：“斯大林坚持包罗万象的经济决策，并抨击狭隘的寻租活动，特别是斯大林集团成员的寻租活动。斯大林明确警告不容许重工业部部长（同时也是斯大林集团的成员 Ordzhonikidze）的‘利己’行为，即把政治局‘从领导机关变成服从于某个人民委员会需要的附属机构’……尽管斯大林集团明确坚持包罗万象的经济决策，但他们有时也会屈服于种种政治动机。”Lazarev 和 Gregory（2002）通过案例研究得出结论：“［斯大林集团］分配储备资源是为了获得政治支持，而非实现经济目标。对乌拉尔地区的案例研究表明，斯大林集团支持大型区域投资项目，‘不是基于合理的经济逻辑’，而是为了争取区域领导人的政治支持。”

② Berliner（1957，第 22 页）根据采访以及公开的资料证明，“资源配置指令是关系到企业生存的核心文件之一”，“许多管理活动都集中在这类文件上”。

相反，软预算约束（Kornai，1980，1986）、计划失误以及由此造成的投入短缺恐惧，这些因素综合在一起导致了囤积，正可解释短缺现象。囤积反过来加剧了短缺。迫使企业厂长改变所生产的产品类型，以超额完成产出计划（但牺牲了其他产品的生产）的激励，进一步加剧了计划失误和短缺（Berliner，1957）。由于缺乏综合的衡量指标如利润来引导企业厂长，各类五花八门的目标以及适当的奖励等导致了许多特定产品的短缺，而且还强化了如下印象：为了完成自己的计划，囤积是必须的。① 各种资源常常堆在仓库中，直至发霉或作废，因为管理人员要把它们积存起来以备紧急之需，又或者由于缺少将它们投入使用所需要的设备（参见 Kornai，1980，1986；Berliner，1957）。

消费品短缺的部分原因在于是优先产业挤占了投资。军事产品是重中之重，工业投资其次，而消费品则远远排在后面。② 那些还供应生产资料和中间产品的企业，连原本已经很低的计划水平都无法完成，因为提供给消费品生产的奖励相当低。较高的消费品价格被用来诱导企业生产消费品，但是，较高的消费品价格虽然有助于完成“计划利润”的目标，对消费品生产的激励作用却相当有限（Berliner，1957，第 129 页）。③

根据这种观点，贿赂和黑市、灰市是短缺导致的结果，而非引起短缺的原因。消费品第二经济是众所周知的事。曾有人论述过强大的住房第二经济（Alexeev，1988）。背离计划经济的腐败、黑市和其他机制屡见不鲜。然而，这些不是造成短缺的原因，而是完全的机会主义。

如果计划能引导经济，也不一定意味着计划就是好的或合理的。一个在计划的外壳下充满了机会主义的层级体制仍可巩固领导人的地位、阻碍改革、带来种种投机和腐败；不仅如此，它还会助长父爱主义、工人对激励不敏感、懒散的社会环境、对领导的极度崇拜、软预算约束的浪费，以及我们从苏联社会中看到的其他特征。

---

① 短缺是自我实现的循环过程，这一观点同样得到劳动力市场短缺现象的支持。没有理由认为，企业希望人为的劳动力短缺，然而劳动力需求过度的问题总是不断出现，这很容易用软预算约束和劳动力囤积来解释（Nove，1986，第 224 页；Gregory 和 Collier，1988；Berliner，1957）。

② 根据官方消息，在 20 世纪 60 年代，消费品生产获得了较高的优先权，但西方研究人员观察到，同一时间里军事投资的优先权有上升的趋势。目前尚不清楚的是，Berliner 所描述的优先顺序在以后的几年里实际改变了多少。

③ Berliner 提到由生产中断导致的其他一些问题可能也加剧了短缺。例如，分包合同，这是企业之间供应的关键部分，为完成任务提供较低的奖赏。

层级控制

苏联经济是一个层级制（Hazard，1968）的内嵌式专政体制（nested dictatorships，Gregory 和 Harrison，2005）。该经济体制的每一个层级都有一位主要负责人，他要确保自己的下属都遵从按计划下达的命令。① 各个层级负责执行特定的目标，完成或超额完成自己的目标都将受到嘉奖（Berliner，1957）。研究苏联体制的法学家认为，这些法令得到普遍的执行，但与作为法令的上级命令有实质性的偏离（Ioffe 和 Maggs，1987，也可参见 Krylov，1979，第 38 页）。可以想象，这样的体制只是一种表象，其背后隐藏着寻租的现实。最低层级的卸责众所周知，如工人们的怠工。卸责行为同样存在于较高的层级中，如厂长、部长、国家计划委员会的官员。

如果命令经济中的层级排序是现实情况，那么，权力会从上往下流，从委托人流向低一级的代理人，又从这个代理人流向再低一级的代理人。如果这是一种变相的寻租经济，那么各层级的委托人就不会对他们的下级代理人发布命令。相反，他们将接受下级的寻租请求，并批准这一请求，然后层层上报。因此，信息传递的路径正好是反向的：从代理人流向委托人。图 1 显示了不同经济体制的命令流向。

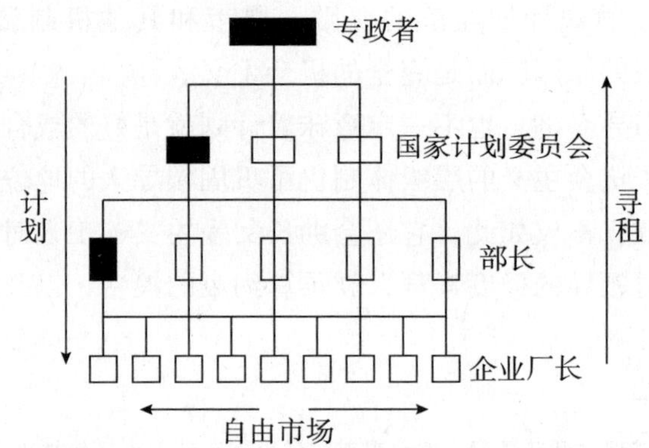

图 1　在计划经济中，计划是自上而下的，而寻租经济正好相反

---

① 对于最有权力的企业，委托人就是部长，而其他企业则是部长的下属或与部长同级的人员，但每个层级通常总会有一个委托人。“因此，对每个企业来说，都会有一个人充当国家的代表，从实际情况来看，也就是厂长的‘老板’”（Berliner，1957，第 17 页）。

这种层级结构可以看成是金字塔式的。塔的底部是企业。在市场经济中企业是独立的，它们生产那些能最大化自身利润的产品。在自由市场经济中，经济活动都在金字塔的底层。而在社会主义体系中，厂长面临的选择是：执行计划，或推卸这个责任，请求其委托人，即部长，合作参与寻租活动。在后一种情况下，企业可以通过部长影响生产的分配，因此权力会沿着层级结构向上回流。

厂长和部长会诱发短缺现象，然后从消费者那里获取“额外收益”，并分享这些收益。施莱弗和维什尼（1992）强调了产生这种租金的激励。租金 R 可能远远大于工资 W 和厂长从遵守计划、实现生产目标中获得的相关奖励。然而，施莱弗和维什尼并没有考虑委托人不愿意合作时会出现的惩罚情况。有证据表明，在苏联体制下，尽管部长可能会与厂长合作来阻止计划目标的过快增长，或非法掩盖一些不实报告，但并没有因上述目的与厂长合作（Berliner，1957；Harrison，2011）。让我们看看为什么会这样。对于厂长而言，只有从卸责中获得的预期收益与预期惩罚之差超过服从指令所带来的预期报酬，他才会作此选择。对厂长而言，寻租所能获得的收益 R，是消费者愿意为稀缺物品支付的高价与官方低价之差乘以消费者对该物品的过剩需求量，再减去分给他们的委托人即部长之后剩余的部分。为了使冒险值得，厂长的寻租回报 R，乘以成功概率 ρ 所得的积，必须超过如下两者之和：他的工资 W，以及预期惩罚 P 乘以失败概率 $1-\rho$ 得出的惩罚值。即 $(R\times\rho)-[P\times(1-\rho)]>W$。图 2 显示了厂长的决策树。

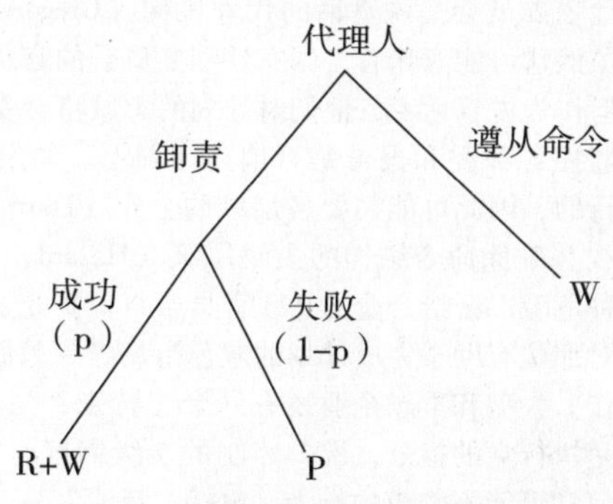

图 2　计划经济中代理人的决策树

厂长也许知晓他可以从寻租中赚取的可能总回报。但是，他也必须清楚可能的惩罚和受罚的概率，以及他的委托人为了合作而要求的回报额。所有这些都取决于他的委托人所面临的激励。在内嵌式专政结构中，委托人自己也是代理人，也面临着和厂长同样的博弈。他也有要完成的计划、工资以及完成计划目标后的奖励。部长同样是国家计划委员会计划官僚的代理人。部长必须判断他的上司愿不愿意合作，是支持重新配置资源的请求，还是把他卸责的事捅出去。部长们还必须确定请求上司合作可能产生的行贿成本。反过来，国家计划委员会的官员同样需要考虑这些可能性。①

然而，在每个层级中，代理人越少，被抓的概率（$1-\rho$）就越高，相应的监管成本可能会越低。同时，工资也会更高，尤其是最顶层。在体制中所处的层级越高，遵循指令所获得的收益越多（Harrison，2008；Berliner，1957）。一旦被抓，惩罚也会越大，因为层级越高的代理人所负的责任更重，所以他的行为具有更严重的后果。斯大林时期的极端惩罚，包括清洗高层官员，使恐惧最大化（Lskavyan，2007）。

厂长不得不面对被委托人告发的可能性，而部长虽然数量较少，但每个人都得面对被党组织揭发或被专政者发现卸责的可能性。在这种情况下，成功的几率大大降低，除非专政者本人支持寻租行为。② 国家计划委员会的委托人就是专政者。③

专政者如何决策，有若干个可能，格里高利等人（Gregory，2002；Belova 和 Gregory，2002）展开过相关的讨论。如果专政者是“科学的规划者”，那么就不会有卸责行为。科学专政者的模型属传统的命令模型，在这类模型中，专

① 有文献认为，国家计划委员会是说真话的代理机构（Gregory 和 Harrison，2005），因此不受企业绩效回报的影响。虽然这可能意味着，国家计划委员会的官员不会像其他低层级官员那样，面临完成计划的激励，但作为说真话者，他们对计划的忠诚将会受到更严紧的监控。

② 巨大的资源耗费在监控各部委和报告是否偏离计划上。如果命令没有得到专政者的认可，监控机构是不太可能执行的，因此可能需要各层级的合作（Harrison，2008）。党的层级制是另一个平行的层级制，它监视并确保命令结构的主要层级（Hazard，1968）。企业厂长，尤其是大企业的厂长，也会担心这种危险。派给企业的党政官员亲自负责企业执行计划的情况，因此也有相应的激励。他们可能会对那些有助于完成计划的灰色市场睁一只眼闭一只眼，但是不会和不利于统治集团计划的行为合作。大型和重点企业还有一个“特别部门”，配备了国家安全部门的代理人，这一部门的任务就是执行党的指令，维护体制的层级制度；它不仅要保证计划的完成，还要汇报种种非法活动和任何党可能不赞成的行为，包括“反党”言论，不管它们是否有利于计划的完成（Berliner，1957；Harasymiw，1969）。

③ 虽然在经典社会主义时期，苏联经济的领导阶层已经有过多次变化，不过为了分析该体制，考虑他们在领导计划经济时是否都有相同的反应，是很有益处的。如果体制本身无法运作，除非专政者以特定方式行事，否则所有领导人都可以建模为一般的“专政者”。

政者是仁慈的，他制订的计划不给寻租行为留有任何余地。专政者发挥主导作用；他不希望他所设置的系统参数因为利己主义而发生改变。他手下的计划者都使用科学的规范来确定计划的细节，而且，如果他们想卸责，将会受到惩罚。尽管卸责并不需要勾结专政者，但受罚的概率仍然很大，因为高层代理人和监管机构可能会察觉到。

另一种可能性是“裁判型专政者”（referee dictator），这种专政者没有太多的自主权，所以他要仲裁各种寻租利益。勃特克和施莱弗—维什尼模型要阐明的就是这种类型的专政者。不过，如果专政者感兴趣的是他自身的报酬 R，那么寻租时的产出（O_{rs}）必须超过专政者原计划的产出（O_{pl}），且超出的部分足够贿赂须遵循这一产出计划的所有层级，即 $O_{rs} > O_{pl} - (R1 + R2 + R3...)$，还有剩余的部分留给自己。专政者须有足够的信心彻底放弃对计划的控制，并承担失去其权力地位的风险。因为寻租是一种浪费（Murphy 等人，1993），且无法最大化经济中的产出，因而专政者不可能有信心完全放弃对计划的控制。

“坐寇”（Stationary Bandit）会调整奖惩机制，以牺牲下属的利益为代价来最大化自己的利益。“坐寇”不会提高工资，除非生产率下降且单靠处罚已无法提高生产率，例如，因为工人营养不良或可能会滋事暴动而造成生产率下降。格里高利（2008）的结论是，斯大林是典型的“坐寇”。斯大林的代理人根本没有动力自己作出决策，什么都由斯大林钦定（Krylov，1979；Berliner，1957）。① 这样做是为了降低他们自身的风险：避免因不当实施或偏离计划而受到处罚。作为“坐寇”，专政者的效用已经最大化，因而没有任何激励能促使他进行合作。在这种情况下，就不会出现寻租行为。

苏联经济虽然不能完全简化成“坐寇”型专政者和层级制计划经济的简单模型，但是这种模型要比部长和企业厂长合谋促成短缺，并从消费者那里榨取租金的寻租模型能更好地拟合苏联经济。后斯大林时代的苏联领导人的决策，可能与斯大林实行的恐怖手段、言论自由和消费品生产水平等方面的政策极不相同，但是，他们也可能都成为经济生产的内嵌式专政体制的最顶层“坐寇”。

---

① 有文献认为，专政者的作用是极权主义的核心。这种模型认为，万能的专政者本质上是一个行政长官，其作用是把极权制度凝结成一个整体，通过承担全权责任，负责一切以政权的名义进行的活动，减少所有低层人员为自身行为负个人责任的意识（Tucker，1965）。

苏联经济的动力

伊斯雷尔·柯兹纳（Israel Kirzner，2000）认为竞争是“市场的驱动力”。市场经济是消费者至上的，在自由市场经济体系中，竞争、企业的进入和创新完全是经济主体逐利（profit – seeking）的结果。市场经济赖以存在的制度结构允许逐利的自利行为；而逐利产生的竞争往往会压低垄断利润，使市场趋于均衡状态。

柯兹纳（2000，第 228 页）谈到，即使存在垄断，竞争也是市场的驱动力，他认为“唯一可能缺少竞争的情况是当市场不能运作的时候。这种情况假设存在各种限制市场交易的制度禁令，就像中央计划经济那样”。尽管在任何不禁止竞争的经济里，竞争都会发生作用，但它并不是唯一的推动力。在计划和市场之间还可以有混合经济，这种混合经济以寻租为第二动力。不过，此类寻租行为往往是游说建立制度约束，以禁止经济主体参与竞争的特定市场中的市场交易，因此混合经济是上述这两股力量的融合体。第三种纯粹的体制可以被理论化为纯寻租社会。

有更多的研究利用新制度经济学，致力于探讨当制度安排使自利行为变得更有利可图，以致寻租取代逐利成为经济发展的动力时，利己的动力如何被导向政治而非经济（Douhan 和 Henrekson，2007）。这就构成了寻租社会（Murphy 等人，1993）。在层级化的命令社会中，自利不可能导致寻租行为，因为寻租是自下而上的力量并推动了经济的发展。在寻租理论中，寻租者和掌权者进行政治交易，来修改定价和经济产出，并与之分享租金。因此，纯寻租社会的生产由寻租驱动，就像自由市场经济的生产由逐利驱动一样。

在纯自由市场体制和纯命令体制中的制度约束下，寻租行为不可能存在。在纯粹的自由市场体制中，由于制度约束，政治主体没有更改产量或价格的能力，所以不会发生寻租行为。在自由市场体制中，法律制度保护处于金字塔底部的经济主体决定价格和产量的权利。同样的道理，也是由于制度约束，纯中央计划层级制经济中，也不可能存在寻租行为。中央计划者设定产量和价格，因此中层官员无法在不触犯法律的情况下改变下属的价格和产量。在中央计划经济体系中，违反法律是极其危险的。

命令经济中的谋权

与逐利或寻租不同，命令经济是以谋权（power-seeking）为驱动力的社会。此处的“谋权”与温特罗布（Wintrobe，1998）的定义不同，他侧重的是专政者的谋权。这里的谋权是整个经济的推动力，因为经济中的行为主体渴望获得更大的权力，以便能拥有更多的资源和威望，这推动他爬升到发布命令的层级。对一些人来说，最重要的是得到资源；而对于另一些人，威望更重要。但不管是哪一种情况，驱动他们的都是在层级制中步步高升。在市场经济和寻租经济里，分别是逐利和寻租带来物质财富，而且还常常带来威望，但在命令经济体制中，是谋权创造财富和威望。

勃特克以权贵阶层为证，支持寻租社会模型。然而，正如诺夫所解释的（1986，第176~177页，327），这并不是官员故意引致短缺以获得租金的寻租行为，而是计划者层层分配权力。官员们非常享受这种精英特权，但这是计划者提供给他们的，目的是加强他们在命令体系里的权力地位，以及奖励他们对计划者的服从。事实上，这些奖励使处于最高层的官员不太可能屈服于寻租回报的诱惑而与他们的代理人合作，因为它们代表的是W的增长。

这种奖励不是来自游说官员诱发短缺，相反，它是服从上级命令得到的特权奖励。在这种情况下，利己主义被导向完成计划，而官员们可以借此爬上一个更有权势的位置。[①] 诺夫（1986）解释了如何通过奖励和任命来维持层级制：

> [党的] 官员们信仰纪律、服从以及层级制，因为这些特质给他们和他们的职业生涯带来了实实在在的好处，此外，（在他们看来）这些因素对管理一个幅员辽阔的国家及其经济至关重要。他们在任命中的重要作用是确保管理阶层要对他们负起重大责任。部长、财政和计划官员时而会怨恨党政专职官员的干扰，但是在工业和农业领域的下属面前，他们同样能够保留权力。国家和党政机关不仅乐于任命官员，还乐于奖励那些服从他控制

① Lazarev（2005）谈到了给那些服从命令的官员赋予这些特权，并阐明斯大林如何拆分现有职位，以便安排更多服从指挥的官员，直到职位划分细得不能再细，官僚机构臃肿得不能再臃肿。定期清洗使斯大林能够腾出新职位以提升官员。这或许有助于解释Anderson和Boettke（1993）指出的政府经常性的大清洗运动。

的人，也就是说，这种奖励取决于对计划命令的完成情况，而不是非人格化的市场力量或与其他管理者签署的合约。这有助于解释为什么尽管遭到诸多批评，奖励仍然取决于履行计划（服从指令）的情况，而非一些客观标准所衡量的实际业绩。

当然，政府官员从他们的职位中获益，并享受他们所得到的奖励和特权。从拉扎列夫和格里高利（Lazarev 和 Gregory，2002）对汽车分配的研究可以看出，高层官员有权获得短缺物品。低廉的官方管制价格加上优先配置权，使高级官员捞到不少油水。官员们不愿意失去这些好处，因而也没丝毫兴趣把这类物品的价格抬升到计划价格水平以上（Nove，1986，第 327 页）。然而，他们享有特权且不愿意游说改变现状，并不意味这种现状就是他们造成的。相反，这是一种提升级别的回报，这反过来又加强了层级制度，巩固了整个经济的极权主义命令结构（Lazarev，2007）。

对计划经济下的个人而言，要最大化长期收入或生活水平，最好的办法就是顺着指令的阶梯往上爬。有雄心壮志的学生会争取在青年团有出色表现，以期更早入党（Hazard，1968）。同样，对企业厂长而言，最大化收入的最佳途径是服从政党官员的指挥，以最大化完成计划目标的“奖励”和权力关系。① 成功的管理者都是那些很了解政治计划的人，换言之，即使计划没有给出明确的指导方针，他们也知道如何安排生产的优先次序。这类管理者会仔细阅读党报，寻找线索，始终把党的优先事项排在第一位（Berliner，1957）。无论是通过入党还是遵从党的政治路线、与党员保持友好关系，在苏联体制下要获得成功就要挤入层级结构中，并不断向上爬升。

非常成功的企业厂长也可以顺着权力的阶梯向上爬，他们想要达到的成功高度就是成为权贵阶层的一分子。官员们会为此努力奋斗，即使这意味着要告发那些违反了规则的官员，或甚至在明知计划违反常识时也要听从指挥。要想晋升为权贵阶层要靠的是政治手段，而不是更好的管理技能或更高的生产率。反过来，权贵阶层是一种控制工具（Harasymiw，1969）。这就是谋权的本质：依靠政治手段顺着层级往上爬，然后运用职权控制下级人员。

① Berliner（1957，第 39 页）证明，官方承认这种“奖励”的重要性，尽管意识形态上偏爱“社会主义竞争”。他还从管理者的访谈中得到了广泛证据，证明这种“奖励”是管理者决策时的一个重要因素。

命令经济中的寻租和分权

人们曾指责，是高压政治的减弱（Harrison，2002）和计划执行力的下降（Shleifer 和 Vishny，1991）造成了改革期间苏联体制的崩溃。一个命令体制的缺陷会导致机会主义（Solnick，1998），而苏联的计划经济体系可能已为此大开方便之门（Solnick，1999）。苏联上世纪八十年代的改革，有意无意间削弱了处罚这一负激励因素。寻租的潜在回报，使合作机会易得的各层级之间的联系都依旧，但惩罚降低了；奖励和对惩罚的恐惧之间的天平已经倾斜，因此合作成为优先选择。

控制对计划至关重要；而控制的弱化会动摇整个体制。一旦某一产业的控制被削弱，其他相关产业也会遭受影响。这就是苏联改革长期以来一直失败的原因之一（Nove，1986；Bhattacharya，1998）。诺夫（1986，第 326 页）解释说：

> 该体制的内在逻辑就是抵制局部变革。所以，如果某一行业（比如服装业）脱离了中央控制，那么为该行业提供投入品的相关行业会发生什么情况呢？除非这些供应商无法对市场刺激作出反应（也即只根据服装行业的订单来生产），否则，要确保他们按计划生产估计会很困难。

计划者对此的惯常反应是，立即重新集权化，或者压根儿就不会放松控制（Nove，1986）。在苏联改革期间，推行了较大的局部改革，且在重新集权化之前，寻租行为就已生根发芽。这次改革产生滚雪球效应。作为经济改革的一部分，它削弱了党在命令经济中的作用。随着几十年的压制逐渐解除以及经济管制的放松，人们开始要求变革。而随着人们的改革呼声越来越大，放松的管制也很难再发生逆转。

戈尔巴乔夫压制过许多旨在推行重大改革的运动。① 最终，改革变成了势不可

---

① 关于这一点，出现一些流行的混乱认识，这主要源于戈尔巴乔夫执政时期对新闻自由的管制混淆了视听。一个有趣的来源是 1989 年 Juris Podnieks 写的五部分系列文章，最初标题是“你好，能听见我们说话吗?”，其中包括对未来总统鲍里斯·叶利钦的采访。当时他的职位非常不稳；在他呼吁取消高层党员享有的特权后，被罢免了莫斯科市委书记的职务，并被赶出了政治局。通告说，叶利钦“没当选为最高苏维埃”，他失去了在政治局的席位，直到一位开明的法学教授不顾戈尔巴乔夫的反对，仍然把自己的位置让给他后，他才复职（另见 Parks，1989）。戈尔巴乔夫也曾下令军队镇压俄罗斯以外的苏联那些加盟国民众的抗议，与叶利钦后来在车臣的做法如出一辙。

挡的洪流。于是，戈尔巴乔夫减弱了高压政治和惩罚机制，大大削弱党在经济体制中的权力，从而导致人们对自由和经济回报的更大需求。这反过来给苏联体制施加了额外压力，致使它走向崩溃。马克·哈里森（2001）对此进行了归纳：

> 由于之前的经济改革未能降低监控成本，专政者可能希望通过加重惩罚来对冲增加的监控成本和逐渐失去的奖励。安德罗波夫和契尔年科正是这样做的。然而，戈尔巴乔夫执政时，提高惩罚在政治上和社会上已行不通，最终只得放弃。较低的处罚可能导致生产者要求更高的酬劳，如1989年的罢工。如果无法施以处罚，而酬劳又不能增加，那么罢工向专政者传达的警告就是激励机制将不再有效。总之，专政者放弃了命令经济，但生产者也发出了信号，预示着（改变的）时机已经来临。

层级体制只能自上而下，因为害怕受罚的心理能让官员们有所畏惧。潜在的紧张局势仍然存在，这是因为寻租的潜在收益仍远远高于工资。当惩罚减少、机会主义增加时，官员将乐于考虑寻租行为。舒克内希特（Schuknecht，1990）指出，改革期间减轻处罚，导致黑市里短缺商品投机销售的蔓延，并诱发寻租行为，以使这些商品继续短缺。索尔尼克（1998）也持类似的观点。① 还有学者（Tache 和 Lixandroiu，2006）也认为，“在前共产主义国家的转型过程中，当控制和监督制度变得很弱、社会和企业规则被彻底修改时，寻租活动似乎会扩展”。一旦某个足够大的缺陷感染了整个体制，且众人皆知偏离规则不会受到惩罚，这时如果没有新的奖励来确保忠诚，寻租行为就会很快蔓延，进而导致整个命令体制的崩溃。

20世纪90年代初苏联推行重大的经济改革，此前还出台了许多相互矛盾的政策（Goldman，1990；Surovell，1994），直到1992年才实现了价格自由化

---

① “戈尔巴乔夫时期最早的组织改革对经济产生了影响，这些改革旨在把决策权从中央计划者转移给企业管理层，部分原因是为了缓解隐瞒信息的问题。1987年的《国有企业法》开始把强制性中央计划转变为不太全面的国家命令体制，对企业和其他组织单位推行自负盈亏制度……然而实际上，从计划体制成为国家信息管理体制后，其作用原本就已下降的国家计划部门（国家计划委员会）迅速弱化为监督各级中央计划部门代理人的活动……［这导致了］‘自发的私有化’，厂长和部级长们侵吞大量国有企业的资产。在很多情况下，这些自发的私有化企业通常会和那些急切想‘私有化’部委自身职能的国家官僚合作”。索尔尼克还提到厂长们可能获得的其他机会，如侵吞囤积的资产。

（相关综述参见 Lipton，1993）。但是，在市场制度没有强化之前就推行这样的改革，为寻租打开了方便之门。[①] 随着层级制控制的弱化，叶利钦推出民主改革，包括直接选举议会，即杜马（Desai，2005）。然而，由于缺乏有效的私有产权保护制度，反而进一步为寻租敞开了大门，价格和产量的控制也从一小部分计划者那里转移到了一大群精英手上。

如前所述，尽管苏联企业的厂长们可能并没有属于他们的事实上的产权，但是，一旦层级制的命令体制开始瓦解，他们仍可以通过政治权力攫取这些产权。正如麦克福尔（McFaul，1995，第211页）所述："具体来说，厂长们组织起来占据了人民代表大会"，这个组织已成为"国家的重要组成部分，主要负责确定和实施私有化方面的国家政策"。换句话说，厂长们可以使用政治影响力，获得那些不再受国家控制的资源控制权：中央计划蜕变成了寻租行为。

就这样，产量和价格的控制权就从单一的计划者手中分散到了更多的官员手中，这些官员利用政治力量来巩固自己的地位：他们不仅购买公司，还回应消费者的需求。厂长们接管了垄断行业或卡特尔，成为掌控经济的寡头。整个计划体制就像一根紧紧缠着柱子的绳索，一旦高压解除，立刻迅速松开。苏联解体后的新的俄罗斯经济，就是寻租经济的典型。

市场经济的寻租和集权化

纯自由市场体制不可能有寻租行为，因为市场经济的制度禁止任何导致企业和政府官员之间达成生产协议的政府行为。如果市场经济允许这种强制，随着产量和价格决策权从金字塔的最底层企业，层层上传到较低级别国家官员或部长，寻租活动就会导致经济的集权化。

在市场经济体系中，寻租的社会成本很高，却为私人带来了规模经济（Krueger，1974；Acemoglu 和 Verdier，2000；Murphy 等人，1993）。如果政府行为受宪法的约束，那么市场经济中的寻租行为可能会杜绝。在这种情况下，企业经理和部长们会发现，没有足够的激励去合作。然而，更常见的是，寻租是法律允许的行为。因此，这时部长面临的唯一惩罚是，人们可能会通过选举

① 正如 Mark Harrison（2001）所说："苏联经济遭遇的第一次冲击并非经济上的而是政治上的：命令体制的瓦解。过去的交易机制被摧毁，却没有可代替的机制"。

让他下台。如果寻租者能提供选票或竞选资金以作补偿，那么这种处罚也起不到多大的威慑作用。

成功的寻租者可以假借部长的权力改变市场中的产出或价格。较低层级的经济主体，即企业，与更高层级的经济主体即部长合作，利用高官的权力控制生产。这样，经济体制就从一种分散化的市场经济转变成了更集权的经济，其中，由更少的经济主体决定产出和价格。虽然寻租所固有的规模经济效益使其有一定的推动力，但是从市场经济向集权化的寻租社会转变的步伐，远远跟不上中央计划体制崩溃的速度。一旦演变成不游说政府就不可能竞争，集权化进程就可能加速（Murphy 等人，1993）。

更集权的寻租社会是不稳定的，无论它是由命令经济的分权化蜕变而来还是由市场体制的集权化演变而来。寻租社会往往既浪费又专制，因为资源配置由少数官员根据其政治动机来决定。它之所以不稳定，还因为官员们也许很快就发现，更高级别的官员亦想从中分一杯羹。高层官员可能会借口为一个更大的群体提供公平或稳定的环境，统一全行业的决策。例如，为补贴进行游说的寻租活动使经济中许多企业的预算约束变软，导致普遍的低效率和某些行业的泡沫，泡沫破裂可能会引发经济衰退，而寻求救助的寻租行为会进一步恶化经济，此时，高层官员可能会对该行业中的主导企业实行国有化。如果该过程反复出现，而且此类经济整合给一些重要行业造成了波动，官员就会认为有必要协调行业之间的增长，以防出现泡沫和发生崩溃，这会进一步扩大官员对整个经济的影响力。这实际上正是哈耶克（1944）的论点。寻租行为的临界点或能为一小部分计划者提供一个机会窗口来控制经济体制，并使体制具有“合理性”。这将是市场经济蜕变成计划经济的转折点。

结　论

寻租和集权的关系，以及经济体制比较，是政策分析、转型经济学和发展经济学的一个重要因素。清楚地了解中央计划经济体制及其经济主体所面临的激励，有助于阐明寻租在两种经济体制中的作用。寻租可以缓慢改变市场经济体制，使它更加集权并变得不稳定。在计划经济的表象之下，则是伺机而动的寻租行为。虽然寻租无法推动中央计划体制，因为层级控制通过奖惩机制阻碍了经济主体为寻租而合作，可一旦计划经济被突破且变得不稳定，人们对惩罚的惧怕就会消退，此时，计划经济就有可能快速蜕变为寻租经济。计划经济的层级制会走向租金占主导的类卡特尔式的经济体制，由于制度漏洞和不确定性，以寻租方式管理经济的激励就变得难以抗拒。

寻租不同于市场经济中的逐利和命令经济中的谋权，但它能够让市场经济集中化、让命令经济分散化，因此是这两种体制之间的桥梁。这也可以解释为什么与寻租息息相关的腐败，似乎总有益于较不自由的经济体制，却不利于比较自由的经济体制（Heckelman 和 Powell，2010）。如果一个经济的集权化程度与增长水平密切相关，那么寻租或腐败有可能通过一定程度的分散决策，有利于高度集权化的经济；但对自由经济而言，寻租则会带来负面效应。

（颜超凡　译）

参考文献

Acemoglu，D and Verdier，T. 2000：The choice between market failures and corruption. *American Economic Review* 90（1）：194 – 211.

Alexeev，M. 1988：Market versus rationing：The case of Soviet housing. *The Review of Economics and Statistics* 70（3）：414 – 420.

Anderson，G and Boettke，PJ. 1997：Soviet venality：A rent – seeking model of the communist state. *Public Choice* 93（1 – 2）：37 – 53.

Bhattacharya，A. 1998：Price reform：Acid test for Gorbachev. *Economic and Political Weekly* 23（51）：2682 – 2683.

Belova，E and Gregory，P. 2002：Dictator，loyal，and opportunistic agents：The Soviet archives on creating the Soviet economic system. *Public Choice* 113（3 – 4）：265 – 286.

Berliner，J. 1957：*Factory and manager in the USSR.* Harvard University Press：Cambridge.

Boettke，PJ. 1993：*Why Perestroika failed：The politics and economics of socialist transformation.* Routledge：New York.

Boettke，PJ. 2001：*Calculation and coordination essays on socialism and transitional political economy.* Routledge：New York.

Desai，P. 2005：Russian retrospectives on reforms from Yeltsin to Putin. *The Journal of Economic Perspectives* 19（1）：87 – 106.

Douhan，R and Henrekson，M. 2007：*The political economy of entrepreneurship：An introduction.* Working paper，Research Institute of Industrial Economics.

Goldman，M. 1990：Gorbachev the economist. *Foreign Affairs* 69（2）：28 – 44.

Gregory, P and Collier, I. 1988: Unemployment in the soviet union: Evidence from the soviet interview project. *The American Economic Review* (AER) 78 (4): 613 – 632.

Gregory, P andHarrison, M. 2005: Allocation under dictatorship: Research in Stalin's archives. *Journal of Economic Literature* 43 (3): 721 – 761.

Gregory, PR. 2002: *Behind the facade of Stalin's command economy: Evidence from the Soviet state and party archives.* Hoover Institution Press: Stanford.

Harasymiw, B. 1969: Nomenklatura: The Soviet communist party's leadership. *Canadian Journal of Political Science / Revue Canadienne de Science Politique* 2 (4): 493 – 512.

Harrison, M. 1998: Prices, planners, and producers: An agency problem in Soviet industry, 1928 – 1950. *The Journal of Economic History* 58 (4): 1032 – 1062.

Harrison, M. 2001: *Are command economies unstable? Why did the Soviet economy collapse?* Working Paper, Warwick Economic Research Papers.

Harrison, M. 2002: Coercion, compliance, and the collapse of the Soviet command economy. *The Economic History Review* 55: 397 – 433.

Harrison, M. 2008: The fundamental problem of command: Plan and compliance in a partially centralised economy. *Comparative Economic Studies* 47: 293 – 314.

Harrison, M. 2011: Forging success: Soviet managers and accounting fraud, 1943 – 1962. *Journal of Comparative Economics* 39: 43 – 64.

Harrison, M and Kim, B – Y. 2006: Plans, prices and corruption: The Soviet firm under partial centralization. *The Journal of Economic History* 66 (1): 1 – 41.

Hayek, FA. 1944: *The road to serfdom.* Routledge & Kegan Paul: London.

Hayek, FA. 1945: The use of knowledge in society. *The American Economic Review* 35 (4): 519 – 530.

Hazard, JN. 1968: *The Soviet economic system.* University of Chicago Press: Illinois.

Heckelman, J and Powell, B. 2010: Corruption and the institutional environment for growth. *Comparative Economic Studies* 52: 351 – 378.

Hoff, TJB. 1949: *Economic calculation in the socialist society.* W. Hodge: London.

Ioffe, OS and Maggs, PB. 1987: *The Soviet economic system: A legal analysis.* Westview Press: Colorado.

Kassof, A. 1964: The administered society: Totalitarianism without terror. *World Politics* 16 (4): 558 – 575.

Kirzner, IM. 2000: *The driving force of the market: essays in Austrian economics.* Routledge: London.

Kontorovich, V. 1986: *What do bosses in command economies do?* Working paper, Command Economies Working Group.

Kornai, J. 1980: *The economics of shortage.* North – Holland: Amsterdam.

Kornai, J. 1986: *Contradictions and dilemmas: Studies on the socialist economy and society.* MIT Press: Massachusetts.

Kornai, J. 1992: *The socialist system: The political economy of communism.* Princeton University Press: New Jersey.

Krueger, A. 1974: The political economy of a rent – seeking society. *American Economic Review* 64: 3.

Krylov, CA. 1979: *The Soviet economy.* Lexington Books: Lexington.

Lazarev, V. 2005: Promotion contracts and support for the Soviet regime. *Comparative Economic Studies* 47 (2): 346 – 363.

Lazarev, V. 2007: Political labor market, government policy, and stability of a non – democratic regime. *Journal of Comparative Economics* 35 (3): 546 – 563.

Lazarev, V and Gregory, PR. 2002: The wheels of a command economy: Allocating Soviet vehicles. *The Economic History Review* 55 (2): 324 – 348.

Lenin, V. 1965 [1922]: *Collected Works.* Progress Publishers: Moscow Volume 33.

Lipton, D. 1993: Reform endangered. *Foreign Policy* no. 90: 57 – 78.

Lskavyan, V. 2007: A rational choice explanation for Stalin's 'Great Terror'. *Economics and Politics* 19 (2): 259 – 287.

McFaul, M. 1995: State power, institutional change, and the politics of privatization in Russia. *World Politics* 47 (2): 210 – 243.

Murphy, KM, Shleifer, A and Vishny, RW. 1993: Why is rent – seeking so costly to growth? *American Economic Review* 83 (2): 409 – 414.

Naishul, V. 1992: Institutional development in the USSR. *CATO Journal* 11 (3): 489.

Nove, A. 1986: *The Soviet economic system.* Unwin Hyman, Inc: London.

Parks, M. 1989: *Liberals ensure Yeltsin seat in Supreme Soviet: Conservatives outflanked in skillful maneuver as law professor's resignation creates opening Los Angeles Times*, 30 May.

Schuknecht, L. 1990: Rent – seeking and perestroika. *Public Choice* 66 (1): 83 – 88.

Shleifer, A and Vishny, RW. 1991: Reversing the Soviet economic collapse. *Brookings Papers on Economic Activity* 2: 341 – 360.

Shleifer, A and Vishny, RW. 1992: Pervasive shortages under socialism. *The RAND Journal of Economics* 23 (2): 237 – 246.

Sik, O. 1967: *Plan and market under socialism.* International Arts and Sciences Press: White Plains.

Solnick, SL. 1999: *Stealing the state: Control and collapse in Soviet institutions.* Harvard University Press: Cambridge, Massachusetts.

Steele, DR. 1992: *From Marx to Mises: Post capitalist society and the challenge of economic calculation.* Open Court: Illinois.

Surovell, J. 1994: Gorbachev's last year: Leftist or rightist? *Europe – Asia Studies* 46 (3): 465 – 448.

Tache, I and Lixandroiu, D. 2006: Rent seeking behavior in transition countries: The case of Romania. *International Advances in Economic Research* 12 (3): 395 – 407.

Tucker, RC. 1965: The dictator and totalitarianism. *World Politics* 17 (4): 555 – 583.

von Mises, L. 1988 [1922]: *Socialism: An economic and sociological analysis.* Liberty Fund: Indianapolis.

von Mises, L. 2008 [1949]: *Human action: A treatise on economics.* Laissez Faire Books: New York.

Wilhelm, JH. 1985: TheSoviet Union has an administered, not a planned, economy. *Soviet Studies* 37 (1): 118 – 130.

Wintrobe, R. 1998: *The political economy of dictatorship.* Cambridge University Press: Cambridge.

Zaleski, E. 1980: *Stalinist planning for economic growth.* TheUniversity of North Carolina Press: Chapel Hill.

前沿

Guide

Comparative

美国的昨天，欧洲的今天

托马斯·萨金特

1. 引言

我的研究遵循了由约翰·穆思（John Muth）、小罗伯特·卢卡斯、爱德华·普雷斯科特、芬恩·基德兰德（Finn Kydland）、南希·斯托克（Nancy Stokey）和内尔·华莱士（Neil Wallace）等人所开创的宏观经济传统。我使用的宏观计量经济学模型主要由拉尔斯·汉森（Lars Peter Hansen）和克里斯托弗·西姆斯（Christopher A. Sims）创建。我运用欧文·费雪、米尔顿·弗里德曼、安娜·施瓦茨和弗兰西斯·维尔德（Francois Velde）①

---

* Thomas J. Sargent，2011 年诺贝尔经济学奖得主，纽约大学经济学教授和胡佛研究所高级研究员。本文为作者于2011 年12 月8 日在斯德哥尔摩所做的诺贝尔奖演讲。感谢研究美国财政政策历史的搭档 George Hall。感谢 Anmol Bhandari、Alan Blinder、Alberto Bisin、David Backus、Timothy Cogley、V. V. Chari、George Hall、Lars Peter Hansen、Martin Eichenbaum、Michael Golosov、David Kreps、Robert E. Lucas、Jr.，Ramon Marimon、Rodolfo Manuelli、Carolyn Sargent、Robert Shimer、Cecilia Parlatore Siritto、Vasiliki Skreta、Richard Sylla、Christopher Tonetti、Eric Young 和 Warren Weber 对早期版本的批评。

① 参见 Muth（1960，1961）、Lucas（1972，1976）、Lucas 和 Stokey（1983）、Lucas 和 Prescott（1971，1974）、Kydland 和 Prescott（1977）、Hansen 和 Sargent（1980）、Hansen（1982）、Sims（1972，1980）、Fisher（1926，chs. XI，XII）、Friedman 和 Schwartz（1963）和 Velde（2009）。Fisher（1926，第 XI 和 XII 章）的“统计检验”（Statistical Verification）为 Friedman 和 Schwartz（1963）指明了方向。Velde 和 Weber（2000）将 Fisher（1926）创建的颇有启发的金银复本位制模型进行了完善和扩展。本节所阐述的这些问题一直都存在。关于菲利普二世（Phillip II）时期西班牙面临的主权债务问题的解释与分析，参见 Conklin（1998）。

等人①所开辟的研究方法，来解释宏观经济史。为阐述这些研究传统对我的深刻影响，我将讲述为什么欧盟今天所面临的困境使我想起了美国历史上曾两次面临的宪法决策问题。

我先从一个简单的政府债务的预期现值模型着手，说明了汉森和萨金特（Hansen 和 Sargent，1980）如何使用理性预期计量经济学，使这一模型变得更具可操作性，具体来说，就是推导出一组跨式限制条件（cvoss - equation restrictions），用这些条件来描述政府债务额如何取决于政府息后盈余（net - of - interest surplus）的统计特征。这种经济计量学的模型设定没有考虑一国债务或货币价值的基本决定要素。计量经济学理论没有解决谁来选择政府息后盈余的所有统计方法（statistical process）这一问题。在民主国家，由选民作出选择。为了获得更多信息，我们将考虑其他民主政治制度下会出现的结果。

利用案例研究能说明民主政治如何平衡利益冲突。我的案例研究分析了美国宪法如何影响政府息后盈余，进而影响政府的债务水平。这里的“宪法”我用了复数，是因为美国曾尝试制定过两部宪法，第一部是 1781 年生效的《邦联条例》，另一部是 1788 年生效的《美利坚合众国宪法》。这两部宪法对“好的联邦同盟”有着截然不同的描述。第一部宪法旨在迎合那些偏爱中央政府（central government）的人，而根据该宪法，中央政府很难征税、消费、借贷以及管制对外贸易。第二部宪法则为了取悦相反的利益群体。美国制宪者②们放弃了第一部宪法而通过了第二部宪法，因为他们试图打破当时盛行的政府息后盈余的统计方法，并用另一种允许更多政府负债的统计方法取而代之。他们如何以及为何要这样做，对我们很有启发：从 1789 年开始，他们先重整财政政策，然后再调整货币制度安排。

当前欧盟的财政制度使我想起了美国在《邦联条例》下的制度安排。税收权力掌握在各成员国手中，而许多重要的欧盟财政措施必须成员国一致同意方能通过。

美国历史上的一些经验教训如下：

① 关于理论如何模拟生活的例子，参见 Velde（2009）对纯粹的货币单位变化所做的实验，根据 Lucas（1972）的分析，这是心理实验的一个重要组成部分。

② “制宪者”（framers）一词比“创立者”（founders）或“开国元勋”（founding fathers）更能描述他们如何看待自己。他们认为是自己制定了制度框架，而后人只是在这个框架内行事。参见 Rakove（1997）。

(1) **今天的借贷能力取决于对未来收入的预期**。如果没有能提供足够收入来源的制度，政府可能既无法获得足够的当前收入，也没有能力在必要时（特别是出现大规模公共支出时）通过抵押未来收入来发行国债。政府之所以无法发行债务，是因为潜在债权人理性地预期到政府筹集足够资金用以偿债的能力有限。为了提供公共品，甚至不常见的战争期间猛增的国防开支，政府需要财政灵活性来扩展足够的收入来源。

(2) **地方政府通过联邦政府“搭便车”**。由于在公共品支出方面存在典型的“搭便车”问题，所以联邦政府不能指望地方政府，如美国的州政府和欧盟的成员国政府，会自愿为中央政府提供税收用于公共品开支。每个州或成员国都有激励拒绝并希望别的州或国家来承担这一负担。

(3) **获得良好声誉需要付出成本**。在决定是否偿还先前未清偿的债务时，政府有很强的动机选择违约。债务违约会使潜在债权人从一开始就不愿购买国债。为了挽回声誉，政府有激励在将来偿清债务。但要获得这种声誉代价高昂，它可能需要一笔原本不必要的开支，来偿还本届政府上台前就已存在的债务。给历史遗留的债权人提供补偿，貌似对当前纳税人有失公平，但这对一个共和政体的长期健康发展或许是必要的。

(4) **在不同当事人中维持不同的声誉不无裨益**。在不同当事人中维持不同声誉对政府来说无疑是种挑战。这种挑战体现在两个历史时期：其一是 1790 ~ 1812 年，美国联邦政府奋力对抗英国的贸易限制；其二是 19 世纪 40 年代初，美国联邦政府希望它所采取的行动，能向国外和国内债权人以及各州政府传递不同的政治信息。

(5) **财政政策和货币政策的失调会导致代价高昂的不确定性**。财政政策和货币政策通常应该是相互协调且可持续的，尽管它们可能含糊不清。起初，美国通过采用商品货币本位（commodity money standard）以及限制各州和银行创造信用货币（fiduciary monies）的能力来协调。当然，也可能存在其他的制度安排。即使没有财政联盟，也可以成立一个货币联盟。反之，即使不需要货币联盟，也可能需要建立一个财政联盟。含糊不清的协调制度会增加市场和普通民众的不确定性。

2. 数学模型

有关债权人如何计算政府债务水平的基础理论，将以包含一期预算约束 g_t +

$b_t = T_t + \sigma^{-1} b_{t+1}$ 的序列开始，即 $b_t = s_t + R^{-1} b_{t+1}, t \geq 0$。其中，$R > 1$ 表示一期通胀指数化政府债务的总收益，b_t 表示在 $t-1$ 期发行的一期（即到 t 期到期）纯贴息（零息）通胀指数化债券，g_t、T_t 和 $s_t = T_t - g_t$ 分别表示政府债券的总利息支出、总税收和政府息后盈余。使用迭代法，将政府预算约束 $t \geq 0$ 的条件不断向前递推，我们可以得到 $b_t = -R[s_{t-1} + Rs_{t-2} + \cdots + R^{-1}s_0] + R^t b_0, t \geq 1$。上式表明，较大的政府债务源于大量的政府赤字 $-s_{t-j}(j = 1,\ldots,t)$ 积累和初始债务 b_0 的不断展期。要使之维持下去，则必须预期未来有较多的政府收入盈余。为实现这点，我们将政府预算约束 $t \geq 0$ 的条件不断向后递推，于是得到 $b_t = \sum_{j=0}^{\infty} R^{-j} s_{t+j}$。上式表明，政府债务额等于当前和未来政府收入盈余的贴现值。由于对未来政府收入盈余的预测不可能完全精确，所以我们用 $E_{t-1}s_{t+j}$ 来替代 s_{t+j}，这里的 $E_{t-1}(\cdot)$ 暂时用来表示公众基于 $t-1$ 时期潜在债券持有人所知的信息，对未来政府收入盈余的预测值（需要注意的是，这些一期债券是在 $t-1$ 期发行的，在 t 期被赎回，因此用 $t-1$ 期的信息来预测到期的债务额才是恰当的）。从而，政府的债务额为：

$$b_t = \sum_{j=0}^{\infty} R^{-j} E_{t-1} s_{t+j} \tag{1}$$

为了得到债券定价等式（1）的实际意义，我们需要一套理论，来解释人们如何预测用于偿债的政府盈余的贴现值。为解决这一问题，汉森和萨金特（1980）采用了同穆思（Muth，1960，1961）、卢卡斯（Lucas，1972，1976）以及卢卡斯和普雷斯科特（Lucas 和 Prescott，1971，1974）等人同样的方法，即利用了经济学家最神圣的工具——将决策建模为最优化问题。① 当决策是在预测序列中作出选择，该方法被认为强行引进了理性预期概念。② 很明显，最优化预测将依赖于被预测对象的统计特征。

假设政府盈余的实际统计过程是一个 $m \times 1$ 维向量的随机过程 y_t 的第一项，而随机过程 y_t 取决于一个移动平均表达式，那么有 $s_t = e_s y_t$，其中 e_s 是一个选择向量，而

---

① 同样参见 Sargent（1971，1977，1979）。

② Muth（1960，1961）最早使用这一方法。给最优价格预测带来影响最大的人们的处境本身，要么是个人统计学习过程所长期经历的结果［参见（Bray 和 Kreps，1987）以及（Marcet 和 Sargent，1989）］，要么是一定程度上鼓励适者生存的竞争性过程（Blume 和 Easley，2006）。其对宏观经济学的意义，参见 Sargent（2008）。

$$y_t = \sum_{j=0}^{\infty} C_j w_{t-j} \tag{2}$$

这里的 $\{w_t\}$ 是一个 m 维的鞅差序列，且潜在债券持有人在 t 时获得的信息集 J_t 将由 $w_t, w_{t-1}, \cdots$ 产生。不妨假设 $Ew_t w_t' = I$，这里的 w_t 表示在 t 时出现的“新”信息。根据汉森等人（1991）的研究，很容易将等式（2）写成

$$s_t = \sum_{j=0}^{\infty} \sigma_j w_{t-j} = \sigma(L) w_t \tag{3}$$

其中，L 表示滞后因子，意味着 $L^j w_t = w_{t-j}$ 且 $\sigma(L) = \sum_{j=0}^{\infty} \sigma_j L^j$。假设谱密度矩阵 $S_y(w) = C(e^{-iw}) C(e^{iw})^T$ 几乎对于所有 $w \in (-\pi, \pi]$ 都有一个 m 阶满秩，则等价条件即为 y 是一个随机非奇异矩阵。①

利用重复期望值定理（law of iterated expectations），在理性预期下，可以通过两个步骤来方便地计算债务额。首先，通过用 $E(s_{t+j} | J_t)$ 代替等式（1）中的主观预期值 $E_{t-1}(s_{t+j}) \equiv E(s_{t+j} | J_{t-1})$，暂时给债券购买者“过多的”信息，$s_{t+j}$ 的数学期望值将以等式（2）中的历史冲击 $w_t, w_{t-1}, \cdots$ 为条件。在这一信息扩展条件下，汉森和萨金特（1980）表明，在另一种情形下，将有②

$$b_t = \sum_{j=0}^{\infty} k_j w_{t-j} \tag{4}$$

或者

$$b_t = k(L) w_t$$

其中

$$k(z) = \frac{z\sigma(z) - R^{-1}\sigma(R^{-1})}{z - R^{-1}} \tag{5}$$

在上式中，z 是一个标量复变数（scalar complex variable），$k(z)$ 是

① 随机非奇异性意味着矩阵中任一 y 值都不能被准确表示为另一 y 值的过去、现在与未来取值的线性组合。

② 汉森等人（1991）将该表达式拓展至另一个有趣的情形，其中 s 的一阶差分是一个类似于等式（2）的稳定状态向量 y 的线性组合。模型的进一步推广，参见 Hansen（2001）以及 Hansen 和 Sargent（2013）。

$\{k_j\}$ 序列的 z 转换。[①] 接下来，为使 $t-1$ 时期购买债券的债券持有人所能获得的信息简化成数组 $w_{t-1}, w_{t-2}, \cdots$，我们采用了汉森等人（1991）的研究方法，他们证明了 b_t 能用 $t-1$ 时期的信息 J_{t-1} 来测算的必要条件，这意味着 $k_j = k(0) = 0$。在等式（5）中，即需要满足[②]

$$\sigma(R^{-1}) = 0 \tag{6}$$

等式（6）有一个自然的经济解释：它表明政府息后盈余的移动平均系数的现值必须为零。这个条件意味着 t 时期到期的债务额可以用 J_{t-1} 来测算。

联立等式（2）、（3）、（4）、（5）、（6），可以得到理性预期计量经济学的跨式限制条件：系数 k_j 表明债务 b_t 对以往冲击 w_{t-j} 的反应是贴现因子 R^{-1} 和政府息后盈余移动平均值系数 σ_j 的非线性函数。[③]

等式（2）、（3）、（4）、（5）、（6）表明了理性预期计量经济学的逻辑结构特征和经验分析效力。[④]

1）影响未来盈余 s_{t+j} 的冲击向量 w_t 各分量的现值和滞后值，均包含在等式（4）的债务变量中。

2）若国家政策永久性地改变了等式（3）中描述政府盈余的随机过程序列 σ_j，则等式（4）中债务额的冲击反应系数 k_j 将发生变化。这一技术结果是卢卡斯（1976）曾有力地论述且影响深远的理性预期批判的核心。下文第三部分将说明，华盛顿和汉密尔顿知道，为了增加美国政府的债务量，他们不得不打破美国 18 世纪 80 年代所盛行的政府息后盈余 $\{s_t\}$ 的随机过程，即等式（3）。

3）当存在对债务违约的预期时，相同的基本理论也成立。例如，在每一个时期，假定政府冲销一定比例债务 $\phi \in (0,1)$ 的概率为 $\pi \in (0,1)$。[⑤] 不妨令 $\tilde{R}^{-1}$ 表示无债务违约的贴现因子。那么，补偿持有违约倾向债务的风险中性债权人的“确定性等价”贴现因子 R^{-1} 将满足下式，即

---

① 我们在 $k(z)$ 的分子中包含了 0，以免 R^{-1} 的分母出现 0。这样一来，$k(z)$ 的泰勒级数表达式和洛朗级数表达式将保持一致。

② 相关的测算在 Aiyagari 等人（2002）的研究中起着重要作用。

③ 关于这些跨式限制条件在其他情形下的作用，参见 Sargent（1981）。

④ 这是 Lucas 和 Sargent 主编的理性预期计量经济学文集（1981）的研究主题。Hansen（1982）以及 Hansen 和 Sargent（1991）扩展并完善了理性预期计量经济学模型。

⑤ 假设 ϕ 和 π 的随机过程无关。

$$R^{-1} = \tilde{R}^{-1}[(1-\pi)+\pi(1-\phi)] \tag{7}$$

对贴现因子进行上述调整后，前面的理论仍然成立。更高的违约比例 ϕ 和违约概率 π 将降低贴现因子，从而降低债务的价值。①

4）汉森等人（2007）在研究中尝试着将该理论扩展至纳入可变贴现因子的情形，以包含新冲击 w_t 的影响效应。

5）模型中的重要技术特征限制了我们用该理论进行向量自回归验证。针对 y_t 的向量自回归冲击必须落在跨度满足 $y_t, y_{t-1}, \cdots$ 序列的希尔伯特空间里（参见 Sims，1980）。在构建 y_t 的沃德（Wold）移动平均表达式时，这种所谓的“基本”冲击就会产生，当随机滞后长度趋于 $+\infty$时，沃德表达式就和一个有限阶向量自回归的极限有关。汉森等人（1991）表明，现值等式（1）和限制条件 $\sigma(R^{-1})=0$ 之间的内在逻辑意味着移动平均表达式（2）并不是一个沃德表达式，因为此时的冲击跨度空间 $w_t, w_{t-1}, \cdots$ 大于 $y_t, y_{t-1}, \cdots$ 的线性跨度空间，因此 w_t 的冲击并不能用向量自回归运算来消除。汉森等人（1991）讨论了这一事实对该理论可用计量经济学验证的含义究竟有何重大影响。②

2.1 需要更多的经济理论吗？

结合了经济学和统计学的预测理论，是政府债券潜在买方和卖方所使用的定价模型的精髓。③ 就买卖双方的目的来说，一个能很好地拟合政府盈余的随机过程即等式（3）的统计模型就够了。

但若是为了其他目的，只有一个统计模型是不够的。由等式（2）、（3）、（4）、（5）、（6）构成的模型颇为粗略，因为政府盈余过程 $\{s_t\}$ 本身就是政治决策过程的结果。④ 这个模型只是概括了政府息后盈余过程，即等式（2）和（3）的统计特性，但并未打算从平衡利益冲突的角度解释这些特性，而这些

---

① Arellano（2008）运用相关思路对主权风险进行了建模分析。

② 因此，我们这里所描述的现值理论同 Granger（1969）和 Sims（1972）意义上的因果性之间存在一种微妙的关系。

③ 如今常规的文献都是简化了的。尤其是，无风险不变利率假设太过简化了。参见 Lucas（1978）、Harrison 和 Kreps（1979）、Hansen 和 Singleton（1983）、Hansen 和 Richard（1987）、Eaton 和 Gersovitz（1981）、Arellano（2008）、Hansen 和 Jagannathan（1991）及其所引用的资料，以及由放宽利率假设所致的基本模型的扩展。

④ “粗略”（superficial）为描述性，不具有批判性。

特性正是由利益冲突所致。

通过分析产生了新统计规则的经济和政治力量，经济理论就可以更深入。在经济理论中，经济主体面临的是有约束的最优化问题。经济模型则由一系列有约束的最优化问题组成。一般均衡理论、博弈论和宏观经济学利用均衡概念，将不同的选择问题置于一个逻辑一致的环境下，然后进行分析，由此获得解释力。① 当存在一个或更多大的参与者（例如政府）时，部分行为人的决策通常会影响其他行为人的约束集，进而影响其随后的决策。在这种情形下，代表均衡结果的统计过程将与行为人对可能发生什么新事件的信念一同出现。有关这些事件的信念将对结果产生重要影响。② 查里和基欧（Chari 和 Kehoe，1990）、斯托基（Stokey，1991）和巴赛特图（Bassetto，2005）对此进行了探讨，并将均衡概念恰当地应用于分析大政府和原子式个人之间的相互作用。

在下文中，我不会正式使用这类单一的模型。但是，这些模型提供了广泛的见解，而这些见解与我在美国财政和货币史中观察到的那些事实几乎不谋而合。

2.2 一则令人羞愧的消息？

宏观模型运用标准的均衡概念，来推导类似于将政府盈余当作结果这样的统计过程。这是“解释”$\{s_t\}$ 这类对象的有用方法。但均衡概念可能会使力求改善分析结果的人倍感沮丧。为什么呢？因为均衡已经包含了所有决策人——包括模型中的政府行为人——的最优反应。③ 假设某个能解释历史数据的均衡在未来仍有望“奏效”，那么建模者无法为政策变动提供任何建议，因为他们所了解的能促使政策制定者作出决策的力量都已经发挥了作用。建模者理解这些力量的方式就是把它们最优化。而且，提出建议意味着建模者认为这些模型

① Kreps（1997）描述了博弈论和一般均衡理论中所用均衡概念的共同特征。为更好地理解下文将要介绍的美国案例研究中的经验事实，我们可能需要超越这里的均衡概念，并采用 Kreps 在其论文结尾提出的改进后的新方法。

② Fudenberg 和 Levine（1993）以及 Sargent（2008）和本文的参考文献阐述并应用了“自我证实的均衡”（self－confirming equilibrium）这一概念，这是一种理性预期均衡，在此均衡下，对此均衡状态中不会发生的那些事件的错误信念对观察到的均衡结果仍有重大影响。

③ 歌德（Goethe）说：“世界是如此庄严地把我们每个人聚集在一起，在我们的时空中，与万物达成和谐。”

尚未最优化或所掌握的信息尚不充分。①,②

2.3 改变建模策略

“环境”这个词对经济理论家来说，意味着以下几层含义：一群行为主体；每一主体所能采取的具体行动；一个描述各主体在不同时间采取行动的具体时间表；一个描述主体在何时通过何种途径掌握何种信息的具体信息流。环境中的某些变化相当于制度的变化，例如，将某些决策权重新分配给独立的中央银行，或者在联邦体制下将某项征税权排他性地分配给某个州政府或中央政府。这一均衡概念断言，如果你想改变结果（如前面提到的政府盈余过程），就必须改革制度安排，而这可能意味着需要达成新的宪法，这就缩小了我们所能采取行动的空间。这无疑具有颠覆性意义。然而，这正是经济理论所要说明的。乔治·华盛顿和亚历山大·汉密尔顿懂得这个道理，这也正是他们领导反对《邦联条例》的第二次政治革命的原因。他们重新设计了美国的制度，部分是因为他们不支持《邦联条例》下形成的（均衡）$\{s_t\}$ 过程和隐含的政府债务发行量。

3. 美国

我承认我没有一个完整的模型，但我也对这类均衡模型颇有偏见。目前，我正在开展一个非正式的模式识别（model recognition）实验，来整合美国历史上发生的、并让我想起如今欧洲在竭力管理共同货币过程中所面临的选择难题。③ 在我看来，1787 年宪法的制定者和 1790～1792 年联邦政府制度和政策的缔造者们一直在思考政府预算约束，即等式（1）的影响。今天，这一问题

① Sargent 和 Wallace（1976）在一般性的层次上，提出了如下问题：均衡究竟是规范的还是实证的，Sargent（1984）在说明向量自回归时，给出了更具体的分析。

② 我唯一一次见到米尔顿·弗里德曼哑口无言是在 20 世纪 80 年代中期，在一次斯坦福的晚宴聚会上。他的好友乔治·施蒂格勒用两个问题问倒了他。首先，乔治问弗里德曼是否做过私营企业的顾问。弗里德曼说没有，因为企业家拥有更多的信息并已将它们充分利用，他没什么有用的信息能告诉他们。接着，乔治说：“好吧，米尔顿，我能理解你说的，但为什么你总试图告诉政府它该做什么呢?”

③ 或许这是一种模式强加（pattern imposition）实验，因为我并非随意选取事实。要找到有关民主的全部事实，显然是不可能的。正如 1962 年 Borges 在他的著作 *Funes the Memorius* 中所说，他拒绝强加某种模式，因为他想把所有的因素都考虑在内。我的实验相当于有强烈偏见的模式识别，不过，这种偏见不无裨益，因为数据通常是非常有限的。

同样困扰着美国和一些欧盟成员国。①

3.1 胜利却违约

美国诞生于1783年的独立战争。当时的美国不仅债台高筑，而且宪法制度还使中央政府处于瘫痪状态。《邦联条例》组建了大陆会议，但其执行力非常弱，甚至还不如当时美国人鼓吹的小政府。《邦联条例》意在限制联邦政府的征税与支出，事实也的确如此。这一结果使一些美国居民受益，但另一些美国居民却没有从中受益，其中包括大陆会议的债权人。大陆会议没有足够的能力来偿付国内和国外债务。中央政府如果要征税，必须经过13个独立州的一致同意。② 为了给战争融资，大陆会议以无息纸币（信用凭证）和有息债券的形式，发行各种各样的"借条"（IOUs）。③ 13个州也是如此。战争结束后，这些州至少可以通过征税来偿还部分有息债券。④ 而中央政府却无法这么做，它通常需要请求各州的捐款，但很少成功。⑤ 这导致大陆债券和一些州债券以高折扣交易。纸币显著贬值。⑥ 由于被剥夺了征税权，大陆会议只能尽量将其债务展期，并通过借新债来支付未偿还债务的利息。⑦ 但是，就像18世纪80年代所表明的那样，这样做的难度越来越大。最终，大陆会议停止偿还债权人的债务，并眼睁睁地看着拖欠的利息不断增加，变成新的借据单。而征收关税

① 本文剩下部分的分析将主要依据Hall和Sargent正在进行的研究所搜集的经验证据。

② Cournot（1897）构建了一个垄断者模型，即垄断者从其他垄断者那里购进互补的投入品。重新解读该模型可以发现，它解释了为何一致通过的决策也会导致很差的结果。

③ 信用凭证是流通的小额纸质票据，它们不是法定货币。美国独立战争前，美国殖民地发行声称是法定货币的纸质票据，但英国政府在1764年的一部法案中禁止它们作为法定货币。

④ Wood（2009）描述了不同州的债务情况及其对政治的影响。Elkins和McKitrick（1993）全面记录了华盛顿时期由制度创建和运行导致的政治斗争。

⑤ Mailath和Postlewaite（1990）、Chari和Jones（2000）解释了为什么不能依赖自愿参与的分权制来提供公共品。

⑥ 大陆货币最终贬值到其初始值的1/40或1/100，但综合价格指数并没有反映出纸币的通货膨胀。David和Solar（1977）提供了美国这一时期权威的物价指数。他们的书中（David和Solar，1977，第17页）提到了一件有趣的事：因为记账单位用的是金属货币，所以纸质大陆货币的贬值没有显示出来。这与美国南北战争期间，仍然留在北方联盟中的大多数州用纸币取代金属货币形成了鲜明的对比。但加利福尼亚州和俄勒冈州是例外，它们拒绝执行联邦法定货币法并坚持金属货币本位。

⑦ 这导致动态变化，后来这些动态变化正是Sargent和Wallace（1981）那些棘手运算的基础。

（最有利可图的潜在税收来源）的权力同样在州政府手中。1781 年和 1783 年，大陆会议要求 13 个州批准关于《邦联条例》的修正案，修正案允许大陆会议可以通过征收进口关税来为大陆债务融资。每次投票时都有 12 个州表示赞成，但总有一个州——第一次是罗德岛州（Rhode Island），第二次是纽约州——不同意，使得修正案最终未能通过。①

3.2 贸易政策

18 世纪 80 年代，根据《邦联条例》，美国拥有十三种关税政策和十三种贸易政策。美国的主要贸易伙伴英国歧视美国的运输业和商品。在美国独立战争前，基本不存在这种歧视，但独立战争获胜后的一个可预见的结果就是，美国的 13 个州将被排挤出大英帝国的贸易体系。偶尔，美国个别州也企图反抗英国的贸易歧视，但总会遭到邻近各州的暗中破坏。② 英国政府利用权谋使美国各州鹬蚌相争，自己则坐收渔利。

3.3 危机与第二次革命

米尔顿·弗里德曼曾说，国家只有在遇到危机时才会直面问题。18 世纪 80 年代，在政府债权人（如果不是纳税人）看来，为战争筹资所发行的巨额有息债券和货币为后来的财政危机埋下了祸根。以票面价值计算（而不是当时市场流行的最低折扣价），大陆和州政府债务约占 GDP 的 40%，这同只占 GDP 很小一部分的税收形成了鲜明的对比。这些债务中约 2/3 由大陆会议发行，其余由 13 个州政府发行。③ 有时财政危机会引发政治革命：重商过去的承诺、重新设定纳税人的义务、重组政府债权人的债务，正如 1789 年的法国革命和 1787 ~ 1788 年的美国革命那样。④

4. 重构财政体制

为了重新分配权力和重构激励机制，制宪者们废除了原先的宪法（即

① 参见 McDonald（1985，第 170 ~ 171 页）。

② 这段历史可参见 Irwin（2009）和 Rakove（1997，第二章），其理论逻辑参见 Cournot（1897，第九章）。

③ Hamilton（1790）估计，按票面价值计算，在 18 世纪 90 年代初的债务总额为 7 900 万美元，其中 2 500 万美元为州负债，1 200 万美元是外债。

④ Sargent 和 Velde（1995）从政府预算约束的角度来看待法国大革命。

《邦联条例》)，重新编写了一部全新的旨在更好地保护美国政府债权人利益的宪法。① 美国宪法通过以下条款重塑了激励和授权机制：(1) 划拨给联邦政府足够的税收收入来偿还大陆会议和各州为战争举借的债务，以及(2)授予联邦政府对国际贸易进行征税和管制的排他性权力。如此一来，美国联邦政府就可以实施国家层面的贸易政策，来对抗英国对美国公民的歧视。

在美国建国初期，政府预算约束将偿债能力与贸易政策紧密联系在一起。关税是联邦收入的主要来源这一事实，限制了 1789～1815 年间美国的政治选择。当时，英国是美国主要的潜在贸易伙伴。美国要想提高收入来偿还债务，就需要与英国保持大规模稳定的贸易往来，即使这意味着面对英国歧视美国的商品和运输，也必须有所克制。但是，由于华盛顿、汉密尔顿以及联邦党人把如期偿还美国国债以赢得良好信誉放在优先位置，所以他们便把力求与英国保持和平作为政策的基石。因此，他们克制了对英国贸易限制征收报复性关税的冲动。后来，为了对英国的贸易限制施以报复，杰斐逊、麦迪逊及共和党人不惜损失同英国的贸易量以及关税收入。即使这会影响美国债权人的利益他们也在所不惜。欧文（Irwin，2009）分析了与这些权衡取舍有关的政策选择如何决定了美国后来的政治结果：18 世纪 90 年代联邦党人保护贸易与和平，1805 年后共和党人牺牲贸易与和平，实施贸易禁运，并于 1812 年与英国开战。②

4.1 财政与货币政策的改革顺序

汉密尔顿和第一届国会首先改革了财政政策。③

4.2 财政政策

时间可以反映轻重缓急。美国国会于 1789 年 9 月 2 日成立了财政部，1791 年 2 月 25 日成立了合众国银行（Bank of the United States)，并依据 1792 年 4 月 2 日通过的《铸币法案》（Coinage Act）成立了一家美国铸币厂。1789 年 9 月 21 日，国会指示新任的财政部长亚历山大·汉密尔顿制订一项计划，以便“给公共信贷提供足够的准备金”。汉密尔顿在 1790 年 1 月

---

① Beard（1913）对制宪者动机的富有争议的解读也有一定道理。

② Wills（2002）的主要观点是麦迪逊高估了禁运对英国造成的损失，但低估了禁运可能对美国企业以及新英格兰和英国之间的纽带所造成的伤害。

③ 参见 Sylla（2009）对汉密尔顿计划的综述和有趣解读，也可参见 Wright（2008）。

14 日向国会递交了他的《公共信贷报告》（*Report on Public Credit*）。在 1790 年 8 月 4 日和 8 月 5 日通过的一批法案中，国会接受了汉密尔顿的建议，包括他将各州债务国有化的提案。①通过销售一系列国会依据汉密尔顿的建议设计的证券，这批法案为重组大陆债务制定了详细的方案。美国政府承诺会按照顺序以一种名为“元”（dollar，1790 年 8 月西班牙发行的一种银币）的货币单位进行偿付。

汉密尔顿（1790）告诉国会，兑现大陆会议的原始承诺按时偿债，会压低政府债券的预期收益，但会提高事后回报，使之高于 18 世纪 90 年代大陆债务以高折扣交易时的回报。② 他还认为，如果私人交易者认为国债是完全可信的债务，那么国债的流动性就会增强，预期收益将会降低。事实证实了汉密尔顿的预测，当辩论最终有利于政府这一消息传开后，大陆债券和州政府债券的折扣率就消失了。③

4.3 歧视与流动性

汉密尔顿报告中一个特别引人注目的部分是，他对詹姆斯·麦迪逊关于按大陆债券当前持有人的购买时间区别对待的提案作出了回应。④出于公平方面的考虑，麦迪逊希望削减那些以高折扣购买大陆债券的人过高的资本收益；他还希望补偿那些以高折扣出售债券的前持有人。汉密尔顿说服了国会，他认为，这种事后歧视将严重影响国债潜在买家对政府的信心，进而损害其所持国

① 第一届国会第二次会议通过的法案，包括 1790 年 8 月 4 日通过的为美国债务提供准备金的法案，1790 年 8 月 5 日通过的为联邦政府和各州之间提供更高效结算的法案，1790 年 8 月 19 日通过的为联邦政府偿债进一步提供准备金的法案。

② 关于折扣因子，参见文中等式（7）。

③ 汉密尔顿改变了债权人对政府“类型”的看法。1789 年新成立的美国政府面临的境况使我想到了 Bassetto（2005，第 4 部分）关于主权债务违约的一个案例。试想一个有可疑财政记录的政府被一个高度可信且愿意偿还债务的新政府所取代。尽管其本意良好，但新政府是否会违约取决于私人经济主体的信念。如果他们坚持认为新政府会违约，他们就会要求非常高的利率，从而使善意的政府最终无法承担如此高的利率。如果想要成功，新政府必须执行良好的经济政策，并从好的（幸运?）“预期管理”中获益。

④ 参见 Hamilton（1790）。

债的市场流动性和市场对国债的信心。[1,2]

4.4 联邦对各州的救助

自美国国会在1790年8月4日接受了亚历山大·汉密尔顿国有化（或"承担"）各州债务的提案后，美国便开始实施针对各州的全面援助。进口征税权最终从各州转移到了联邦政府手里，至此，起始于制宪会议的协商讨论告一段落。为获取这一最重要的收入来源，联邦政府同意以救助各州作为交换条件，这样做重组了债权人的利益，使其从州转移到了联邦政府。[3]通过将各州的债权人转换为联邦政府的债权人，汉密尔顿把那些债券的持有人变为了联邦财政政策的拥护者，该财政政策旨在将关税收入的大部分用于偿债。国有化各州债务的官方理由是，大多数债务是各州为了资助独立战争才发行的。美国财政部设立了一套体制来计算各州对独立战争所作的贡献，并依此给予相应的补偿。后来的贷款人本应该谨慎解读国会为1790年救助所给出的理由：这些州对国家事业作出了贡献。因此不应该将这一救助解读为对未来无论发生什么情况都会对各州实施救助的承诺，但是，很多人显然都是这么认为的，最终他们发现希望落空了（参见下文6.1部分）。

4.5 为何偿债？

制宪者们所设置的政府机构以及国会和总统在1790年和1791年的政策决策，表明他们决意要偿付他们从大陆会议接过来的债务。兑现当初对大陆债券以及州政府债券（为支持美国独立战争而发行）持有者的承诺，可能意味着降低其他预期和违背（至少是暗地里）其他财政政策承诺，如保持较低的税率。18世纪80年代中期大陆债券以高折扣率交易，就反映了交易商对低税率政策的预期。为什么制宪者们会选择以违背某些承诺（对大陆纳税人们的承诺，这些承诺受到《联邦条例》的保护）为代价，来信守另外一些承诺（对

---

① 虽然国会否决了麦迪逊关于歧视的提案，但在20年后的1812年战争中，一个相关的想法再次影响了麦迪逊政府。Dewey（1912）描述了1814年3月24日通过的一项法案，该法案规定如果继承者以较低的市场价格获取了债券，政府要追溯到前任债权人并为其提供优惠的条件。

② 在债务重组协商过程中，经常会出现歧视性对待债权人的提案。例如，有提案要求希腊国债的私人持有者承担数额可观的自愿折扣，而非私人持有者则可以获得全额偿付。

③ 根据McDonald（1985）的描述，在18世纪80年代早期，财务总长Robert Morris曾尝试将大陆债券的国内债权人组织起来，以此作为国有化的动力，但失败了。

债权人来说，显然已经打了折扣的承诺）呢？①如果我们把 1787 年或 1789 年视作一个新的开始（看起来是合理的），即拉姆齐模型和递归机制设计中的“0 时期”，那么卢卡斯和斯托克（1983）、查里等人（1994）及琼斯等人（1997）用代表性主体（representative agent）这一传统方法建立的拉姆齐模型对回答上述问题毫无助益。这类模型通常建议政府对所有初始公共债务违约，② 并征收扭曲程度最小的税种，即无法预见的资本收益税。其他很多革命者正是这么做的，③ 但美国制宪者并没有这么做。他们重新划分权力与利益，旨在表明他们“言而有信”（deal is a deal），至少对政府的债权人是如此，而纳税人就另当别论了。

要理解为什么汉密尔顿、华盛顿及其他制宪者们愿意偿付之前的债务，我们需要考虑经济的异质性及随之而来的利益冲突④，同时还要考虑拉姆齐模型中未能考虑的声誉因素。初始债务的发行目的、债权人的身份以及违约造成的不良后果，这些重要的因素在上述三个用代表性主体方法构建的拉姆齐模型中都被忽略了。⑤ 这类拉姆齐模型有助于解释一些政治革命后的政府政策，但并不适用于美国 1789 年的情况。

财政部长汉密尔顿希望通过偿还之前的大陆债券和各州债务，让联邦政府

---

① Bulow 和 Rogoff（1989））以及 Kletzer 和 Wright（2000）早已尖锐地提出“为何偿债？”的问题。

② 有时他们也想尽一切办法获取私营部门的净债权，来为未来的支出提供有效融资。Paal（2000）曾描述了匈牙利共产党如何在二战后故意重设“0 时期”并通过另设货币体系获取对公众的债权。

③ 列宁和托洛茨基以及他们在东欧的追随者就是这么做的。1789 年法国大革命的领导者刚开始没有这么做，相反，刚开始数年他们艰难地履行偿还革命前债务的义务，直到 1797 年客观环境迫使他们大规模违约。参见 Sargent 和 Velde（1995）。

④ 参见 Meltzer 和 Richard（1981）。

⑤ 美国独立战争之后的政治环境以及实施的债务管理政策和德国在一战后的政策迥然不同。德国在一战期间积累的债券大部分由国内债权人持有，但后来的《凡尔赛条约》要求德国给某些战胜国支付数目巨大且不确定的赔款，令德国政府背上了更大的债务负担。独立战争后的美国政治环境与德国有很大的不同，那是因为美国的外债主要来自善意且值得信赖的伙伴国，即战争中为其输送物资的法国和荷兰，而不是像德国那样来自击败它的敌国。德国随后发生了恶性通胀，到 1923 年 11 月，德国马克贬值为一战前的 10^{12} 之一，虽然这使德国可以逃脱大部分的战争赔款，但也付出了巨大的代价：财富从名誉债权人向名义债务人大规模转移的再分配。Sargent（1982）描述了德国如何通过一个为国债估值的简单理论，即等式（1）而陡然结束其恶性通胀的。1923 年 11 月之前，德国政府盈余过程 S_t 最重要的组成部分是通胀税。通过调整政府开支与税收，同时加强中央银行使之不滥发货币，恶性通货膨胀得到了抑制。

可以进入国内与国际信贷市场。这可以拓宽借款渠道，为临时激增的支出融资，这样一来其继任者就不必为了为突然增加的政府支出融资，而大幅提高税率。① 他同时宣称，如果未清偿的国债能获得几乎无风险的回报，将有助于国内信贷市场的发展；而国内信贷市场的发展将会促进工商业的发展。②·③

4.6 货币安排

只有在1790年8月4日和8月5日的法案确定了财政政策的调整之后，汉密尔顿和国会才把注意力转向了货币政策。汉密尔顿在1790年12月14日向国会提交了他关于建立一家国家银行（national bank）* 的提案，直到1791年1月28日他才又提交了关于建立铸币厂铸造美国银币和金币的提案。当时人们普遍认为美国会追随先进的欧洲国家采用商品货币本位。如此一来，制宪者的货币政策仅涉及硬币大小和铸币税税率等问题。④

4.7 一家国家银行?

当时就需不需要一家国家银行展开了激烈的争论，詹姆斯·麦迪逊极力主张，成立一家联邦特许垄断银行是违宪的。在经过一番激烈的争论之后，国会最终授予合众国银行一份为期20年的联邦特许执照。⑤这家银行的大部分股份

---

① 也就是说，他所希望的以这种方式发债的方案，在1807年财政部长Albert Gallatin给国会的报告中明确提出，参见Dewey（1912，第128页）。该政策后来在Barro（1979）和Aiyagari等人（2002）的税收平滑模型中被形式化。

② 想进一步了解攸关安全的国债能带来良好效应的当代争论，参见Krishnamurthy和Vissing-Jorgensen（2010）及其所引的参考文献。

③ 参见Brewer（1989）以及North和Weingast（1989），以进一步了解英国政府通过成功采用汉密尔顿提倡的财政体制而获得的灵活性。Bassetto（2005，2006）曾表示，即使有良好的制度和善意的政策制定者，有时还是会出现多重均衡，我们需要运气或技巧从中作出选择。

* 即由联邦政府授予特许证并作为联邦政府财政代理机构的银行。——编者注

④ 他们将铸币税定为0，该决定被称作“自由铸币制”（free coinage）。

⑤ 20年后，当该银行请求续发特许执照时，时任总统麦迪逊改变了主意，但反对者们搬出了1791年麦迪逊还是议员时的论点来要求政府拒绝为该银行续发特许执照。尽管麦迪逊已转变了阵营，但他两次都站在输家一方。1811年国会拒绝为合众国银行续发特许执照，联邦政府长期来的财务代理人被废除了，这导致1812年美国政府为战争筹资时焦头烂额。关于是否需要一家国家银行作为联邦政府财务代理人的问题，詹姆斯·麦迪逊和亨利·克莱等政治家的观点都发生了改变，整个国家也是如是。1811年，第一家国家银行——合众国银行——的特许执照未能获得续发，1836年，第二家国家银行的执照亦未获续发。

为私人所有，其业务主要为私人股东谋利，尽管它确实充当了联邦政府的财务代理人和联邦收入储存机构的角色。它也发行可作为货币流通并在需要时兑换为硬通货的银行票据。只有向联邦政府提供短期贷款，或提供低风险极短期商业贷款时，它才会发行银行票据。它不提供房地产及其他高风险长期贷款。从这个角度看，可以说它执行了亚当·斯密（1806）的“真实票据”（real bills）制度，斯密关于这一主题的著作很可能影响了汉密尔顿。①

4.8 一家铸币厂

制宪者们似乎认为只有在确定了合理的财政政策之后，才能着手解决货币政策这些细枝末节的问题。1790 年 8 月 4 日的法案（第 1 款第 138 条）规定了为联邦政府与各州债务筹资的具体程序，并规定新的联邦借条以“元”结算，当时的“元”指的是西班牙元（Spanish dollar），因为尚无美元。在 1791 年递交的关于铸币的提案中，汉密尔顿提议美国制造一种与西班牙元含银量相同的银元。② 1792 年 4 月 2 日的《铸币法案》几乎原封不动地接受了汉密尔顿的建议，开始制造美元。在价值决定因素，即含银量问题上，美元照抄了西班牙元，唯一不同的是两面的图案。从基本的经济动力来看，美国是否真正发行这些美元并不重要。③

4.9 结果

附录 A 以图的形式给出了重要的政策结果，数据大多来自美国财政部的早期报告。不难发现，大陆债券的高折扣率消失了，联邦政府成功地改组了其债务［贴现因子见等式（7）］。关税几乎成了联邦政府的所有收入。18 世纪

---

① 亚当·斯密的真实票据学说强调的是，通过授权一家政府所有的或私人所有的金融中介来发行私人安全债务证明支撑的流通票据所能获得的收益。斯密所谓的“真实”意味着相对无风险。斯密指出，通过允许有私人安全债务证明支撑的纸质票据的流通并以之取代贵金属（否则只能以此作为交换媒介）所能获得的效率提高。关于真实票据学说的利与弊，参见 Sargent 和 Wallace（1982）。

② 1792 年 4 月 2 日法案中的第九条声称每一美元都将“和目前流通中的西班牙银元等值”。

③ 美国铸币厂采取了当时欧洲铸币厂常用的运作方式。铸币厂根据需求，随时以固定价格出售硬币，却不购进硬币，金币或银币可以分别交换金条和银条。如果你想从铸币厂购买硬币，你需要先把金条或银条拿到铸币厂。铸币厂对金属进行化验后，铸造压制成硬币后返还给你。如果你想将硬币熔掉重新获得金银条，则可以将它们自行熔解，你也可以将其出口或等价卖给私人，以换取硬币。

90 年代，联邦税收每年约占 GDP 的 2%。其收入中，有 40% 被用来还债。在汉密尔顿及联邦党人继任者们的努力下，债务利息得到清偿，本金则被展期，但实际经济增长使债务在 GDP 中所占比例或多或少逐年下降，一直延续到 1812 年战争爆发，随后，为了向拿破仑·波拿巴支付购买路易斯安那的 1 500 万美元中的部分款项，债务又逐渐增加。① 1790 年，对人口与经济迅速增长的预期为美国提供了巨大的“财政空间”［参见高希等人（Ghosh，2011）］，这些预期在 1790 年以后的 25 年中均得到了验证。

5. 随后如何？

民主社会所盛行的偿债时间协议（timing protocols）引发了承诺、先例和声誉等经久不衰的问题。对未来政府决策的预期会影响现时的价格与交易量，而现时的公民与政策制定者们不可能强迫未来的公民遵循预定的行动方针。② 1790 年和 1791 年，联邦政府的各种决策只是美国财政与货币“大冒险”的开始。制宪者们开始坐立不安地揣测继任者将如何完成或修改之前的计划。③ 他们曾致力于设计制度（时机协议?），创立先例（声誉?），并希望这些制度和先例能限制继任者的选择，促使他们制定明智的公共政策。后来的美国历史见证了抗税运动④、关税和贸易管制叛乱⑤。关于联邦政府应征税多少、支出多少、管制多少的斗争一直延续至美国内战前后。

---

① 合理地估计，汉密尔顿 1790 年再次发行的大陆和各州债务的票面价值约为 7 900 万美元，这相当于当时 GDP 的 40%，这一估算有很大的不确定性。购买路易斯安那对美国来说十分划算。

② Kydland 和 Prescott（1977）描述了这种矛盾关系。有一类重要的宏观经济学文献利用 Markov 完美均衡，量化研究序贯时间协议下的结果如何不同于让政府能够做出一劳永逸式选择的时间协议下的结果，此类文献的代表作，可参见 Klein 等人（2011）、Klein 和 Rios - Rull（2003），以及 Debortoli 和 Nunes（2011）。关于序贯投票协议下的政治经济均衡，参见 Battaglini 和 Coate（2008）。

③ 在 1787 年 6 月 26 日的大会上，詹姆斯·麦迪逊（1956）说：“我们希望创建一个能经得起时间考验的体制，在这样做的时候，我们不应该对时代导致的变革视而不见。”1811 年财政部长 Albert Gallatin 告知国会：“为了偿还未来的贷款，我们必须依靠未来的经济繁荣和继任者的政治智慧，也即有利的环境和坚挺的经济。”

④ 1794 年西宾夕法尼亚州农民抵制对威士忌征收联邦消费税，由此引发了一场针对联邦政府的武装叛乱。

⑤ 1814 年新英格兰州威胁要脱离联邦；19 世纪 30 年代早期，在拒绝执行联邦法律的危机中，杰克逊总统镇压约翰·卡尔豪（John C. Calhoun）和南卡罗莱纳州。

举例说明无疑有助于我们理解美国当时的情况，因此，在这里，我们将提到一些例子，这些例子都涉及联邦政府的某个决策如何和之前及之后的决策相互影响。

5.1 联邦纸币与州纸币

制宪者及其支持者痛恨纸币和造成美国国内信贷（且不论国外情况）减少的糟糕状况。这种态度导致了制宪会议上的争论，争论的内容主要是给联邦和州授予哪些货币本位权（power over monetary standards），不授予哪些货币本位权。会议代表们同意禁止州政府发行信用券或将某种纸币作为法定货币。① 至于联邦政府，宪法草案已授予联邦国会发行信用券的权力。这样一来，即使国会已明令禁止各州发行纸币，1787 年 8 月 16 日上午，宪法草案第七条第八款又规定："合众国立法机关有权力以合众国的信誉借款并开具借据。"麦迪逊在 1787 年 8 月 16 日的国会纪要中，曾记录了一次争论，其主题是关于删除授权国会发放信用券条款的提案。该提案以 9 州赞成 2 州反对得到通过。

在 8 月 16 日的争论中，有三个人的观点引起了我的兴趣：

1）詹姆斯·威尔逊（James Wilson）有一番条理清晰的发言，其中强调防患于未然的好处，也就是说，从获得信誉的角度看，事先就要让未来的政府决策者避免采取事后可能会忍不住采取的行动。

2）乔治·梅森（George Mason）和埃德蒙·伦道夫（Edmund Randolph）的发言力劝大会重视"为未来决策者留有足够灵活性将带来好处"的观点，因为这有利于应对 1787 年不可能预见到的某些意外情况。

3）麦迪逊则评论道："限制当局将信用券作为法定货币可有效防止未来的挥霍浪费"。②,③

或许是因为对 1787 年 8 月 16 日争论有不同的理解，在 19 世纪的前 75 年中，许多美国人相信制宪者们打算禁止联邦政府发行纸币，大多数代表没有进

---

① 第一条第十款包含了以下限制：任何州不得缔结任何条约、加入任何联盟或邦联；不得颁发扣押敌船的特许证和报复性拘捕证；不得铸币；不得发放信用券；不得使用金银币以外的任何东西作为清偿债务的法定货币……

② 参见 Bancroft（1886）关于美洲殖民地法定货币法案以及制宪者反对将纸币作为法定货币的历史。

③ 在这件事上，麦迪逊坚持实事求是。在 1809 ~ 1817 年任美国总统期间，麦迪逊领导的美国政府发行了联邦信用券，为 1812 年战争融资，但这并不意味着信用券成为了法定货币。

一步要求明确禁止联邦政府发行信用券，这一事实只是表明，制宪会议的代表们想当然地认为没有得到明确授权的权力应该被理解为国会否决了这些权力。① 班克罗福特（Bancroft，1886）全面核查了档案记录，他确信制宪者们的意图显然是不允许国会将纸币作为法定货币。②

5.2 何种货币联盟？

在1789年之前，最初的13个州已经加入了一个货币联盟。它们都使用西班牙元。美国宪法第一条第八款赋予联邦国会“铸造货币、确定国币和外币价值、确定铸币和度量标准……”的特权。

如我们在第5.1节中所看到的，美国宪法明令禁止各州发行纸币，大多数人认为该禁令对联邦政府也适用。联邦政府只能通过发行流通票据兑换短期国债，以低调地暂时③规避这种含糊的禁令。州政府规避这一禁令则用了更长时间。④ 1837年1月在布里斯科诉肯塔基银行案（Briscoe v. Bank of Kentucky）中，美国最高法院的多数法官，包括新任命的首席大法官塔尼（Taney）认定州特许银行和州立银行有发行纸钞（paper bank notes）的权利（参见Howe，2007，第11章）。斯密（1806）的真实票据论证、萨金特和华莱士（1982）以及华莱士（1981）或华莱士的莫迪格利亚尼—米勒（Modigliani - Miller）推论，都指出该判决是如何成功解除了第一条第十款的禁令，并使各州可允许州立银行以其流通票据购买州债券的方式实现发行信用券的目的。此后，直至内战期间国会通过征税彻底废止这种做法之前，各州内部以及各州之间流通着多种通货，这段时间被误称为“自由银行业时代”（free banking era）。⑤ 许多通

---

① 南方邦联维持了这一传统，并没有将纸币作为法定货币。

② 最高法院对1884年Juilliard诉Greenman法定货币案的判决被Bancroft视为最高法院多数人公然藐视历史记录，这促使他重新评估证据。法庭的推理是，国会有偿债的权力，它可以按宪法没有明文禁止的任何方式来行使该权力；它不必太过在意制宪会议上的辩论和投票，因为要取得一致意见十分不易；国会借款的权力包括发行任何适当形式的债券，其中也包括现金；发行法定纸币的权力是伴随铸币权而产生的。参见Dewey（1912，第366~367页）。

③ 1811年国会拒绝给银行续发特许令。

④ 事实上，某些州特许银行在国会特许第一家美国国家银行之前就已经在发行票据了。

⑤ 自由银行业（从自由进入的意义上）并不普遍。多数银行需要获得州特许令。其中的许多特许令都附带明确条款，要求银行为州提供贷款或购买为修建运河、铁路及公路而发行的债券。这些银行用票据购买的财产多数是有折扣的贷款。在所谓“自由银行业法律”之下运行的银行，必须购买州债券来为它们所发行的票据提供支持。

货以浮动汇率流通，浮动汇率反映了这些州特许的银行票据可按需兑换成硬通货的概率。因此，在1861～1865年内战之前，从某种角度看美国有一个货币联盟，贵金属是该货币联盟的计算单位；但从另一个角度看，美国又没有货币联盟，因为各种通货呈现在民众面前，使他们可选择持有不同风险和回报的货币。没有最后贷款人，没有存款保险，也没有针对银行储户的联邦紧急救助。这些票据只能以银行管理者们的深谋远虑为支撑，而促使银行管理者们深谋远虑的因素，就是白芝浩（Bagehot，1920）所谓的银行票据持有人的“预防性担忧”（preservative apprehension）。①

因此，如果说制宪者们打算建立一个货币联盟，至多只能说取得了部分成功，至少就内战前而言是如此。如果他们希望建立一个货币联盟，显然应以商品货币为基础，而不是以当时美国所实行的那种有管理的法定货币为基础。

1790年8月制宪者们建立了一个财政联盟，现在，我们转向关于该联盟范围的长期争论。

6. 何种财政联盟？

自1789年开始实施共和制到内战爆发，美国人一直在联邦税收、支出、转移支付和管制政策等问题的合理范围和幅度上争论不休。以伟大的辉格党政治家亨利·克莱（Henry Clay）19世纪30年代提出的美国体制为旗帜的利益集团们，主张将联邦支出用于基础设施建设，如道路、运河、铁路、大学，他们认为公共品值得国家给予财政支持。获得南方各州支持的利益联盟则反对绝大多数类似的措施。② 麦弗逊（McPherson，1988，第3篇，第14章）记录了第37届国会（1861～1862年）如何抓住多数蓄奴州试图脱离联邦这一机会，以实现克莱所制定的诸多目标为方针，重整联邦同盟。1862年7月1日，国

① 参见Rolnick和Weber（1983，1984）。通过多种包含不同浮动回报率的私人交换媒介，票据发行方通常会接受（但并不承兑）他人的活期债务。由此造成的一个结果是，票据发行方通常承兑并清偿其他银行发行的票据，以增加自己的硬通货（或“合法货币”）持有量。自19世纪20年代至50年代，波士顿的萨福克银行（Suffolk Bank）成功地管理了整个新英格兰地区的私人票据兑换工作。因此，新英格兰各家银行发行的票据都可以在整个地区按票面价值流通，从这个意义上讲，萨福克银行经营管理了一个私人“货币联盟”。参见Weber（2009）。

② 南方利益集团热衷于利用联邦资源挑起战端，遭到林肯和其他辉格党人反对的墨西哥战争，就是一个例子，通过这次战争，美国获得了更多的领土，建立了更多的蓄奴州、也涌现了更多支持蓄奴的参议员。

会通过了《国内税收法案》，根据该法案和其他法规，联邦政府首次开征联邦所得税。同一天，国会通过了《太平洋铁路法案》，对有意愿建设州际铁路的公司给予公共土地和联邦贷款等方面的优惠。1862 年 7 月 2 日，国会通过《莫里尔法案》（Morrill Act），为建设后来所谓的赠地学院（land grant colleges）提供联邦土地。① 早些时候，类似的立法活动被民主党否决，因为该党主张一个弱于克莱和林肯式美国体制的联邦同盟，现在因为其核心成员投靠了南方邦联，所以实力骤减。脱离联邦的各州在制定邦联宪法时，表达了他们的诉求，而邦联宪法在许多重要方面与《邦联条例》而不是《美利坚合众国宪法》更为相似。五年代价高昂的内战，迫使分裂分子不仅接受了林肯关于“人人生而平等”的观念，还接受了由汉密尔顿和华盛顿提出、得到林肯捍卫并发展的联邦同盟。

6.1 针对各州的另一项联邦救助?

1790 年汉密尔顿对各州债务的救助，是财政危机可能带来持久制度变革的又一个例证，这次改革是在各州层面展开的。② 今天，美国许多州的州宪法要求州政府必须保持年度预算平衡。但在 19 世纪 40 年代以前，美国各州的宪法并不要求年度预算平衡。亚当斯（Adams，1887）讲述了为应对 19 世纪 30 年代末至 40 年代初的财政困局，许多州修订已有宪法，加入要求年度预算平衡的内容。③ 相关情况如下所述：

1789 年之后的 30 年里，普通民众针对联邦政府是否应该或是否有能力资助公共基础设施建设展开了一系列辩论。在内战前，他们得出了联邦政府没有这一能力的结论。各州政府主动承担起公共设施建设的责任，以回应总统否决一系列公共设施建设工程拨款议案。1829 年后，许多州政府均出现巨大的财政赤字，其中的大部分赤字在当时貌似皆有正当理由，因为这些赤字被视为是资本账户赤字，而非经常账户赤字。其中的逻辑是，各州发行债券的主要目的是为公共或私人部门基础设施建设融资。当时，人们提出了一种理论，认为这

① 国会还通过了一项法律为定居者（定居移民）提供联邦土地。

② Milton Friedman 最喜欢的主张之一，便是“意外结果定律”（Law of Unintended Consequences）。

③ 根据 Barro（1979）和 Aiyagari 等人（2002）的描述，这些新宪法因此要求各州放弃税收平滑带来的效率收益。

些债务可以自我融资（self－finance），因为它们最终将促进经济增长，而且通过对土地增值征收税或费，可以提高州政府的税收收入。对该理论的认同使各州债券可到处出售和买卖。一些债券被欧洲人购买，部分原因在于他们也信奉自我融资论，部分原因显然是因为他们误解了这些债券，以为它们和国债有同等的投资者保护，后者因独立战争和1812年战争后的按时偿还记录赢得了良好声誉。此外，各州债券的投资者也知道，联邦政府在共和国成立初期曾对各州债务实行过全方位救助。美国宪法第四条第一款要求为各州债券的债权人提供强有力的保护：

> 各州对其他州的公开法案、记录和司法诉讼程序应给予完全的信任和尊重。国会可用一般法律规定此类法案、记录和司法诉讼程序的验定方法及其效力。

但国外的州债券投资者可能没有注意到宪法第十一条修正案削弱了投资者保护，1793年某州的居民因对另一个州不满而上诉至联邦法院，随后该修正案被通过。第十一条修正案通过如下规定，解除了第一条第一款原本承诺的投资者保护：

> 不得将合众国的司法权引用扩展至另一个州的公民或任何外国公民或国民对合众国任何一个州提起的任何普通法或衡平法诉讼。

对欧洲和其他债券持有者而言，最终结果令人沮丧。在19世纪30年代末的一次经济衰退中，许多州都违约了。① 欧洲债券持有者这才意识到第十一条修正案剥夺了他们和美国各州的其他债权人在联邦法院诉求宪法保护的权利。19世纪40年代，针对由联邦政府偿还各州债务的提案，国会展开了一场辩论，但最后将之否决。在国会辩论中，联邦救助的支持者们引述了汉密尔顿1790年联邦救助各州的先例。但是，反对者们成功地辩称，汉密尔顿紧急救助的州债务是由国家光荣事业（即独立战争）引起的，而19世纪40年代初的债务则由资助当地基础设施这些完全不同的目标引起的。该论据连同其他理由一起，致使国会拒绝给各州债务施以救助。

这段历史插曲损害了美国各类国债辛苦积攒下来的良好信誉，无论是联邦

① 参见Scott（1893）和Ratchford（1941）。

债券还是州债券，两者均被蒙上了巨大的信誉阴影。面对这些州债券的违约，国际债券市场似乎并没有马上意识到要认真地区别对待联邦政府的信用可靠性（credit worthiness）和州政府的信用可靠性。联邦信用在欧洲的声誉和各州信用的声誉一样糟糕，这种状况持续了好多年。

但国会拒绝救助各州的决定无疑为国家带来了其他好处。国会此项决定的后续影响之一就是到19世纪40年代时，美国有一半以上的州重新修订了它们的州宪法，要求各州保持年度预算平衡。这是财政危机带来持续的制度变革的又一例证，这种持续的制度变革有时被称为革命（revolutions）。①·②

国会拒绝承担州债务的做法是否正确？一个有力的论据可证明其正确性：由于国际债权人不能或不愿区分联邦政府的偿债记录与各州政府的偿债记录，所以，国会的做法虽然会暂时牺牲联邦政府之前辛苦赢来的良好信誉，却使联邦政府树立起相对于各州的良好声誉。国会告知各州不要寄希望于联邦政府为它们的肆意挥霍埋单。③ 说的更直白些，一旦救助各州的债务，将给各州造成未来联邦政府仍会施以援手的幻想，这将给美国带来十分有害的后果，就像对金融机构的保险一样，凯肯和华莱士（Kareken 和 Wallace，1978）曾在其他地方提出过这一警告。他们认为，对监管不足的金融中介提供低价政府存款保险，将导致金融中介的规模越来越大，风险越来越高。最终势必会置政府于不得不对其进行救助的被动境地。因此凯肯和华莱士说，如果要提供存款保险，最好对金融中介的投资组合加强监管。凯肯和华莱士的逻辑也可扩展应用于联邦对各州的救助：如果联邦对各州提供救助，美国将走上一条联邦控制各州财

---

① 参见 Wallis 和 Weingast（2005）。正如前文所述，美国宪法第十一条修正案规定，各州债务不能通过联邦法院执行。然而，市政公司债务和县政府债务却可以通过州和联邦法院执行。Adams（1887）称，州宪法中这一保护投资者的制度安排以及关于预算平衡的规定解释了19世纪支出和债务明显从各州转向了当地市县。Wallis（2000，2001）成功地研究了这一主题。

② 事情并未就此了结。美国宪法第十四条修正案第四款声称：经法律认可的合众国公债，包括向效力于平定暴乱或叛乱的人员支付养老金和奖金所产生的债务，其效力不容怀疑。但合众国或任何一个州均不得承担或偿付因资助反叛或反抗合众国而产生的债务或义务，或因丧失或解放任何奴隶而提出的赔偿要求；所有此类债务、义务和要求应视为非法和无效。第十四条修正案试图同时保护联邦债务的信誉，并使南方联盟各州所发行的州债券彻底丧失信誉。

③ Fudenberg 和 Kreps（1987）讨论了在不同的当事方维持不同信誉的难度。可以说明这一难度的另一个例子可能是18世纪90年代准备偿付联邦和州债务的那些安排和决定，当时联邦党人领导下的美国创立了偿付联邦和州债务的先例，这些先例无意中使州债权人产生了联邦政府将会为他们不负责任的行为埋单的预期。

政政策的道路。这条路将通往何方？联邦是否还会控制各个市（cities）？① 如果19世纪40年代国会没有拒绝为各州提供救助，州宪法可能永远不会得到修订，也就不会有年度预算平衡的规定。

7. 对今天的教训？

对18世纪80年代《邦联条例》下的政府，即一个不大可能按照承诺偿付其债权人的羸弱的财政联盟而言，18世纪80年代高折扣的大陆债券的定价是客观公平的。汉密尔顿和华盛顿打算改造政府"类型"，为此，他们重新调整各方利益，以促使美国兑现早先的偿债承诺和以后的偿债承诺。汉密尔顿希望市场能据此对美国债券定价［折扣因子仍通过等式（7）求解］。汉密尔顿开始巧妙地引导公共债权人对政府是否会偿还债务的当前预期和未来预期，在他看来，唯一可行的方式就是，建立一个财政联盟，并使这个联盟的制度安排和利益分配能够提高联邦政府的实际偿债可能性。制宪者创建该财政联盟的主要目的，并不是为了推动货币联盟的建立，后者是一个完全不同的计划，对于这个计划，制宪者们其实并没有什么清晰的思路，对于究竟是特许设立一家国家银行来发行货币，还是鼓励州特许银行竞争性地发行私人货币，他们一直举棋不定。

说到财政制度安排，今天欧盟所表现出来的某些特征很容易使人想起当年《邦联条例》下的美国。征税权为各成员国所有，欧盟范围内的许多重要财政行动需各成员国的一致同意。眼下，欧盟改革者正在设法对其制度的这些特点重新设计，但就目前来看，欧盟设法推进制度变革的时间顺序与美国以前的经验有一些关键差别。美国首先实现了全国统一的财政政策，对美国制宪者来说，货币政策并不是管理共同的法定货币，因为共同的法定货币是否存在仍是个问题。欧盟最先努力的重点是把管理共同法定货币的制度集中统一起来，目前为止，各成员国似乎还不想谋求一个财政同盟。而为了启动财政同盟，美国则实施了一项针对联邦债务和各州债务的全面救助。至少在目前，欧盟没有形成一个财政联盟，只有极少数政治家公开呼吁由欧盟对成员国政府的债务实施全面救助。

---

① 美国很快就会再次面临相关问题：联邦政府会救助高负债的州吗？州所得税应该根据联邦税收收入加以减免，并通过此举让节俭的州向浪费的州提供转移支付吗？

当前纷乱的政治局面影响了美国自身的货币和财政政策，但美国人显然没资格建议欧洲公民从美国创建财政联盟的历史中吸取教训，假如其中有教训可吸取的话。为了找出这其中的有益教训，确认欧洲当前面临的哪些境况和美国当年一致，哪些境况和美国当年不一致，显得十分重要。在美国创建财政联盟的时代，绝大多数人在农场里生活、工作，还有不少奴隶。普通民众比现在贫穷得多。预期寿命要比现在短得多，没有多少劳动者能活得足够久或挣足够多的钱，以致在死去前的较长时间都不用辛勤工作。医生和药品常常有害无益，因此多数民众负担不起反倒是件好事。延期支付的补偿金，多数情况用于支付给军人（养老金），也有用于对美洲土著居民的强制征地，是政府用转移支付融资的唯一合法的权力型福利。多数人无权投票。联邦政府很弱小，它只对很小一部分 GDP 进行再分配。在美国头 20 年的和平时期，联邦支出平均只占 GDP 的 1% ~2%，18 世纪 90 年代初，联邦政府将 40% 的税收收入用于偿债。国会和总统于 1790 年决定由联邦政府接手的政府债务，是为了给广泛认同的国家事业融资而发行的。[①] 50 年后，国会拒绝再次为州债务提供数额庞大的联邦救助，表明州债务的用途确实至关重要。

这些情形均和今天的欧洲有很大不同。不同于当年的美国联邦政府，欧盟自身并没有数额庞大的债务；相反，那些被市场抛售的棘手债务，都是由成员国政府导致的。显然，人们预期寿命已更长，多数人也不再在农场工作。他们生命中相当长的一段时间处于退休状态，很多人开始工作的时间也比当年的美国人晚得多。很大一部分公共开支被投入到教育上。药品和医生使人们更加健康长寿。家庭观念更加淡薄。政府负担的社保、养老和医疗体系无处不在，尽管这消耗了相当大比例的国家预算。政府的劳动力市场管理制度也发生了变化，奴隶制早已被废除；还有最低工资保障、失业和残疾人救济计划和就业保护方面的法律。不同的欧盟国家在这些措施的慷慨程度和支持力度上各有不同。[②] 在这些制度、人民的技能和偏好等问题上，今天的欧盟国家和当年的美国是否大不相同？从某些方面来看，美国各州要更为多元化，如对待奴隶制的态度等。但在联邦政府消费或再分配 GDP 的比例这一问题上，当年美国不同州的公民可能要比今天有更一致的看法。当年，除了将纳税人的钱再分配给政

---

① 托利党人既未离开也未保持沉默。

② Ljungqvist 和 Sargent（2008）研究了不同国家和大陆的社会保障体系的不同特征如何在微观经济环境发生同样的变化时，导致不同的失业后果。

府债权人以外，联邦政府的再分配活动极为有限。今天欧洲财政联盟的某些支持者可能更希望增加再分配，而反对者则更希望减少再分配。

但是，今天的美国却能从中获得部分教训。政府预算约束和国债定价等式总是行之有效。萨金特和华莱士（1981）令人颇为沮丧的计算所传递出的信息是，如果财政政策是负责任的，也即不靠通胀税的收入来维持政府预算现值的平衡，货币当局维持低通胀就较为容易；但是，如果财政政策挥霍无度，货币当局就不可能维持低通胀，因为跨期政府预算意味着货币当局迟早要征收足够多的通胀税来为预算融资。从这个意义上讲，货币政策和财政政策并不能完全独立，它们必须协调一致。在协调财政政策与货币政策时，我们可以找到既简单又透明的方法。①·②其他更为复杂的方法也是可能的，如美国当前普遍采用的一些方案。

（姜井勇　刘姗姗　译）

附录 A　用图示表示结果

图 1 ~ 图 10 显示了华盛顿和汉密尔顿所制定的政策带来的财政结果。

图 1 和图 3 显示了 1790 ~ 1820 年按来源分类的联邦收入，不过图 1 是相对于 GDP 的比重，图 3 是人均量。从这两图可以看出，关税是联邦收入最主要的来源。从图中我们还可以看出，在 1808 年和 1809 年麦迪逊和杰斐逊实行贸易禁运，通过贸易政策报复英国的歧视时，这些收入遭受了较大损失。当前，有人会称汉密尔顿是大政府的支持者，但这要放到 18 世纪 90 年那个历史背景下去看，如图 1 所示，当时所谓的“大政府”不过是希望将联邦收入提高到占 GDP 的 2%，并把收入中的大部分用于偿还联邦债务。汉密尔顿和华盛顿在 18 世纪 90 年代实施的对英国容忍政策正是为了保护联邦收入，避免麦迪逊和杰斐逊政策所带来的短期后果。图 2 和图 4 显示了联邦支出的组成情况，分别是相对 GDP 的比重和人均量。很明显，在这段时期，联邦支出的大部分

---

① Milton Friedman 看似突然改变了自己对如何协调货币与政策财政政策的看法，但是，如果你深入观察，就会发现，他的观点实际上并未改变。Friedman 推荐了两种恰好相反的方法来协调货币政策与财政政策。Friedman（1953）建议货币当局通过公开市场操作买进所有国债。这就将货币增长的责任直接交给了财政当局。为控制货币增长，他建议财政当局根据商业周期平衡预算。Friedman（1960）随后又推翻了自己的观点，转而主张一条极为著名的规则，即货币当局在每一个时期以恒定的比例 k 发行法定货币，这样就可使货币当局至多只给一小部分政府赤字融资。

② 关于将“美元化”作为一种协调工具的利和弊，参见 Sims（2001）。

被用于偿还联邦债务。

图 5 显示了联邦净利息赤字占 GDP 的比重，图 6 显示了债务（按票面价值计）占 GDP 的比重。图 7 显示了 GDP 的增长率及通胀率。当然，图 6 和图 7 均可能存在相当大的测量误差。图 8 显示了联邦债务的构成情况。该图显示了国内未偿债务如何被转换成 1790 年 8 月 4 日法案中所描述的工具，以及财政部如何迅速实施成功的债务重组。还需要注意的是，1803 年为购买路易斯安那州而发行的那部分债务。

图 9 和图 10 显示了人均实际 GDP 和人均名义 GDP，同样这也可能存在相当大的测量误差。很明显，债务占 GDP 的比重在这一阶段明显下降，主要原因在于 GDP 的增长。

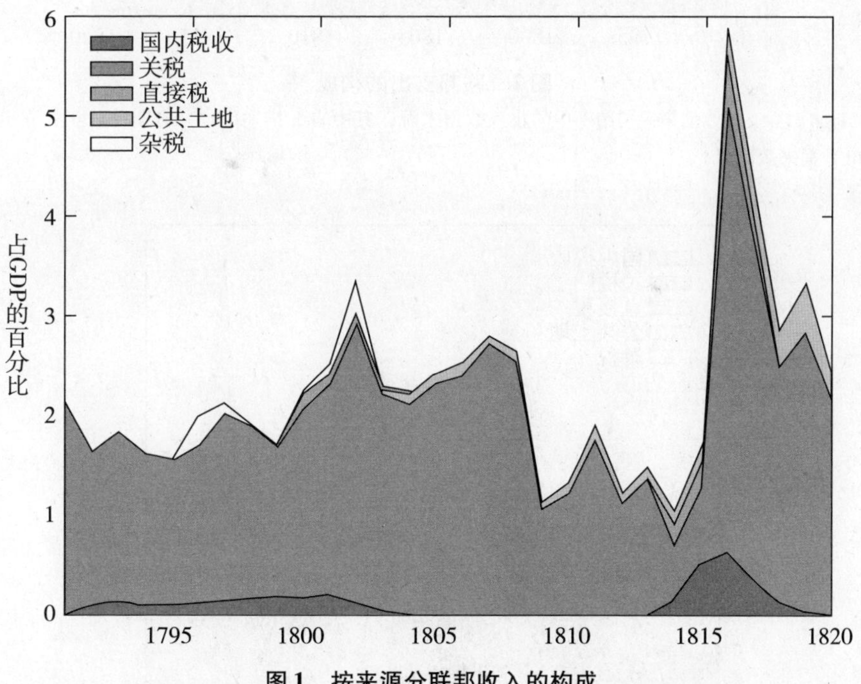

图 1　按来源分联邦收入的构成

资料来源：收入数据来自 Annual Report of the Secretary of the Treasury on the State of the Finances for the Year 1870，Government Printing Offce，Washington，1870。其中表 K 描述了美国 1789 年 3 月 4 日到 1870 年（按公历算是 1843 年）6 月 30 日每财年的收入。名义 GDP 数据来自 Louis Johnston and Samuel H. Williamson“What Was the U. S. GDP Then?” MeasuringWorth 2010. URL：<http：//www. measuringworth. org/usgdp/>。

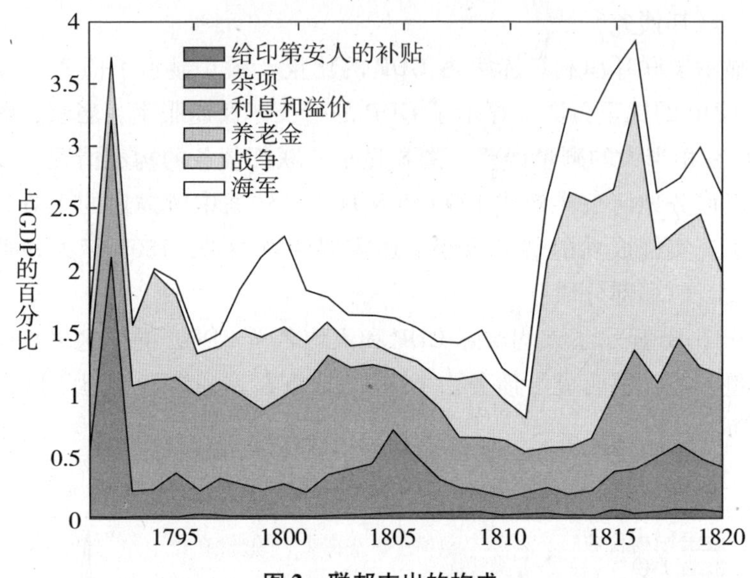

图 2　联邦支出的构成

资料来源：支出数据来源同图 1 中的收入数据来源，其中表 L 描述了这一时期每财年的支出。名义 GDP 数据来源同图 1。

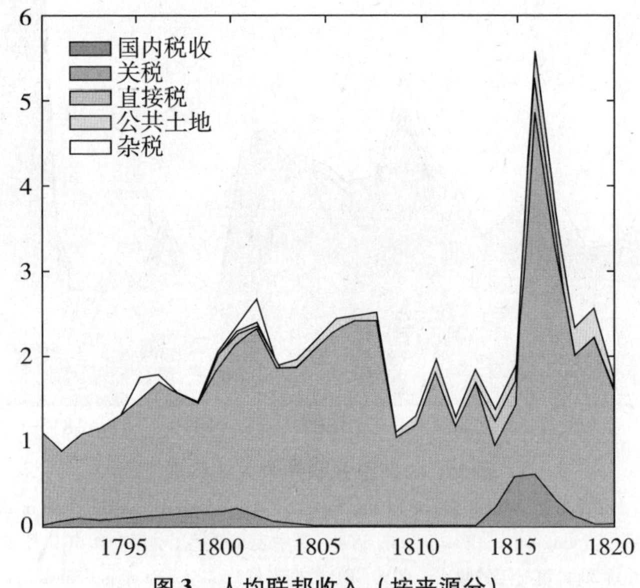

图 3　人均联邦收入（按来源分）

资料来源：收入和支出数据来源同图 1 和图 2。人口数据来源于 HSUS Table Aa7（包括奴隶）和 Measuring Worth。

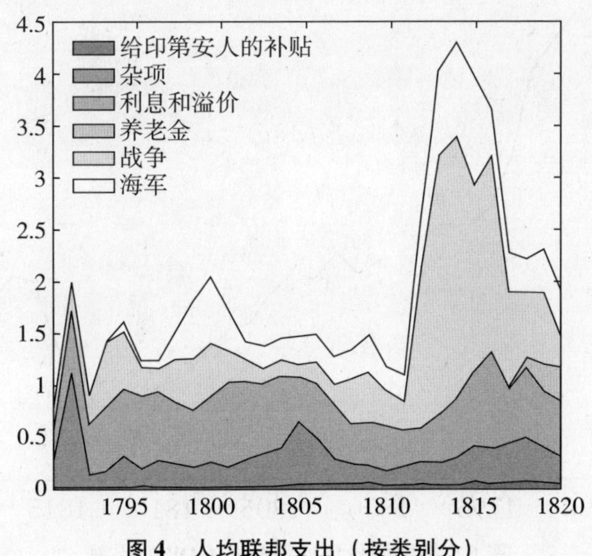

图 4　人均联邦支出（按类别分）

资料来源：同图 3。

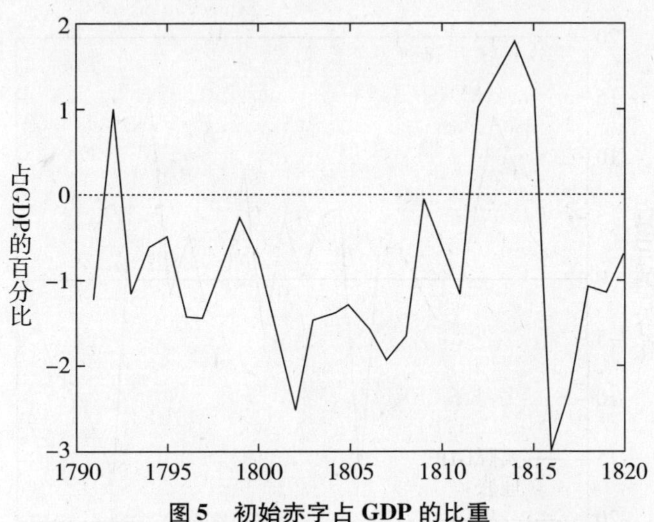

图 5　初始赤字占 GDP 的比重

资料来源：Hall 和 Sargent 根据上述的收入和支出数据计算出了初始赤字。名义 GDP 同表 1 和表 2。

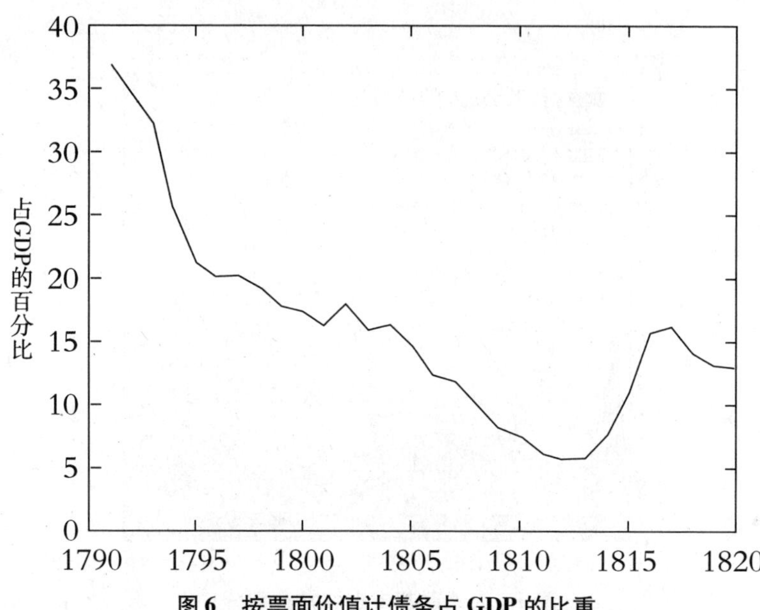

图 6　按票面价值计债务占 GDP 的比重

资料来源：Annual Report of the Secretary of the Treasury on the State of the Finances for the Year 1870, Government Printing Office, Washington, 1870。其中表 H 给出了从 1790 年到 1842 年每年 1 月 1 日发行在外尚未偿付的债务量。

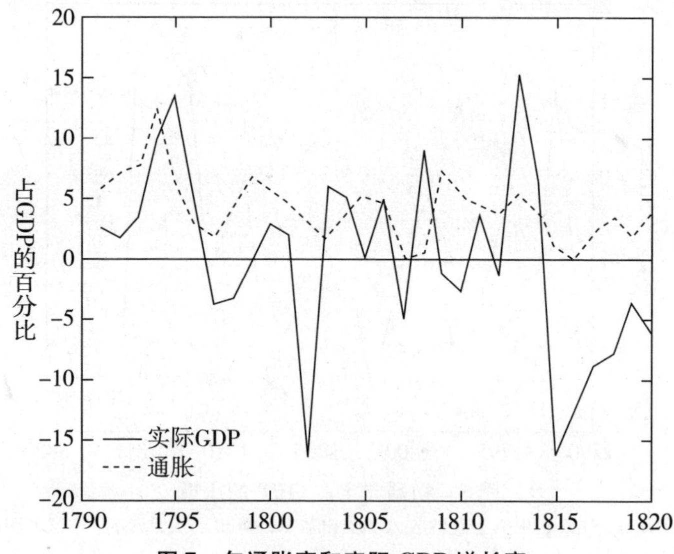

图 7　年通胀率和实际 GDP 增长率

资料来源：GDP 平减指数和实际 GDP 增长数据来自 Measuring Worth。

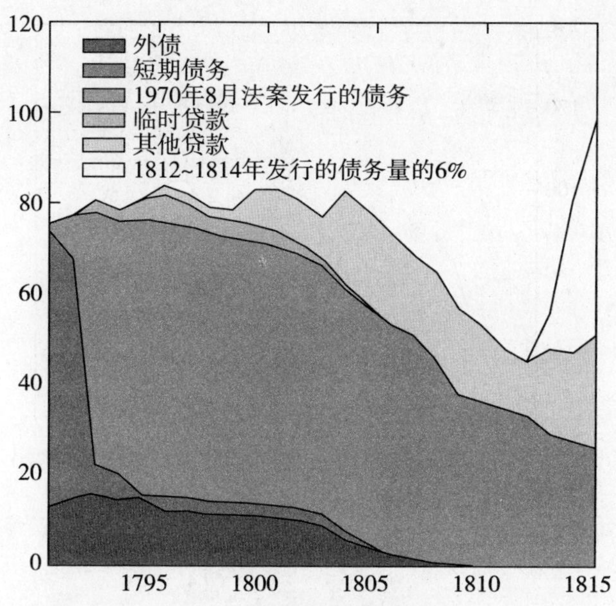

图 8　未偿付债券的构成

资料来源：Reports of the Secretary of the Treasury of the United States：Report on the Finances，December 1815，表 C 描述了 1791 ~ 1815 年每年 1 月 1 日尚未偿付的公共债务量

http：//fraser. stlouisfed. org/docs/publications/treasar/AR TREASURY 1815. pdf。

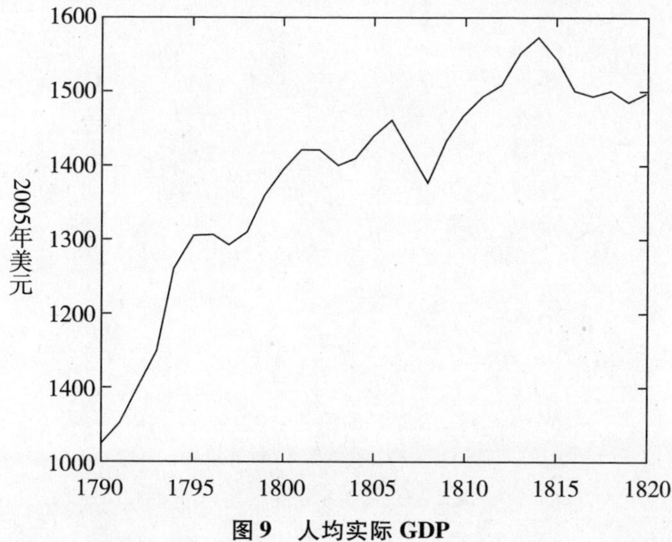

图 9　人均实际 GDP

资料来源：Measuring Worth。

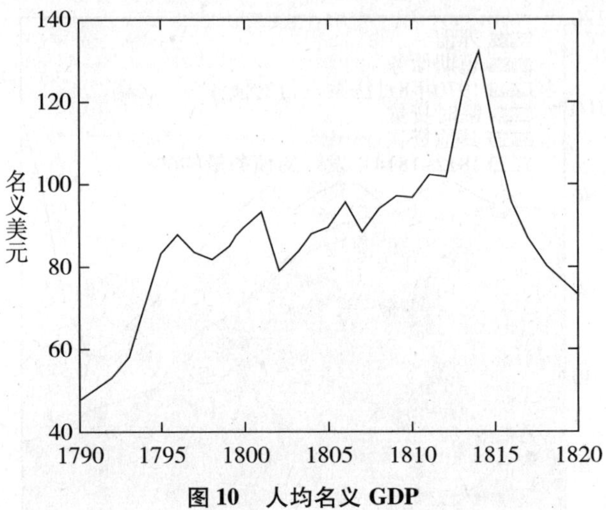

图 10　人均名义 GDP

资料来源：同上。

由于篇幅所限，参考文献略，特向作者和读者致歉。需要者可向《比较》编辑室索取：bijiao@ citicpub. com。

比较制度分析

Comparative Institutional Analysis

Comparative

用系统方法解析文明的经济轨迹

铁木尔·库兰

1. 文明及其经济轨迹

1993年，亨廷顿发表了一篇题为“文明的冲突?”的文章，该文激起了政治上的敏感①。自此，文明这一概念总是与永恒的冲突和无法相容的生活方式联系在一起，其中的负面含义使学者们因为担心被误解而尽量避免使用。这是令人遗憾的，因为不管其政治内涵如何，文明这一概念包含众多它的近义词所无法涵盖的意义。其实，大量包含负面意义的词汇被广泛用于学术讨论。政治斗争、经济冲突和文化惰性就是这样的例子。尽管这些概念都会产生内隐联想(implied association)，但学者们常常将之用于政治学、经济学和文化方面的研究。

---

* Timur Kuran，美国杜克大学经济学、政治学及Gorter家族伊斯兰研究讲席教授。主要研究领域：社会变迁，包括偏好和制度的演化；中东的经济史和经济思想。作者最近出版的专著*The Long Divergence: How Islamic Law Held Back the Middle East*，赢得了诸多赞誉。——编者注

** 本文的之前版本提交给USC Institute for Economic Research on Civilizations于2007年2月23~24日召开的“文明的经济表现”研讨会。感谢Metanexus Institute和Templeton Foundation通过IERC提供的资助。感谢与会者们特别是Naomi Lamoreaux提供的宝贵意见。我还要感谢一位匿名评审人的点评。Anatdeep Singh提供了有益的研究协助。

① 该文的中心观点是由意识形态和超级强权政治所约束的结盟将让位给基于文明的结盟。亨廷顿在1996年的另一篇论文里，更详细地论述了这个观点。

从分析的角度来看，文明一词的优势在于它能表达出超越政治甚至地理界限的共性。尽管文明通常有发源地，但其影响力可扩展至全球。由于巴基斯坦裔人口众多，英国布莱德福德镇已成为当今伊斯兰文明的组成部分。同样，北美的唐人街已成为中华文明不可或缺的一部分。

人们常会想到用文化替代文明，但文明比文化包含更多的内涵。我们会谈及印度的政治文化、加尔各答的商业文化和南亚的音乐文化。印度文明这一概念不仅包含上述三种文化的全部内容，还涵盖这三种文化相互作用的机制。作为一个更广泛的分析单位，文明这一概念将不同学科领域所研究的社会特性与模式交织在一起，其中便包括文化研究专家所认为的不属于其学术领域的那些特性与模式。

最后，文明意味着一系列持久的特性，这些特性给一大群人赋予独特的身份。这些特性之所以能够持久，是因为它们之间有互补性。经过长期的共同演进，这些特性总的说来是相互支持的。对于成长在其中的人来说，这些特性自然而然作为整体产生影响。在一个社会诚信度高的环境中，人们乐意与陌生人开展贸易往来。信任带来收益，于是，对诚信的预期就变成了现实，人们继续彼此信任。因此，高度的社会信任和非人格化交换就成了相互支持的特性。

在社会科学中，有一个困扰已久的历史难题：西欧作为经济强权的崛起以及随之而来的包括伊斯兰世界、印度和中国在内的其他文明的衰落。本文主张，阐释世界伟大文明如此相异的经济发展轨迹，需要使用系统方法，关注由双向动态关系组成的社会机制。形成此机制的变量不仅包含物质生活方面的特性，这是经济学讨论的核心；还包括那些通常被认为与经济转型无关或仅仅反映物质变化趋势的特性。

系统方法不认同唯物论者或直接或间接地坚持经济基础与上层建筑的马克思主义两分法。系统方法也有别于文化主义方法，后者将经济结果视为思想、意识形态和宗教生活等社会特性的副产品，而这些特性通常被排斥在有关经济发展的讨论之外。我认为，唯物主义和文化主义对长期经济发展的研究都犯了所谓“绝对优先谬误”。这一谬误错误地认为某些变量作用于其他变量而不会受到其他变量的反作用（Fischer，1971，第 178 页）。尽管严格的唯物主义和严格的文化主义提供了有价值的见解，但是，最好把它们看做更全面的分析方法的组成部分，因为后一种分析方法考虑到了物质与文化之间的相互影响。

通过不同社会科学研究者的著作，我们早已得知，人们出于不相关的原因而选择的那些行为和政策，可能无意中造就了某些重要的社会结果。① 由于这里提出的系统方法的基本分析单位包含了错综复杂而非单一线性的关系，所以它可以兼容有意而为和无意而为的影响（effects）。静态与动态效率的区别也能自然融入系统方法。一项制度为了解决它所针对的问题，可能会抑制一些激励因素，正是这些激励因素推动了社会系统中的其他组成部分发生变化。正如我们所见，大量有价值的历史研究忽视了无意而为的结果，将它们的解释局限于直接的、易辨识的当前结果。他们局限于解析相对经济地位的主要变化，犯下了“忽视间接结果的谬误”（Hazlitt，1946，第 3 ~ 4 页）。② 像西欧经济崛起以及其他地区经济衰落这样的变化，需要关注变量之间无意而为的影响。

正如我们所见，改变一种文明需要同时瞄准一系列变量，变量间的排序可能也是重要的。这是一项艰巨的任务，可能会遭遇意想不到的重重障碍，产生不合意的结果，甚至完全失败。③在过去的 250 年中，旨在解决经济不发展的改革涉及众多因素：组织形式、司法程序、教育、治理方法、会计惯例、思维方式、对外国人的态度、人际关系，等等。我们面临的挑战之一就是提供方法论上的指导，以探究为什么在某些背景下、在某些国家和某些时期的改革要比其他改革更成功。

在展开论述之前，我要先介绍并点评两部论著。这两部论著在多个方面令人印象深刻、有一定的影响力，但它们犯下了之前提及的两种谬误。第一部著作是用严格的唯物主义方法研究文明的经济表现的典型。第二部著作是温和的唯物主义方法的典范，其观点是：尽管文化在现实中能够产生影响，但其经济影响远比通常预想的要弱。在简短的评论之后，本文将详细对比文化主义方法与唯物主义方法，着重讨论为什么跨越物质和文化领域的综合方法对文明现象的阐释更有说服力。本文的其余部分重点从文明的角度展开分析，包括探寻导致可观察到的大趋势背后的机制。随后，我会将本文倡导的系统方法与提出相近或互补方法的其他方法论著作相联系。

---

① 其中最有影响力的经典论著来自 Smith（1776/1937）关于个人追逐私利促进社会利益的观点，以及 Weber（1904 – 1905/1958a）关于新教伦理产生经济影响的论述。后来的著作可参见 Merton（1936）和 Lal（1998）。Lal（1998）关注的是那些推动了全球历史主要趋势的间接结果。

② Hayek（1973 ~ 1979，特别是第 3 章、第 9 章、第 11 章和第 18 章）详细阐述了忽视政策的间接影响可能带来的政治后果。

③ Hirschman（1991）指出，各种保守人士以这些令人却步的可能性为由阻止社会变革。当然，发挥说服功能的机制还是存在的。

2. 线性分析的使用与滥用

在有关文明的经济表现的研究中，马克西姆·罗丹松（Maxime Rodinson）的《伊斯兰教和资本主义》是严格的唯物主义分析和纯粹线性分析的例子。该著作认为伊斯兰世界的经济财富与伊斯兰教本身无关，伊斯兰教从一开始就是容许自由交换的。更具争议的是，它声称，伊斯兰教对伊斯兰世界的经济生活演变鲜有影响。

与所有主要宗教一样，伊斯兰教制定了大量行为准则、戒律和先例。任何有想象力的人都可以根据实际需要，从中挑选出能够支持任何经济议程或行为的相关内容。罗丹松（1966/1972）认为，伊斯兰教的传统丰富多彩，如果中东无法在内部发展出现代资本主义制度，其原因必然存在于宗教之外。人们必须深入探究控制资源与权力分配的那些因素以及集体行动的动机。他说道，伊斯兰教只不过是用来掩饰政治和经济利益的遮羞布，它助长了特权和不平等的合法化，对伊斯兰地区的兴起和长治久安毫无贡献。这无疑是唯物主义的解释。罗丹松有意识地坚持了马克思主义关于经济基础和上层建筑的两分法。

为了支持自己的观点，罗丹松仔细考察了若干种经济模式，其中包括金融实务。他观察到，根据传统伊斯兰教法的严格解释，每一笔贷款都不得收取利息。虽然根据可兰经，这一禁息令是合理的，但可兰经明确禁止的是“riba”，这是古阿拉伯的一种放贷行为。由于普遍导致借债者陷入困境，riba 成为引发纷争的重要来源（Rahman，1964；Kuran，2005，第 595～596 页）。可兰经严禁借贷收取利息的观点得到广泛流传。

然而，伊斯兰教的禁息令从未阻止穆斯林以借贷来获利的行为。罗丹松证明，在伊斯兰文明早期，穆斯林变相开展以获利为目的的借贷，这类似于中世纪欧洲为规避基督教的高利贷法律而采取的方法。①他由此推断，伊斯兰教阻碍了金融的发展。他表示，尽管伊斯兰教教规使金融行为复杂化，但从未阻止

---

① 例如，借债人同时以额外增加“服务费”的价格向债主购买某种物品，双方达成协议，货款将延期交付。近期的经验研究表明，以类似方式包装后的含息金融合同经常在伊斯兰法庭登记备案，并由国家指定的司法人员强制执行。以下法庭记录提供了依据：伊斯坦布尔法庭登记号 9 号，案件号 197b/3（1662）；伊斯坦布尔法庭登记号 22 号，案件号 94b/1，109b/2（1695）；加拉塔（Galata）法庭登记号 145，案件号 116/b（1690）。若想了解规避禁息令的更多证据，参见 Khan（1929）和 Kuran（2005）。

资本所有者以借贷获利或阻止个人的借贷行为。

罗丹松的著作质疑了将伊斯兰教的金融教义等同于穆斯林金融实践的文化主义解释。① 这一著作作出了有益的贡献，因为它证明，即便是广为接受的教规，只要干扰了经济目标的实现，人们就会加以规避。但是，这一研究果真能说明伊斯兰教的禁息令对经济发展无足轻重吗？理论上，禁息令对经济发展的副作用可能远远大于它的即时效应和直接效应。

在伊斯兰法律管辖的地区，因受制于正式的禁息令，其金融发展路径与金融自由地区大不相同。到了 15 ~ 16 世纪，西欧已经普遍对圣经中的高利贷禁令做狭义解释；而在伊斯兰世界中，主导观点依然是所有形式的利息都是有罪的。如果这一差异的直接效应无关紧要，那么它的间接效应则极大地关系到伊斯兰地区和西欧的相对经济表现。

以会计实践为例。在意大利的重商主义地区以及之后欧洲的其他地区，自由利率促进了金融交易的透明化。这种透明化转而促进了高等会计制度的发展。复式记账法因此在西方得到传播推广。② 通过促进投资人、管理者和金融家之间的交流与合作，一种新的集体实践为现代公司的形成与发展铺平了道路。与此不同，中东地区金融交易的不透明阻碍了书面合同的签署，限制了发展高级会计制度的需求。口头合同文化的延续以及会计标准化准则的缺失，使经济企业规模小、寿命短。

禁息令绝不是造成组织现代化滞后的唯一原因。③ 然而，当科技进步有利于大型组织在内部积蓄大量资本时，中东地区却没有放宽伊斯兰教禁息令的约束，由此造成的组织上的后果，对中东地区的相对经济表现至关重要。如果中东地区的首批银行是由西方人遵循外国法律体系创立的，其中的基本原因之一就是该地区无法在伊斯兰教的法律体系内促成金融交易的透明化。所以，宗教确实影响一个地区的经济发展轨迹。尽管经济激励引导世世代代的穆斯林设法规避伊斯兰教对金融的限制，但正是这样的规避行为扭曲了金融发展。

---

① 自从《伊斯兰教和资本主义》发表后，这种混淆在伊斯兰教学者的论述中尤为明显。Siddiqi（1973）就是一个例子，他认为早期穆斯林总体上不收利息。尽管非伊斯兰教学者大都能将教条与实践区分开，但 Rodinson 所质疑的观点依然颇为流行。一些对伊斯兰教只有肤浅了解的著名新闻工作者听到从古至今大多数穆斯林都与利息打过交道时，感到非常意外。

② 尽管其他地区也有复式记账法，但 15 世纪的意大利率先将这一记账法发扬光大。

③ 有关互补机制的讨论，参见 Kuran（2001，2003）。

与任何将社会变量划分为独立自主的经济基础和从属的上层建筑两级分类的论述一样，罗丹松的著作错误地认为每个因果关系中的原因项必然是物质的。这种错误认识犯了“绝对优先谬误”。《伊斯兰教和资本主义》虽然关注经济激励如何压倒宗教，如何影响宗教法律实务，却无视宗教和宗教法律对经济激励的反向影响。

《伊斯兰教和资本主义》的局限性还植根于它只关注预设的主要影响。罗丹松只探讨了伊斯兰教的禁息令是否实现了预设目标。在发现禁息令遭到普遍规避后，他便推断禁息令不会影响经济发展。由于不重视因施行禁息令而阻碍的动态发展路径，罗丹松也犯下了忽视间接影响的谬误。

总之，罗丹松对制度经济史所作的严格的唯物主义解释，忽视了植根于文化的间接影响和约束，未能把握制度的动态变化。尽管有这些缺陷，《伊斯兰教和资本主义》依然是一部有价值的论著。一方面，通过证明禁息令的无效，它排除了一个可能导致伊斯兰地区经济落后的机制。① 这样的结果应当激励学者们寻找造成中东地区经济落后的其他可能原因。另一方面，这部论著记录了前现代穆斯林规避禁息令的方法，为我们研究何种社会机制造成中东地区的经济落后提供了线索。

3. 成功背后的危机种子

我们所讨论的谬误同样困扰着那些不关注宗教，而是单纯探讨中东经济运行方式的研究。大量研究一味强调过去的成功，忽视了这些成功对经济发展带来的障碍。因此，它们的解释阻碍了对后续发展的理解，无意间造成人们对更广泛的历史事件感到困惑不解。

这一观点可以用伊斯迈尔·阿布·塔基雅（Ismail Abu Taqiyya）的传记来说明。从很多方面来说，这是一部有着深入研究和重大启发意义的传记。阿布·塔基雅是一位埃及商人，活跃于 1580 ~ 1625 年。在此期间，咖啡作为饮料已在埃及盛行，精细白糖的需求也随之迅速上升。阿布·塔基雅展示了其卓越的创业才能，成为了埃及的主要咖啡供应商和东地中海地区的主要白糖供应商。汉娜（Hanna，1998，第 59 页）描述了伊斯兰法律体系如何使阿布·塔

① 假设中东社会确实强制执行了教规中的禁息令，那么它们的金融市场即便按照中世纪的标准也是很落后的。于是，禁息令就有可能是造成经济不发达的直接原因。

基雅可以开发贸易机会。在描述了阿布·塔基雅的光辉业绩之后，汉娜指出伊斯兰盛行的法律体系没有阻碍阿布·塔基雅经商。她实际上证明，阿布·塔基雅在其职业生涯中，根据伊斯兰法律建立了数以千计的合作伙伴关系。因此，汉娜认为，在17世纪的早期，一个中东的企业家可以不依赖外来力量、只通过利用本土社会体制便可获得成功。

上述推论值得商榷。汉娜从阿布·塔基雅的成功中推断，伊斯兰的制度足以支持经济活动，这让读者误认为伊斯兰的制度并没有导致中东随后丧失其经济地位。事实上，在阿布·塔基雅积累财富之时，埃及的衰落已渐露端倪。临时的合作伙伴关系是17世纪埃及商人所能选择的最复杂的组织方式。阿布·塔基雅和他的合作伙伴们无法像同时活跃在东地中海地区的英国商人那样，通过股份公司来汇集资源。与他的西方同僚不同，埃及本土商人无法只指定一个孩子来继承他的事业。

当时，组织规模和组织寿命的主要差距并没有造成中东明显的落后。但是，最终它们使西方主宰了全球经济。西方发展了组织化的方式，来利用新兴的大规模生产技术。其他文明在组织上也远远落后于西方，最终于19世纪开始效仿西方的组织，以促进经济发展。

正如罗丹松反对所谓伊斯兰教禁息令的观点，汉娜同样成功地质疑了文化主义研究中盛行的关于伊斯兰教不支持贸易、反对风险承担以及用前定论抵触商业的观点。她没有否认伊斯兰教可能会产生影响，但认为在她所研究的时期没有影响。她的观点属于温和的唯物主义，有别于罗丹松的严格的唯物主义。但是，她所写的传记是否真的证明了宗教或者文化对伊斯兰文明的经济发展轨迹无关紧要呢？

尽管阿布·塔基雅确实是一位孜孜不倦的企业家，通过适当的冒险扩大市场，但他在商业上的开疆拓土并没有发展出新的组织形式。他用来汇集资源的伊斯兰契约形式限制了其后人的发展机会。所以，在汉娜本人的研究中，伊斯兰教对经济发展造成的某些障碍是显而易见的。在汉娜引用的原始资料中，可以找到后一问题的另一条线索。由于汉娜无法找到阿布·塔基雅职业生涯的个人档案记录，她的所有资料来自阿布·塔基雅作为诉讼当事人或证人的法庭案件记录。显然，他的大量生意都是通过口头交易操作的，缺少复杂或长期的书面合同，无需建立档案系统。汉娜的著作证明，伊斯兰地区未能建立起促进组织形式发展的商业文化，而组织形式的发展对工业化至关重要。

与罗丹松不同，汉娜并未设法提出探究文化特性作用的方法论。她的目的既非讨论伊斯兰教是否影响经济发展，也非检验文化主义者和唯物主义者对中东经济发展提出的假设。尽管如此，她运用阿布·塔基雅的记录表明，伊斯兰教并未阻碍中东的商业发展。为得出这一结论，她对阿布·塔基雅经商的制度环境所带来的间接影响略而不谈。她忽略了她所详细描述的商业模式中潜伏的危机种子。

我要再次强调，与罗丹松的论述一样，汉娜的经验结论为研究伊斯兰与经济表现的关系作出了贡献。他们证明，按照前工业时代的标准，伊斯兰的制度能够在一定程度上促进生产与商业的发展。他们为那些努力想理解伊斯兰世界为什么逐渐衰落的人提供了有价值的线索。他们甚至提出，像印度和中国这样的地区也可能存在类似的问题。只是汉娜在阐述伊斯兰教也即文化领域所提供的商业机会时，过于简化，因而容易让人产生误解。

4. 唯物主义与文化主义

有观点认为，一般的文化或特定的宗教对经济发展基本上无关紧要，这种观点并不仅限于有关中东或伊斯兰教的研究。有些学者认为，南亚和东亚的衰落主要是因为欧洲人利用美洲的白银来支配一度繁荣的经济体（Frank，1998；Bose，1991）。另有人认为，中国的不发展是因为地理与自然资源：欧洲人能够以较低价格开采煤矿，而美洲的初级产品对中国来说使用价值相对不大（Pomeranz，2000）。这样的唯物主义观点丝毫未将通常认为的文化因素考虑在内。同样，许多中东问题研究者忽视了伊斯兰教与经济发展之间存在关系的可能性，许多印度研究者忽视了印度等级制度的长期影响，一些中国问题学者则忽视了中国人追求仕途的影响。①

在这些回避文化因素的唯物主义学者之中，尽管大多数人某种程度上都接受马克思将社会体系划分为“经济基础和上层建筑”的方法，但是只有少数人认为自己是马克思主义者。马克思历史唯物主义将“生产关系”作为历史发展的动力。它认为社会进步是通过运用更有力的方式控制、改造自然来实现的。公共关系、文化特性、思想意识、宗教，对于一些学者来说甚至法律，都

---

① Goldstone（2002）综合了这类论点。Bryant（2006）评论了世界历史研究中目前流行的唯物主义观点。

是反映生产关系的附带现象。虽然生产力的变化会改变它们，但它们本身并不会影响生产关系。换言之，经济基础决定上层建筑，但上层建筑对经济基础不会产生决定性影响。①

即便唯物主义历史观也赞成文化特性属于文明的明确特征。支持唯物主义历史观的中东研究专家将宗教生活列为区分早期现代埃及与同时代印度或法国的因素之一。他们也同意，在中东地区，伊斯兰教是重要的身份认同之源和信仰目标。他们不反对将伊斯兰教视为中东或伊斯兰文明的关键要素，但认为经济体系自成为一部分，即一个由生产和贸易的迫切需求所支配的“物质”部分，因而与“文化”是独立的。所以，罗丹松和汉娜坚持的不是伊斯兰教与总体社会生活毫不相干，而是伊斯兰教对基本经济趋势和指标的影响微不足道。

文化主义者对经济史的解释截然不同于唯物主义者的解释。他们将文化特性视为一个文明的经济财富的决定因素。有些论著关注宗教如何在不同程度上促成了有助于经济发展的工作伦理。另有论著将宗教与劳动力流动联系起来。在马克斯·韦伯的那些开创性论著中，加尔文教的救赎预定论、伊斯兰教的前定论、佛教的遁入空门以及印度教的轮回信念等宗教思想在第二个千年的经济分化中起着重要作用（Weber，1904～1905/1958a，1916～1917/1958b，1956/1978）。同理，研究20世纪中期的现代化理论家认为，基督教之外的宗教本质上与现代资本主义不相容。他们表示，为了追赶西方，不发达社会有必要重新解释宗教、改变思维方式和思想观念（Lener，1958；Inkels，1975；Adelman和Morris，1973）。近年来，文化主义者关于身份认知与观念因素对经济发展至关重要的论文被广泛阅读。② 尽管他们的观点在学术界没有唯物主义的观点流行，但在受过教育的大众中引起了更为广泛的共鸣。

在社会进化方面，文化主义者同意唯物主义者关于一个社会体系的某些组成部分自发发展的观点。他们之间的差别只在于，文化主义者认为社会体系的其他部分将保持不变。双方的研究方法都忽略了对理解经济长期发展至关重要的反馈效应和无意而为之的结果。

在这里我要重申，文化主义和唯物主义在阐述文明的经济轨迹差异上的不

① Elster（1985，第267～272页）详细阐述了马克思赋予生产关系的重要性。

② Landes（1998）提供了例子，他有时也考虑地理和自然资源因素。Jones（2006）批评了从文化主义的角度来解释世界历史。

足，并不是说局限于单向关系的研究没有价值。尤其是从短期来看，专注于单向关系的研究可以避免过度概括，带来很多启示。但是，由于忽略了反作用，研究的时期越长，局限于单向关系的分析带来的问题也就越多。从长期来看，每一个重要的变量都会相互影响，其影响将跨越“文化与物质”的划分界限。所以，要研究文明在许多个世纪中的经济表现，分析的挑战不在于准确指出单向因果关系，而在于发现包含了众多变量的体系是如何动态变化的。虽然一个方向的效应也许比另一个方向的效应能更快或更有力地发挥作用，但经济基础与上层建筑的划分没有实用价值。

5. 界定文明的成功与失败

人们站在埃及最高峰凯瑟琳峰的顶端，感觉他们已站在世界之巅。实际上，珠穆朗玛峰的海拔高度是凯瑟琳峰的3倍。当然，这一错觉是由地球的形状造成的，它限制了人们的视线。前文指出的解释错误（伊斯兰教与金融发展无关以及伊斯兰合同法的最优性）来源于类似的方法论局限。每一个论断相对于其支持性的分析，都太过笼统。忽略间接结果导致把局部最优视为全局最优性，将静态效率等同于动态效率。

这一疏忽不仅出现在前文曾评论到的一些高质量论著中，也出现在历史研究的对象中。历史学家的研究对象是这样一些人，他们获取、储存、检索和处理信息的能力有限。① 所以，这些人作出选择后带来的一些结果，必然是他们本身并非有意识而为之的，且无法预期。由于他们只能根据其所处环境的局部情况来作出决策，所以，他们以为实现了全局最优的结果，而实际上这些结果只是局部最优的。印度人、中国人和中东人连续几百年都没有认识到全球经济逐渐走向分化的进程。所以，罗丹松和汉娜所描述的债务人、债权人、商人和生产者并不知道他们的经济选择会导致他们所在地区陷入组织上的落后。在这几个群体中，没有人留下分析性的说明，因而不能为现代学者了解不断出现的难题提供任何线索。

但是，对历史对象的错误认识并没有妨碍社会学家事后辨识新出现的机遇和困难。正是因为历史资料的解读者知道世界将向何处前进，他们可以从静态

① “有限理性”的概念来自于Simon（1957）。关于有限理性的方法论含义，参见Gigerenzer和Selten（1999）。Hayek（1973～1979）探索了有限理性是如何影响社会进化的。

的成功中发现动态的失败。他们还可以认识到即时解决方案固有的未来风险。他们努力把握逐步催生了现代经济的那些根本变革，从而避免误读。了解这些变革及其逻辑，有助于他们判断那些按特定地区或特定时期的标准来看令人瞩目的结果是否影响了经济现代化。

越来越多的文献关注经济现代化进程的基础。① 他们关注用贸易、生产和消费机会衡量的经济组织方式的进步。在这里，我有必要概括一下相关论述，以说明组织形式有多重要。库特和谢弗（Cooter 和 Schaefer，2008）观察到，在经济发展的过程中，经济合作经历了数个阶段。最原始的是“亲友合作”：从家人和朋友间获取资源。如果存在基本产权，亲友合作易于通过密切联系的社群发展出来的信任而得到维系。它的局限在于商业规模小，而且是地方性的。“私人合作”是更为进步的方式，其商业关系包含了更广泛的合作网络。除了产权的第三方强制执行外，它需要合同法来支持金融市场。支持私人合作的机构包括执行伊斯兰合同法的法庭、香槟交易会的商业法庭、汉萨同盟以及前现代时期印度的种姓委员会。大多数前工业化文明都有其支持私人金融的方式。

私人金融的主要局限在于投资人对借款人如何使用其资金拥有主要控制权，而未将资金的管理权交给专家。② 在第三种合作形式——“公共合作”中，资金交由专家管理。财产法与合同法不足以避免这样的投资遭受管理欺诈，公司法与证券法由此而生。尽管在当今的富裕国家，亲友合作、私人合作以及公共合作共同存在，但是，每个领先经济体都有一些制度来促进资本的流动，而且资本流动的数量在亲友合作和私人合作中是难以想象的。

我们可以观察到，有许多制度都是为了解决合作问题。如果那些基本问题足够小，相应的解决方案就是最优的。所以，如果阿布·塔基雅无需使用比伊斯兰合伙关系更复杂或更持久的商业组织，那么他所利用的法律体系就是最优的。假如他或他的后代能够受益于组织的持久性，那么同样的法律体系便是全局次优的。事实上，基于大量短期合同的阿布·塔基雅商业帝国在他去世后的 10 年，

---

① 其中有影响力的论著，参见 Lamoreaux（2004）、North（2005）、Greif（2006）和 Hansmann 等人（2006）。

② 中世纪时期各种形式的合伙制，包括伊斯兰的 *mudaraba* 和拉丁的 *commend*，让积极合伙人可以自行处理消极合伙人投资的资本。但是，通常积极合伙人执行何种交易是由大家共同决定的。相对于现代投资者，中世纪合伙关系中的积极合伙人更知道如何利用他们的资本，也拥有更多的控制权。

便分崩离析，主要原因在于阿布·塔基雅的继承规则旨在散发财富。所以，从全球经济的发展方向来看，服务于阿布·塔基雅的法律体系绝不是最优的。它导致中东乃至伊斯兰文明丧失了其全球经济地位。它还为防御性的制度移植提供了条件，这些制度移植是为了弥补损失的时间。就阿布·塔基雅的目标而言，伊斯兰法律体系在静态上是有效率的，但在动态上是无效率的。

如果制度转换没有成本，静态有效率的经济选择就不会导致动态无效率。然而事实上，由于过去的轨迹，制度变化是有成本的。面对相同的挑战，由于历史或然事件影响了特定选择的成本，两个不同的社会可能会有不同的反应。就在阿布·塔基雅声名鹊起的16世纪后期，即使没有几百名股东，也有数十名股东的永续公司正引领世界贸易的扩展。这些早期的海外公司起源于西方，那里的商人早在很久以前，就以组建永久性组织的方式来追求共同利益。① 当时的埃及远途贸易商却没有组建正式的组织，甚至连行业协会都没有。因此，他们没有准备好组建永久性的大型国际贸易公司。

那么，阿布·塔基雅是否也曾发现，我们现在称为公司的永久性组织将在跨地中海贸易中占据日益重要的地位？对此，我们无从得知。如果他确实想自己组建一个永久性的公司，他的任务将比那些组建了地中海贸易公司的英国商人要艰巨得多。他必须实现更大的制度跨越。

总而言之，一个文明如果在组织的现代化上趋于落后，其经济也将趋于落后。除了东亚，现代化进程缓慢的地区，经济落后于那些开创现代经济的地区。此外，这些落后地区不得不在受胁迫的情况下，通过模仿来推动现代化进程。

6. 文明分析的系统方法

至此，本文的要点是，虽然有些历史论著充满了新事实和明智的见解，但它们经常宣扬那些对社会进程的极端重要性视而不见的观点。由于不愿跨越学科界限，或固守意识形态，或缺乏严谨的方法论，反馈效应和间接结果被忽略或者被视为微不足道。这些局限于短期、局部、特定变革或重大效应的分析，给我们带来了深刻的教训。另外，局部最优和全局最优之间的区别、静态效率与动态效率之间的区别变得模糊不清，导致分析结果被夸大。这样的错误有害无益，因为

---

① 统治者支持这些机构以希望从其收入中征税。参见 Wood（1935），Gelderblom 和 Jonker（2004）以及 Harris（2005）。

我们在讨论经济大趋势时，依据的是经验研究。不当的推论引发困扰，把学者导向没有前途的研究道路。

在理想的情况下，要研究历史趋势，必须考虑每一个相关因素之间所有可能的相互作用。现实中，即便一项社会研究的分析范围相当广泛，并考虑了多个因果关系，也必然包含简化的情况。正是因为历史学家的研究对象并没有意识到他们的行动会带来许多间接效应，因此任何一项研究所能达到的广度都是有限的。比如说，即便终其一生，也没有人能够在一系列内容广泛的著作中，一一列举影响中国第二个千年经济发展轨迹的重要因素。无论一个研究项目涵盖了什么内容，必定会排除一些经验上重要的因素。不管它认识到多少反馈效应，都不得不将某些趋势视为外生的，而这些趋势又与被视为内生的那些变量共同演化。

将经济趋势与社会因素联系在一起的任何研究，都会引发人们对被遗漏变量和被遗漏效应的合理关注。人们往往会将地理或气候作为一个真正独立的自变量，用它来解释某个因果关系。但这些因素都有固定不变的特性，这一特性使这些因素被排除在文明动态变化和经济地位变化的决定因素之外。稳定的气候不能解释为何中国从经济领先者变为落后者。地理因素也不能解释为何在伊斯兰教法律规范下从商近千年的伊斯兰世界竟会照搬外国商业模式开展彻底的法律改革。

如果旨在阐述文明发展轨迹的分析只能包含一定数量的社会变量，这一分析所得出的结论必定会遭到质疑。这并不是悲观绝望的论调，因为不完美是必然的，只是程度有所不同。一个无法登顶珠穆朗玛峰的人可以设法攀登更低的山峰。如果将知识的进步看做对现有认知的扩展，而非解决所有可能的难题，我们便无需逃避这个问题。出于同样的原因，为了尽可能地深入，我们需要仔细斟酌、选择合适的方法论，特别是需要找出最有效的方法来探索大趋势的决定因素。

为此，我将为研究者提供五个指导步骤。对于许多能干的学者（经济学家、历史学家、政治学家和社会学家等）来说，这些步骤并不特别。他们早已自发遵循这些步骤。这些步骤一方面旨在壮大能够提出新见解的学者队伍，另一方面帮助减少那些缺乏经验或理论基础的论断所带来的“噪音”。

许多研究明确关注阐释文明轨迹的方法论。格雷夫（Greif，2006）、诺斯（North，2005）、青木昌彦（Aoki，2001）、普拉托（Platteau，2000）和拉尔（Lal，1998）就是最新研究的代表。这些研究结合理论分析和应用研究，提供了合理的、非常有价值的方法论启示。他们都将经济视为一个系统，它由共同演化的变量构成，而这些变量又通过双向关系联系在一起。研究文明的学生还可以从社会机制的方法论研究中获益匪浅，其中包括埃尔斯特（Elster，1989）及赫德斯特伦和斯威德伯格（Hedstrom 和 Swedberg，1998）的研究。一个社会机制不仅包含一组变量之间的因果关系，通常还包括构成了一个系统的反馈效应。但是，社会机制不像“社会法则”那样笼统，因为社会机制表现为某地某时独有的力量集。讨论社会机制的文献关心的并不是阐述历史大趋势，但它们清楚地表明，对文明的研究可以从系统方法中获益。① 除此之外，还有其他有价值的方法论研究。但是，对任何希望从事文明研究的学者来说，这里提到的研究资源足以提供必要的支持。

第二步是要认识到，每个历史领域均有学者打下了基础。要探讨印度为何经济落后或者20世纪后期的非洲为何落后于其他大陆，研究者无需从头开始。归纳和比较现有的论述，能够让新研究者们注意到已经被发现的那些趋势、关系、机制和问题。这看起来是显而易见的，因为任何领域中的新研究者都会得到这样的教导，即从归集整理现有的研究开始。但是，关键在于，要有意识地遵循这些步骤来开展研究。

7. 分离相关机制

下一个步骤就是着手分析。这一步骤的目标是去除那些变数大、对所要研究的结果无明显影响的因素。举例来说，假定我们想解释一个特定社会的商业组织的发展轨迹，其潜在相关变量众多，包括产权、家庭结构、军事组织、建筑风格、平均预期寿命、遗产执行以及通讯技术，等等。

一些变量可根据刚才提到的原则被迅速剔除。在组织形式基本相同的地区，建筑风格可能大不相同。中世纪的威尼斯与热那亚，或者突尼斯与阿勒颇就可证明这一点。14世纪时，这两组城市的建筑材料与传统风格迥异，但在贸易结构上没有重要的差别。同样，一些变量可依据已有的研究很容易地被确定为紧密相关。在欧洲，合伙关系的平均规模在黑死病流行期缩小，在瘟疫过后回升（Hunt 和 Murray，1999，第154～155页）。我们可从中推论出商业合伙人的预期寿命影响组织的选择。另一个明显的事实是，前现代时期规范欧洲人与中东人贸易往来的商业条约

---

① 一些历史论著披露了常见的谬误，如 Fischer（1971）通过一些有影响力的著作中出现的大量逻辑错误，揭示了常见的谬误，可谓是对这类纠错文献的一个补充。

中包含了继承权的条款。显然，商人们发现了商业的盈利能力与继承惯例之间的联系。这意味着他们会根据经商所在地的继承制度来调整组织。

接下来，设想我们已经分离出了与组织选择相关的多个因素，研究过程的第四步便是确定将这些被分离出来的因素联系在一起的主要社会机制。资料本身不会说话，所以光靠复制历史记录无法有效完成分析任务。我们必须使用模型，以便对信息进行归类、将不同因素按重要程度排序、把变量联系在一起，并对成功与失败加以界定。简而言之，通过模型理解历史资料。大多数学者虽然没有明确使用模型，但并没有在概述其方法论上止步不前。其他学者则有意识地运用模型，明确说明他们的假设、推导和分析原则。这样的明确做法有许多优点：利于理解，有助于检查不一致的地方，允许研究者研究其他地方、其他背景和时间，来检验因果关系的普适性。

无论如何，普适性是所有社会研究的目标之一。如果我们试图理解为什么某个城镇的人口正迅速减少，一个简化的解释（例如犯罪率上升导致人口外迁）要比罗列许多搬离该城镇的个案（吉姆在家中遭遇入室抢劫后搬走了，莱拉搬走是因为店铺周围频繁出没的流浪汉吓走了她的顾客，等等）更能说明问题。所分析的单位越大，普适性越广。在对文明的研究中，研究者所要探寻的是大量人口共有的、而且能够长期运行的社会机制。研究的目的在于找到一些机制，它们能够说明许多地区的许多案例。如果一套继承惯例与某一特定组织模式之间的明确关系在一个大的地区和连续几个世纪内都适用，那么这个关系便可被视为一个文明的核心特性。

一旦一个机制被确定为文明的一个特性，研究者就要开始第五个也是最后一个步骤的研究：确定这一特性是否与经济表现相关。同样的机制在另一个文明中是否会带来更好或更差的经济表现？同样的机制会带来多种不同的结果。①一个将继承制度与组织发展联系在一起的机制能够详细说明为何一种制度有助于组织创新，另一种却会妨碍组织发展。如果所讨论的机制在多个文明中均能发挥作用并带来不同的结果，这意味着此机制是造成我们可观察到的经济分化的一个决定因素。相反，如果结果显示这个机制在某些情况不能发挥作用，我们就要重新考虑造成不同文明之间经济分化的关键因素究竟是什么。

现有的数据或许只能让我们确定不同的机制在不同的文明中发挥作用。只

① 考虑决定价格的供求关系。相关参数发生变化，价格也会发生变化。

有更深入的研究，才能显示多个不同机制其实是一个更深层的共同机制的特例或分支。基于前文曾提到过的原因，我们无法找到一组能够解释所有历史模式的机制，但不断扩大我们所研究的机制的普适性将推动研究的进步。

需要重申的是，优秀的学者通常按照以上五个步骤开展研究，只不过有时并未明确论述他们的分析方法。这些步骤符合拉卡托斯（Lakatos，1977）所主张的科学进步哲学。拉卡托斯认为，当解释 n 个现象的理论让位于解释 n 加其他现象的理论时，我们的理解就得到了深化。学术研究的目的在于整合尽可能多的事实。如果机制 M_2 不仅能解释机制 M_1 所能解释的每一个现象，还能解释机制 M_1 无法解释的某些模式，那么机制 M_2 就更可取。① 当然，排除的过程利用了比较研究的方法。

排除的过程必然是反复的。正如那些已被发现的机制可以促进并指导经验研究，新的实证结果不仅有助于发现新的作用机制，还有利于改进甚至舍弃旧的作用机制（Greif，2006，特别是第 11 章）。促成理论进步的历史信息可以来自任何地方。阿布·塔基雅的传记作者并没有找到其传主的私人文档，这一事实为理解中东经济不发展的形成机制提供了启示。显然，17 世纪初的中东至多处于人格化交换向非人格化交换转变的初期，也就是说，从能够对欺诈者进行社群制裁的熟人交易转向通过特定机构进行第三方强制执行合同的陌生人交易。值得注意的是，同时期的欧洲主要商人确实留下了详细的档案。借助这些历史信息，研究中东问题的历史学者提出了如下问题：为什么商人本身的原始文件所包含的记录要远远少于除国家之外的实体机构所保存的记录？② 中东与欧洲的经历能够为日本、中国和印度的历史学者们提供新的线索。

通常，研究者们会发现是多个机制促成了某一既定结果。以 19 世纪的中东为

---

① 各组被解释的现象并不完全重叠，每个机制所解释的现象，恰好是其他机制不能解释的。在这种情况下，我们没有理由坚决舍弃其中的某个机制。这是社会科学中的常态，也是为什么我们会发现有如此多无谓争论不断重复的原因。

② 著名的藏经阁古卷（Geniza documents）是证明这一点的主要特例。藏经阁古卷主要源于 11～13 世纪，之所以如此命名，是因为它们被发现于开罗一家犹太人教堂的藏经阁（Geniza）里。这一藏经阁被用于存放废弃文书。其中发现的法庭证词、遗嘱、合伙合同以及商业联络信件并不是私人档案。它们最终被集中在一起是因为犹太思想中承载着上帝名义的废弃文书应该被存放在一个特别的场所（Goitein，1999，第 9～13 页）。由于这些文档已无使用价值，人们不会再行查阅。相应的，在它们被重现发现之前，没有人费心费力地对它们分类归档。这些文档中所提到的犹太商人遵照伊斯兰教或犹太合同法经商。不论是伊斯兰教或犹太合同法都没有促成永续经营的企业。

例，我们注意到，那里不仅组织上不发达，科技、军事和政治也处于落后状态。中东不仅缺少公司法，其机械技术学校教授的也是国际上已过时的技术。所以，中东企业家们面临重重障碍。那么，是这些因素导致了中东的不发展或长期不发展吗？

物质生产方式能相对容易被借鉴。一个大规模生产的工厂可以从工业化国家运来所需的机器设备连同具备所需技能的技术人员。而移植开发这些机械设备所需的组织方式则必须花费更多的时间。有效的股票市场需要一个复杂的法律体系、各种不同的专门职业，以及培训、认证相关专业人员的学校。它还要求通过提升普遍信任以促进匿名交易准则的建立。换句话说，这种普遍信任就是超越基于亲属、种族、宗教或地区的关系纽带（Platteau，2000，第七章；Fukuyama，1995；Greif，2006，第9章）。按照这样的逻辑，有组织的公平市场的缺失比落后的机械化更有碍于经济发展。尽管中东同时面临着技术和组织上的缺陷，但后者更为棘手。

所以，我们应当给制度转型赋予分析上的优先地位。这种分析优先（analytic priority）并不混同于绝对优先。绝对优先支持严格唯物主义和严格文化主义的假设，本文称之为“谬误”。给造成落后的某个因素而非其他因素赋予分析上的优先地位，意味着我们认识到这个因素会带来更麻烦的社会问题，而不是说这个因素与其他因素之间的因果关系是单向的。中东的组织能力与技术能力相互影响、共同演进。一方面，大规模生产技术发展上的落后阻碍了掌控大量资金的永续性组织的发展。另一方面，组织上的滞后扭曲了科技创新方面的激励，因为许多先进技术只有通过复杂的组织才能开发。基于前文提到的原因，通过技术引进要比通过组织移植更容易打破这个恶性循环。机械设备能在数周时间里通过进口获得，而解决组织滞后的任务却需要花费几十年。

上述逻辑并不依赖于经济基础和上层建筑的先验划分。由相互关联的机制组成的系统会受到许多干预因素的干扰。如果一些干预因素相比其他因素效用更低、作用时间更慢，这是因为它们需要更广泛的行为调整。

8. 作为分析单位和有机体的文明

本文的最后一个论点可以用制度互补性来表述：互补性越明显，干预就越难。如果一个制度与另一个制度相互增益，这两个制度就是互补的。① 在这个

① 对更全面的相关定义的论述，请参见 Greif（2006，第197页、第207～208页）和 Aoki（2001，第85～90页，第225～228页）。

意义上，标准会计制度与公司法就是互补的。会计惯例对一个公司的日常运作至关重要，而公司法的存在提升了会计惯例的价值。

由于互补特性的存在，成功的改革将涉及一连串的制度变化。考虑到两个文明：文明 1 与文明 2。在文明 1 中，制度 A1、B1、C1、D1、E1 与 F1 均相互补充、相互影响。A1 是一套组织形式，B1 是一种会计惯例，C1 是一个法律系统，D1 是训练法官的学校，E1 是一个银行网络，F1 是社会普遍信任和限于亲友、熟人之间的信任。① 所有这些机制在文明 2 中都有相对应的机制：A2、B2、C2、D2、E2 与 F2。文明 2 中的组织形式（A2）比文明 1 中更有局限性。此外，在文明 2 中，对陌生人缺乏信任促使个人主要在亲友熟人之间进行贸易交换（F2）。让我们假设，随着时间的推移，文明 2 逐渐落后于文明 1，我们已习惯认为用 A1 替换 A2、同时用 C1 取代 C2 能够缩小差距。在改革了组织形式与法律体系后，文明 2 现在拥有机制 A1、B2、C1、D2、E2 与 F2。移植的制度并不能立刻使文明 2 的经济追赶上文明 1，因为文明 2 缺少文明 1 中十分重要的其他互补机制。

自从各国将经济现代化列为发展目标，上述情形便不断在世界范围内反复发生。一个 19 世纪的例子可充分证明这一点。在 19 世纪 50 年代，土耳其和埃及推行改革，以提高本国商人和金融家的国际竞争力。两国均采用了法国商业模式，建立了新的非宗教法庭以裁决伊斯兰教法庭无力处理的案件。这些改革所引入的新的组织形式经过几十年才得以普及。其中的原因之一是培训法官的学校尚处于萌芽阶段，另一个原因在于新法官缺乏经验。再一个原因是习惯于人格化交易的投资者未能迅速适应所有权与控制权分离的组织形式，缺乏必要的普遍信任。②

在前文的论述中，这些实体被界定为“文明”。为什么不用地区或国家来定义文明呢？使用一个缺乏地理或政治对象的概念会带来什么？英国和远在千里之外的新西兰拥有许多共同的基本制度，两国之间的共性促进了它们之间的制度移植。因此，其中一国发展起来的交通规则很容易被照搬到另一国。相较于新西

---

① 从构成自我执行的规章制度的意义上，这些要素中的每一个要素都是一项制度。

② 关于这些背景中的调整问题，参见 Toprak（1995）、Black 和 Brown（1992，第 5 章、第 12 章）。按照最发达国家的标准，中东的普遍信任度依然是低的。除了巴西，1990 ~ 1993 年的“世界价值观调查”（World Values Survey）中涵盖的穆斯林占主导的国家只有土耳其。在 43 个样本国家中，土耳其的普遍信任度是最低的（Inglehart 等，1998，表 V94）。在更近期的调查中，大多数伊斯兰国家不喜欢外国人作邻居的人数比例非常高。这是普遍信任度低的另一个指标。对于后一发现，参见 Inglehart 等人（2007，表 11.1）。

兰，埃及与英国的距离要近得多，但要将英国的制度移植到埃及则更难。当开罗引入交通信号灯时，那里的人们最初对这些信号灯大多视而不见。另一个例子是，英国跨国公司的经理们认为，在与员工、客户和政府之间的关系方面，相较于埃及，新西兰是他们更为熟悉的地方。调动至开罗的经理们发现，当地的经商准则与他们所熟悉的截然不同。即使英国像1882～1922年那样再次对埃及实施殖民统治，两国之间的差异也不会消失，至少不会很快消失。

文明这个概念之所以有益于我们的研究，正是因为它包含了超越政治界限和地理距离的制度共性。如果两个地区、国家或社会的基本制度大不相同，以至于跨疆域的制度移植比疆域内的制度移植困难得多，那么它们就属于不同的文明。从分析的角度来看，大英帝国和新西兰可被视为同一个文明，因为它们拥有相似的制度。

文明之间的界限自然是模糊的。实际上，与界定哪个国家控制布宜诺斯艾利斯或者哪里是巴西和阿根廷的边界线相比，界定社会实体属于哪个文明远没有那么准确。此外，理论上，国家、地区和人群会在文明之间转移。界定文明的那些特性，并非如吉卜林（Rudyard Kipling）1895年的诗句所概括的那样不可改变："哦，东方是东方，西方是西方，两者从不相遇"。尽管文明这个概念普遍被认为拥有固定的文化特征，但是其中的互补性并非一成不变的。比如说，"西方"曾经是"西方基督教世界"的缩写，因此不包括东方的基督徒。随着欧洲社群的扩大，这个概念后来包括了由东方基督徒控制的欧洲地区。

正因为制度是可变的，文明之间的差别也不会一成不变。尽管开罗的交通状况仍需改进，但如今那里的驾驶员比20多年前能更好地遵守交通信号灯的指示。19世纪中期，埃及和土耳其商业改革导致了制度不匹配，推动了进一步的改革，最终战胜长久以来的障碍，建立起复杂的大型组织。现代化的法律学校开始培养新的司法才俊，会计学校培养出熟悉现代记账法的职员。与此同时，地方银行的大量涌现促进了借贷和资本积累，支持了企业发展。今天，埃及和土耳其均有大型私人企业，它们拥有数万员工、数十亿美元的资产。在传统伊斯兰法律体系下，这样的企业是无法想象的。

在前文，我曾提出技术比制度更容易改变。在这里我还要补充一点，即互补性上的差异使一些制度比其他制度更容易改变。中东的发展轨迹表明，中东在构建新会计标准上耗费的时间比构建普遍信任上耗费的时间少。我们信任谁，取决于家庭规范、教育习惯和儿童抚养方式等深入日常生活和个人身份的特性。因此，我们甚至无法确定每一个相关的互补性，更不用说改变相关的一组特性。文明这个概念让人想起的往往是那些变化最慢（最不易改变、最难理解、最难区分或量化）的制度。并不是所有缓慢变化的制度都会直接或显著地影响经济表现。包括宗教仪式和宗教信仰在内的核心文明特性与经济基本不相关，其中一些特性是很难改变的。

这里有两点值得注意。首先，对经济产生显著影响的制度，其变化的难易程度不一。第二，那些相对不易改变的机制通常被视为文化的一部分。这个发现动摇了琼斯（Jones，2003，2006）的温和唯物主义理论。按照琼斯的理论，宗教和其他文化特性可能会拖累经济发展，但从长期来看，并不会阻碍合意的经济活动。没有理由认为，每一个文化特性的可变性是一样的，或者可变性与环境无关。发生作用的机制有所不同，其中的一些机制能够支撑多种社会均衡。这两点都表明，无论是温和的唯物主义还是严格的唯物主义，都忽视了变量的复杂性。在温和的唯物主义所忽视的复杂性中，就包括在许多个世纪中都在起作用的次要效应。汉娜对17世纪埃及商业生活的看法便忽略了埃及缺乏培育组织能力的激励因素。

制度弹性的差异可能有助于解释过去250年内世界经济所经历的第二次大分化：生活水平的跃进推动日本和多个东亚其他国家从经济落后国跃入经济发达国行列。至19世纪，所有这些国家的生活水平远远落后于西方，部分原因是它们没有及时发展或采用现代市场制度。与南亚、非洲、中东、东欧和拉美诸国一样，这些东亚国家不得不推行自上而下的制度改革，它们的企业家博采外国商业手段和方法为己用。用生活水平衡量，这些改革在东亚更为成功，其原因可能是缓慢变化的东亚经济制度更适应现代世界经济。在1990~1993年的“世界价值观调查”（World Value Survey）中，东亚国家中认为“大多数人可以信任”的人数比例远远高出所有后发国家或不发达国家（Inglehart等人，1998，表V94；Inglehart，1997，第172~174页）。调查中包含了三个东亚国家，其中日本和韩国的高信任度一定程度上是经济富裕之果，而非经济富裕之因。但是，在当时经济落后于许多不发达国家的中国，认为“大多数人可以信任”的人数比例也相当于西方发达国家的平均水平。① 从现代经济运行依赖

① 在数年后的调查中，在中国，表示不想与外国人作邻居的人数比例低于被调查的大部分伊斯兰国家（Inglehart等人，2007）。这是普遍信任度较高的另一个指标。

于普遍人际信任的角度来看，中国在经济上的惊人进步可能归因于中国人在历史进程中比其他经济落后国家的人民更容易信任陌生人。

9. 结论

我们已经看到，“文明”是由相互影响、相互补充的社会特性组成的一个系统。这些互补的特性既包含“物质”要素，也包含“文化”要素。若无其他原因，我们应该强烈质疑严格的唯物主义和严格的文化主义关于长期经济表现的理论。我们很容易发现，文化因素受物质激励的影响，同样的，我们也可以很容易地发现，文化因素对物质因素的反方向影响。因此，单向因果关系的各种例子并不能解释我们所观察到的不同文明的经济表现差异。那些能解释文明的经济轨迹的机制必定包含跨越物质与文化界限的双向因果关系。

温和的唯物主义或温和的文化主义试图通过特例来考虑反向因果关系，但问题的关键不仅在于考虑双向因果关系。假设一组变量在每一种情况下都对经济发展很重要的做法是不合理的。宗教实践上的文化差异可能对交易的制度基础产生重大影响。同样，交易关系上的物质差异或许对宗教教义的解释和神职人员的权力带来长期影响。如果经济表现的决定因素形成了一个既包含物质变量又包含文化变量的系统，我们就不应该认为这些变量之间是不相关的。

唯物主义或文化主义研究方法还有一个更基本的问题，那就是，文明的特性本身可能跨越物质和文化的分野。对此，信任提供了很好的例证。长期以来，人类学家都认为信任（包含社会、社群、种族、宗派和职业的信任）属于文化特征。他们对社会动态变化的丰富描述充满了子群内和子群间的信任。信任恰好对市场有效运行至关重要。因此，信任对经济发展也必不可少。①

许多著名经济学家据此认为，经济私有化和自由化不会在每一个地方取得同样的结果。他们观察到，在信任或有效交易的其他前提条件缺乏的地方，经济私有化或自由化带来的结果不尽如人意。他们同样质疑求全求快的大爆炸式经济自由化的好处。如果一些改变更容易实现，有序的改变方式能够避免不利的结果和政治反应（Rodrik，2006）。支持上述批评和建议的论据通常取决于被“文化”专家们视为“文化”因素的那些变量之间的相互作用。

如果学习世界历史的学生认为某些地方的非人格化交易较难形成或者从私人

① 若想了解更多同属于物质和文化范畴的特性，参见 Rao 和 Walton（2004）。

合作到公共合作的转变更不顺利，他们也就模糊了文化变量和物质变量的分野。他们用来解释可观察到的文明模式的那些因素就包括植根于宗教或传统的经济制度。在系统研究方法中，这些经济制度与其他不同社会变量共同演进，其中既有物质变量也有文化变量。因此，对我们的分析来说，变量分类并没有太多意义。

上述论断凸显了跨学科合作研究和交流对研究文明模式的重要性。如果关键变量无法被归类为严格的经济、社会、政治、宗教或文化因素，它们就不应成为其中任何一个学科的专属研究对象。尽管在既有学科内从事狭窄的专门研究仍能为文明研究提供重要信息，但是，如果要进一步解决与文明的经济表现有关的问题，就需要进行跨学科的尝试。这些尝试必须基于系统方法，因为这一方法考虑到了制度的互补性。

（赖希倩　译）

参考文献

Adelman, I., Morris, C. T., 1973. *Economic Growth and Social Equity in Developing Countries.* Stanford University Press, Stanford.

Aoki, M., 2001. *Towarda Comparative Institutional Analysis.* MIT Press, Cambridge, MA.

Black, C. E., Brown, L. C. (Eds.), 1992. *Modernization in the Middle East: The Ottoman Empire and Its Afro – Asian Successors.* Darwin Press, Princeton.

Bose, S. (Ed.), 1991. *South Asia and World Capitalism.* Oxford University Press, New York.

Bryant, J. M., 2006. The West and the rest revisited: debating capitalist origins, European colonialism, and the advent of modernity. *Canadian Journal of Sociology* 31, 403 – 444.

Cooter, R., Schaefer, H. – B., 2008. Solomon's Knot: How Law Can End the Poverty of Nations. Unpublished book manuscript, University of California at Berkeley.

Elster, J., 1985. *Making Sense of Marx.* Cambridge University Press, Cambridge.

Elster, J., 1989. *Nuts and Bolts for the Social Sciences.* Cambridge University Press, Cambridge.

Fischer, D. H., 1971. *Historians' Fallacies: Toward a Logic of Historical Thought.* Routledge & Kegan Paul, London.

Frank, A. G., 1998. *ReOrient: Global Economy in the Asian Age.* University of California Press, Berkeley.

Fukuyama, F., 1995. *Trust: The Social Virtues and the Creation of Prosperity.* Free Press, NewYork.

Gelderblom, O., Jonker, J., 2004. Completing a financial revolution: the finance of the Dutch

East India trade and the rise of the Amsterdam capital market, 1595 – 1612. *Journal of Economic History* 64, 641 – 672.

Gigerenzer, G. , Selten, R. (Eds.), 1999. *Bounded Rationality: The Adaptive Toolbox*. MIT Press, Cambridge, MA.

Goitein, S. D. , 1999. *A Mediterranean Society: An Abridgment in One Volume*. Lassner, J. (Rev. and ed.) . Berkeley: University of California Press.

Goldstone, J. , 2002. Efforescences and economic growth in world history. *Journal of World History* 13, 323 – 389.

Greif, A. , 2006. *Institutions and the Path to the Modern Economy: Lessons from Medieval Trade*. Cambridge University Press, New York.

Hanna, N. , 1998. *Making Big Moneyin* 1600: *The Life and Times of Isma' il Abu Taqiyya, Egyptian Merchant*. Syracuse University Press, Syracuse.

Hansmann, H. , Kraakman, R. , Squire, R. , 2006. Law and the rise of the firm. *Harvard Law Review* 119, 1335 – 1403.

Harris, R. , 2005. The formation of the East India Company as a cooperation – enhancing institution. Unpublishedpaper, Tel Aviv University.

Hayek, F. A. , 1973/1979. *Law Legislation and Liberty*, *vol.* 3. University of Chicago Press, Chicago.

Hazlitt, H. , 1946. *Economics in One Lesson*, 4th ed. Harper, NewYork.

Hedstr? m, P. , Swedberg, R. (Eds.), 1998. *Social Mechanisms: An Analytical Approach to Social Theory*. Cambridge University Press, Cambridge.

Hirschman, A. O. , 1991. *The Rhetoric of Reaction : Perversity, Futility, Jeopardy*. Harvard University Press, Cambridge, MA.

Hunt, E. S. , Murray, J. M. , 1999. *A History of Business in Medieval Europe* 1200 – 1550. Cambridge University Press, Cambridge.

Huntington, S. P. , 1993. The clash of civilizations? *Foreign Affairs* 72, 22 – 49.

Huntington, S. P. , 1996. *The Clash of Civilizations and the Remaking of the WorldOrder*. Simon and Schuster, NewYork.

Inglehart, R. , 1997. *Modernization and Postmodernization: Cultural, Economic and Political Change in* 43 *Societies*. Princeton University Press, Princeton.

Inglehart, R. , Basa? nez, M. , Moreno, A. , 1998. *Human Values and Beliefs: A Cross – Cultural Sourcebook*. University of Michigan Press, Ann Arbor.

Inglehart, R. , Moaddel, M. , Tessler, M. , 2007. Xenophobia and in – group solidarity in Iraq: a natural experiment on the impact of insecurity. In: Moaddel, M. (Ed.), *Values and Perceptions of the Islamic and Middle Eastern Publics*. Palgrave Macmillan, New York, pp. 298 – 319.

Inkeles, A. , 1975. Becoming modern: individual change in six developing countries. *Ethos* 3, 323 – 342.

Jones, E. L., 2003. *Growth Recurring: Economic Change in World History, expand ededition.* University of Michigan Press, AnnArbor.

Jones, E. L., 2006. *Cultures Merging: A Historical and Economic Critique of Culture.* Princeton University Press, Princeton.

Khan, S. A., 1929. The Mohammedan laws against usury and how they are evaded. *Journal of Comparative Legislation and International Law* 11, 233 – 244.

Kuran, T., 2001. The provision of public goods under Islamic law: origins, impact, and limitations of the waqf system. *Law and Society Review* 35, 841 – 897.

Kuran, T., 2003. The Islamic commercial crisis: institutional roots of economic underdevelopment in the Middle East. *Journal of Economic History* 63, 414 – 446.

Kuran, T., 2005. Th elogic of ? nancial westernization in the Middle East. *Journal of Economic Behavior and Organization* 56, 593 – 615.

Lakatos, I., 1977. *The Methodology of Scienti? c Research Programmes: Philosophical Papers, Vol.* 1. Cambridge University Press, Cambridge.

Lal, D., 1998. *Unintended Consequences: The Impact of Factor Endowments, Culture, and Politics on Long – Run Economic Performance.* MIT Press, Cambridge, MA.

Lamoreaux, N. R., 2004. Partnerships, corporations, and the limits on contractual freedom in U. S. history: An essay in economics, law and culture. In: Lipartito, K., Sicilia, D. B. (Eds.), *Constructing Corporate America: History, Politics, Culture.* Oxford University Press, Oxford, pp. 29 – 65.

Landes, D. S., 1998. *The Wealth and Poverty of Nations: Why Some Countries Are So Rich and Others So Poor.* W. W. Norton, NewYork.

Lerner, D., 1958. *The Passing of Traditional Society: Modernizing the Middle East.* Free Press, Glencoe, IL. Merton, R. K., 1936. The unanticipated consequences of purposive social action. *American Sociological Review* 1, 894 – 904.

North, D. C., 2005. *Understanding the Process of Economic Change.* Princeton University Press, Princeton.

Platteau, J. – P., 2000. *Institutions, Social Norms and Economic Development.* Harwood, Amsterdam.

Pomeranz, K., 2000. *The Great Divergence: China, Europe and the Making of the Modern Economy.* Princeton University Press, Princeton.

Rahman, F., 1964. Riba and interest. *Islamic Studies* 3, 1 – 43.

Rao, V., Walton, M., 2004. *Culture and Public Action.* Stanford University Press, Stanford.

Rodinson, M., 1966/1972. *Islam and Capitalism.* Pantheon, NewYork, Pearce B. (Transl.).

Rodrik, D., 2006. Goodbye Washington consensus, hello Washington confusion? A review of the World Bank's Economic Growth in the 1990s: Learning from a Decade of Reform. *Journal of E-*

conomic Literature 44, 973 – 987.

Siddiqi, M. N. , 1973. Banking Without Interest. *Islamic Publications*, Lahore.

Simon, H. A. , 1957. *Models of Man.* Wiley, NewYork.

Smith, A. , 1776/1937. *The Wealth of Nations.* ModernLibrary, NewYork.

Toprak, Z. , 1995. Milli Iktisat—Milli Burjuvazi. Tarih Vakf?, Istanbul.

Weber, M. , 1904 – 1905/1958a. *The Protestant Ethic and the Spirit of Capitalism.* Charles Scribner's, NewYork, Parsons T. （Transl. ）.

Weber, M. , 1916 – 1917/1958b. *The Religion of India: The Sociology of Hinduism and Buddhism, Gerth, H. H. , Martindale, D. （Transl. and Eds. ）*. NewYork: Free Press.

Weber, M. , 1956/1978. In: Roth, G. , Wittich, C. （Eds. ）, *Economy and Society, vol.* 2. University of California Press, Berkeley.

Wood, A. C. , 1935. *A History of the Levant Company.* Oxford University Press, London.

海外特稿

Special Feature

Comparative

印度经济的崛起

财政、货币和其他政策挑战

考希克·巴苏

1. 导言

很荣幸能在意大利经济学会演讲。得益于许多大学，特别是英国的大学，我们有了共同的学术园地，意大利和印度经济学家之间的合作和思想交流有着悠久的历史。尽管我没有在主要的学术园地——剑桥大学——学习，但多年来，我与多位意大利经济学家交往和合作，我的一本书还被翻译成意大利语出版①；我曾作为访问教授在锡耶纳大学度过了一个夏天，住在圣凯拉研究生院，在那里，一打开房间的窗户，就仿佛置身于15世纪。今天的场合对我来说显然具有特别的意义。

我打算从研究人员和政策制定者的双重视角，运用我本人在学术界和政策界的经历中所获得的一些见解，来展开论述。本文试图对当代印度面临的主要

---

* Kaushik Basu，康奈尔大学经济系国际研究 C. Mark 讲座教授，印度政府首席经济顾问。本文根据作者2011年10月14日在意大利经济学会罗马会议上的主旨演讲修改而成。感谢 Alaka Basu、Leonardo Becchetti 和 Supriyo De 的讨论和评论，同时还要感谢这次会议的所有参与者，他们的提问和批评，促使我在将这次演讲整理成文时，又作了许多改动。在最终成文的过程中，我和 Anil Disen、Dipak Dasgupta、Rangeet Ghosh、H. A. C. Prasad、K. L. Prasa、M. C. Singhi 及 Shweta 就相关主题进行了若干次讨论，在此也要表达对他们的谢意。最后，我还要感谢一位匿名评委提出的各种有益意见。本文发表在 *Rivista Italiana degli Economisti* 上。

① Ele Bele：*India e le illusioni della democrazia globale*，Laterza and Figli，Rome.

经济政策挑战进行经济学分析。印度经济的主要特征是，在过去 15 年中，伴随着迅猛的经济全球化，GDP 增长率飙升。全球化使我们有必要转变对政策制定的认识，无论是控制通货膨胀的货币政策，中央银行管理汇率的干预政策，还是促进经济增长的财政政策。因此，这些主题构成了本文的重点。

为了给不熟悉印度经济及其当前困境的读者提供一个背景介绍，我将首先简要介绍印度今日的地位（第 2 节），以及它如何一步步地走到这个地位（第 3 节）。此后，第 4 节到第 6 节是本文的核心内容，讨论了当前关于财政政策、货币政策和汇率管理的各种争论。第 4 节构建了一个新模型，它要讨论的是，当存在跨部门的策略性互补关系时，财政担保在促进基础设施投资中的作用。最后一节超越了这些话题，事实上，超越经济学，评论经济增长的社会和政治基础。这一节汇集了各种关于经济发展制度基础的思想，这些思想常常被传统的经济学和经济政策讨论所忽略，这种忽略导致了政策质量的大幅下降。

2. 今天的印度

正如大地震后，新的土地、湖泊和地质构造就会出现，2007 ~ 2009 年的金融危机和大衰退预示世界经济版图上将出现新的成员。中国、巴西、印度尼西亚、南非、印度和其他一些国家开始以几十年前想象不到的方式，汇聚成推动全球经济发展的力量。虽然这并不是一夜之间发生的，但是，在最近的全球经济衰退后，世界才开始意识到这一点。在这些新出现的力量中，印度的崛起最令人始料不及①。

从 1978 年或者说 1949 年开始，我们就已经知道，中国将重新恢复其全球地位。巴西、南非和印度尼西亚已经变得比较富裕，它们最终实现工业化只是一个时间问题。另一方面，印度是一个落后的巨人，直到 19 世纪 90 年代初印度经济还鲜有增长的迹象。从登上全球舞台的角度来看，印度的变化来得相当突然。在 1990 年，印度的进出口占 GDP 的比重为 14%。到 2010 ~ 2011 年，这个比例已经上升到 36.5%。在同一时期，印度的服务出口从可以忽略不计增长到占 GDP 的 12.5%。到 1991 年的近 20 年中，印度的外汇储备徘徊在 50 亿美元左右。在随后的 15 年中，印度的外汇储备上升到 300 亿美元左右。最

① 在所有新兴经济体的崛起故事中，最引人瞩目的就是中国。中国的崛起对全球格局和工业化国家的政策制定有很大影响（见 Spence，2012；Zagha，2012）。Basu（2008）讨论了与印度"来了"有关的基本事实。

引人瞩目的是印度公司的崛起，它们一开始只在印度的城市和城镇中投资，但在过去10年中，已经进军国际市场，其中包括一些工业化国家。最近几年来，印度对英国的直接投资要高于英国对印度的直接投资。

15年前，如果有人形容印度是全球经济增长的重要引擎，会被人一笑置之。在独立后的近50年中，印度因民主、充满活力的媒体、文化的开放性而受世人称赞；但是，作为一个经济体，它几乎引不起人们的注意。在上世纪90年代初，情况发生了变化。1991年，第一次海湾战争导致了印度最严重的国际收支危机之一，人均收入增长停滞不前。正可谓祸福相倚，这次危机促使印度推行了重大的经济改革。1994年，经济增长率开始回升，但受阻于1997年的东亚经济危机，不过，2003年再次回升。到2005年，印度年均经济增长9.5%，无论是印度媒体还是国际媒体，对印度的看法也都有所改变。

现如今，将印度列为全球经济增长的引擎已经是一种司空见惯的做法。当然，凭借其庞大的人口，印度的GDP位居世界前列。与此前不同的新事物是，在过去15年，印度的经济增长率已跻身世界前茅。印度已开始参与全球论坛、20国集团、国际货币基金组织和世界银行，并在其中发挥作用。

然而，印度进入世界工业化国家的行列也绝非已成定局。虽然它在过去15年表现很好，但它必须在接下来的30年保持这一增长势头，才能被称为实现了工业化。为了实现这一目标，它还必须克服一些挑战，推行重大改革并保持国家的政治稳定。我想借这次获邀发表政策演讲的机会，简要地分析是什么因素引起了印度经济超出预期的增长，更重要的是，讨论印度面临的一些政策挑战。虽然印度面临很多挑战，但考虑到本文的目的，我将主要集中在财政和货币政策，进一步考虑到在场听众的学术背景，我会研究一些由于在分析上棘手而通常被政策辩论忽略的问题。

讨论印度的发展而避开治理和官僚决策问题，就是躲避关键。如果印度能解决治理和官僚效率的问题，就能大大推动经济增长，而财政政策和货币政策的效率也可以大幅提升。

2009年我离开美国康奈尔大学加入印度政府，我的妻子也回到新德里，在一所大学做客座教授。从那之后，每个月都有几天，我会听到她说忙着“设法得到她的工资”。从获得工资的角度来看，“设法”这个词在大多数社会中都会令人费解。印度在世界银行目前定期整理和出版的《营商报告》统计中排名靠后并不奇怪。尽管存在着治理障碍，但印度在过去15年中突出的经济增长表明，其增长发动机的动力十足。政府治理显然是一个需要改革的领域，由于本文着重讨论货币和财政政策，因此治理改革是一个太大的话题。不过，本文的最后一节会对这个问题作简要且独特的讨论。

3. 引起变化的导火索

从印度1947年独立以来一直到70年代中期左右，以GDP来衡量，印度经济以3%～3.5%的年增长率增长。这期间的大部分时间，人口增长率在2%以上，因此实际人均收入的增长率仅约为1.5%。从1975年到1980年是一段动荡的时期，增长率曾高达9%，但也曾陷入负增长。从20世纪80年代初开始，印度似乎步入经济持续增长的阶段，这段时间的年均增长率刚刚超过了5%。

正如刚才提到的，真正的突破来自1991～1993年的改革。第一次海湾战争导致了印度最严重的国际收支危机之一，在那之后，印度推行了自独立以来影响最深远的改革。这次改革的效果立竿见影。从1994年开始，印度经济连续三年以年均约7%的速度增长。1997年的东亚金融危机放慢了印度的增长，但这次改革显然已经使印度步入了一条更高增长的路径。

激发这种增长的因素是什么呢？首要的因素便是1991～1993年的改革，印度臭名昭著的工业许可证制度被废除，贸易和外汇管制被撤销。除此之外，国际社会认为美国和中国正在走向危险的两极世界，因此两国的相互冲突似乎不可避免，这种看法也使国际社会更容易接受印度的崛起，从而使印度拥有早些时候所没有的政治优势。①

然而，其他一些可追溯到过去的先决条件为上述因素有效发挥作用奠定了基础。很关键的一个先决条件是印度的储蓄率和投资率，直到20世纪60年代末，它们都非常低，20世纪70年代初一度上涨，2000年后迅速增加，2004年突破了30%的大关。根据最新统计，印度的投资率（占GDP的比重）为35.1%。根据印度计划委员会的计算，资本产出比是4.1。而按照著名的哈罗德－多马模型计算，意味着8.56%的增长率（=35.1/4.1）。因此，印度从2005年开始8.5%以上的增长，并不奇怪。

其次，虽然印度基本文化水平很差，但在20世纪50年代、60年代和70

---

① 最近，Palit（2012）对中印经济合作范围给出了有趣的说明。

年代，印度在高等教育上曾出现投资过度，比如说，培养的工程师数量超过了国内的吸纳能力。这在不知不觉中形成了一个人才库，当美国硅谷开始大规模吸纳熟练劳动力的时候，这个人才库派上了用场。于是，印度成为美国专业人员的主要供应国，在很多年份中，这类签证占到美国工作签证 H1B 的 50% 以上。而这反过来又引起人才供应链从最初的班加罗尔扩展到后来的若干个印度城市，使全印度的服务业惊人地增长，并带动整个国家经济的增长。这些突发因素将印度推向了世界舞台，超出了早先的预计。现在，印度不仅在国际货币基金组织和世界银行有了更大的发言权，也是二十国集团的一员，印度也得以在世界舞台上扮演主角。此外，印度也被认为是二十国集团最重要的七个成员国之一。

由此产生的问题是，印度能否扮演如此迅速地加于其身上的角色。关于这个问题，首先要关注的是，印度能否保持从 1994 年开始，尤其是 2005 年之后所经历的快速增长？目前，经济增长有放缓的趋势，但这并不是本文关注的问题。这是全球经济衰退的一部分，并很可能随着全球经济衰退趋势的缓和而减弱。我想提出的问题是印度如何确保中长期的高速增长。

已经有很多关于这个问题的一般性讨论。① 但是，我在这里主要关注一个对高增长来说至关重要的投入因素——用于增加基础设施投资的财政政策，这是一个必不可少的因素。这条道路充满了危险。如果积累了过多的赤字，会导致债务/GDP 之比螺旋上升，正如近年来在一些欧元区国家所发生的那样，甚至有带来崩溃的风险。如果过分谨慎，则只能继续陷入停滞状态。下一节将具体阐述印度和其他将要到达这个关口的新兴经济体所面临的挑战。在论述这个问题时，我使用了一个有几分新意的理论结构。而本文其余部分将论及其他论据来说明实际政策的重要性，本文的主要理论观点将在接下来的三节中阐述。

4. 基础设施投资和政府担保

增长的关键是投资，特别是基础设施投资。印度当前面临的一个关键问题就是如何加强基础设施投资。印度计划委员会已认识到，与其说这是钢筋水泥的问题，不如说这是融资问题。因此，印度计划委员会讨论了在第十二个五年规划期间（即 2012 ~ 2017 年），在基础设施上投资 1 万亿美元的目标，且有一

---

① 也可参见 Ahluwalia（2011）；Government of India（2011，2012）。

半左右的资金来自私营部门。显然，能否成功地筹集所有款项，很大程度上取决于政府的政策。但是，政府是否应该介入面向私营部门的融资，还是应该放手不管？或者政府应该对那些准备将资金投入基础设施的投资者提供担保或信心保证书（comfort letter）?① 虽然我们知道这类担保的确会大大促进投资，但也的确使政府多了一份责任。对于这个问题，国内外都有过相当激烈的讨论。本文试图用一种新的思路来说明这个问题。当草率的政府设法开展一个大的投资项目时，通常会给投资者提供担保，这实际上相当于声明投资项目如果破产，政府将负责还清投资者投入的资金。经验表明，如果政府（有能力印制新钞票）提供了担保，投资者将蜂拥而至，把自己的资金投入到项目中。然而，我们逐渐明白，对政府而言这可能也不是一个很好的策略。提供担保可能不会马上对政府的财政赤字产生任何影响，但它意味着政府增加了未来的财政支出。因为这些受到担保的投资项目未来总是有破产的可能性，因此，政府的每一份担保就意味着未来一笔额外的支出。因此，这样不加考虑地提供担保，可能会导致未来不可持续的财政赤字，以及随之而来的各种问题，如通货膨胀、投资崩溃，最终导致经济衰退。印度的财政历史最初以保守主义而著称，但在20世纪80年代末变得挥霍起来。此后，印度的财政走上了一条强化偶然失误的道路（有关的简要介绍，参见De，2012）。这些失误发生的原因之一就是政府给未来提供保险，不过本文不会直接讨论这个问题。

出于这个原因，国际标准的倡导者一再警告政府不要给投资者提供担保，特别是为了激励私营部门的投资。虽然这个警告是有根据的且政府应该听取，但在一些情况下，政府如果能提供某些战略性的、精心设计的担保或保证书，则符合国家的整体利益需要。在一个蓬勃发展离经济起飞不远且正在考虑扩展基础设施项目的国家，这种担保是有可能的。

这个论断的要旨很简单。在基础设施项目领域，通常有很大的正外部性（见Morphy、Shleifer和Vishny，1989；Paternostro，1997；Oh，2011；Government of India，2012）。如果新建公路能连接有人居住的乡镇，通过收费系统来运营公路就更有可能成功；同样的，如果开发商打算建设的乡镇能通上公路，

① 从事后来看，严格区分担保和保证书是没有意义的。根据相关的法律解释，保证书类似于某种担保。因此，在融资时，政府出具的保证书也是有效的，对此我们不必大惊小怪（Reddy，2002）。而对我的论点来说，区分保证书和担保并不重要。我在这里想要说明的是，在某些情况下，政府提供多种担保并不比只提供一种担保更麻烦。

其建设计划也就更有可能成功。政府如果给投资者提供精心设计且相互协调配合的担保，就能确保所有这样的项目得到实施，从而提高这些项目的成功概率。下面是一个简单的模型来说明这个道理。

让我们假设有 n 个潜在的基础设施项目，用集合 $X \equiv \{1, \ldots, n\}$ 表示。每个项目都由一个独立的民营企业家承建。而要承建一个项目的前期费用为 C（>0）。该项目将在较长一段时间后才会产生收益。如果成功，则会带来收益 S，如果失败，收益为 0。

令 p 表示项目成功的概率。我在此假设，成功的概率取决于集合 X 中有多少项目在实施。如果实施的项目个数 $m \leq n$，那么成功的概率为 $p(m)$。也有人可能会认为，除了 m 的不同会导致 p 的不同以外，政府提供担保也可以导致 p 的变化。假设一位国际投资者给一家印度私人企业投资，建设一个机场。这位投资者在印度几乎没有什么法定管辖权，因此不然要承担可观的成本，他可能要面对不能收回本金的风险。但另一方面，如果印度政府提供担保，那么借助政府的权力，损失惨重的概率就会下降。我相信这个论断是成立的，但我在本文中并不打算讨论这一论断。

这些基础设施项目之间的互补性可以通过下式表示：

$$p'(m) > 0 \tag{1}$$

因为 $P(1)$ 是一个数值较小的数，在区间 $[0, 1]$ 中，表示当只有一个基础设施项目实施时，这个项目成功的概率。但是，如果所有项目同时进行，则每个项目成功的概率 $p(n)$ 是一个数值较大的数。

如前所述，这些都是大项目，C 也是一个非常大的数。企业家没有这么大数额的钱用于投资。因此，他们转向私人投资者以获得天使或启动资金。再假定 C 足够大，以至于没有哪个单一的投资者可以对 n 个项目都投资。为了数学上的方便，我们假设每个私人投资者最多只能投资一个项目。投资者投入资金的机会成本由名义利率 $i(\geq 0)$ 表示。因此，对投资者而言，如果某项目的投资收益大于 $(1+i)C$，则该项目就值得投资。

为了保证在项目成功的情况下是值得投资的，我们假设

$$S - (1+i)C > 0 \tag{2}$$

假设投资者给企业家的钱是一笔无追索权的贷款，则当某个投资者单独进行投资时，他所预期获得的最大收益是

$$Sp(1) - (1+i)C$$

为了使问题更加有趣，我们假设上式是小于零的。因此，在没有担保的情况下，没有投资者会选择单独投资。

现在假设政府给予担保，如果项目失败，它会给投资者支付（$1+i$）C。在这种情况下，投资者进行投资显然是可行的，因为企业家和投资者获得的收益总计为：

$$\begin{aligned} &p(1)S+[1-p(1)](1+i)C-(1+i)C \\ &=p(1)[S-(1+i)C] \end{aligned}$$

由式（2）可知上式是大于零的。

然而，如果政府对单个投资项目提供这样的担保，预期的政府未来支出则是：

$$[1-p(1)](1+i)C$$

这是预期的政府不得不承担的未来支出。分析师警告政府不能忽视这种开支是正确的，因为这项开支在未来是要发生的。

现在考虑如下情况：政府不是给单个投资者的单个基础设施投资项目提供担保，而是给 m 位投资者提供担保。在这种情况下，预期的政府未来支出由下式给出：

$$m[1-p(m)](1+i)C \equiv G(m)$$

结论：随着 m 的增加，G（m）减少是有可能的。

换句话说，上述结论所表示的是，随着政府给更多的项目提供担保，政府未来的成本实际上是可能下降的。鉴于我们的假设（1），上述结论是容易验证的。

为了使用最简单的例子来说明，可以考虑 p（n）$=1$ 的情况，这就是说，如果所有的基础设施项目同时启动，所有项目都不会失败。

在这种情况下 G（n）$=0$。又因为 $G(1)=[1-p(1)](1+i)C$ 且由（1）式知 $p(1)<1$，因此可以得到 $G(1)>0$。从而，$G(1)>G(n)$。

这个结论虽然是有根据的，但却也是危险的。它绝不应该被理解成政府仓促提供轻率担保的理由。首先，政府要检查上述结论在现实中是否也是适用的，然后还要小心选择一组相互互补的项目，并提供精心设计的担保。实际上，如果政府能向企业家和投资者提供令人信服的信号，表明它会精心安排重大投资项目，那么它就可以不必支付全额担保 $(1+i)C$，但投资者仍然会继续前来投资，企业家也会继续使一个个项目拔地而起。相互之间的信任增强，使每个项目都更容易成功，因此只要给予每个投资者较少的担保，他们就愿意进行投资。

这也是印度政府正在考虑的一种博弈，因为它要决定是否在下一个五年计划中实现向工业化的大飞跃。20 世纪 70 年代末，邓小平曾在中国成功实现了这种大飞跃。但毛泽东 1958 年在中国发起的大跃进运动却发人深省，这场运动最后以灾难收场。历史可以给我们很多建议，却不能给我们提供一幅路线图。

5. 管理通货膨胀和经济增长

在调控国家宏观经济，使之健康运行的过程中，财政政策与货币政策应该携手并进。在过去的两年中，所有商品的通货膨胀率接近 10%，偶尔也会略高于 10%，食品的通货膨胀率在一些月份里甚至突破 20%（见表 1），这为印度协调运用财政和货币政策带来了挑战。

按照若干新兴经济体的标准，特别是拉丁美洲甚至是 20 世纪 70 年代的韩国，印度的这轮通货膨胀并不是特别严重。但是，考虑到印度在 2008 年之前的 12 年中一直保持相对价格稳定，以及选民对价格特别是食品价格的敏感程度，印度还是非常重视对本轮通货膨胀的控制。正如表 1 所示，在 2009 年 12 月到 2010 年 2 月，食品的通货膨胀率在本轮通货膨胀期间有两次超过 20%。这在政治上是不能接受的，因为印度有很多人生活在贫困线以下，当他们的收入增长跟不上通货膨胀时，基本生活也得不到保障。

基于此，印度的经济增长在短期内主要取决于通货膨胀①。人们深刻地感觉到，即使降低通货膨胀会使经济增长在短期内有所放缓，我们也应该这样做。因此，尽可能快地降低通货膨胀并尽可能少地影响经济增长以及就业是非常重要的。如果做不到这一点，上文讨论的促进基础设施的财政计划都将是纸上谈兵。

---

① 本文的研究重点是宏观经济政策，特别是经济增长和通货膨胀的关系。这并不是否认很多和经济增长相关的政策根源于微观经济现象，比如说放松对资源的管制，如低效持有和利用不足的土地（Signhi 和 Malhotra，2012）。

表1　印度通货膨胀，2008～2011年

	所有商品	所有食品*
2008年4月	7.86	6.63
2008年5月	8.20	7.30
2008年6月	10.89	8.00
2008年7月	11.15	7.78
2008年8月	11.12	7.82
2008年9月	10.78	9.15
2008年10月	10.66	10.64
2008年11月	8.65	10.97
2008年12月	6.68	10.42
2009年1月	5.87	12.14
2009年2月	3.61	9.10
2009年3月	1.65	7.31
2009年4月	1.21	8.76
2009年5月	1.45	9.37
2009年6月	-0.39	10.42
2009年7月	-0.31	11.10
2009年8月	0.54	12.97
2009年9月	1.40	13.21
2009年10月	1.79	12.66
2009年11月	4.73	17.17
2009年12月	7.15	20.21
2010年1月	8.68	19.80
2010年2月	9.65	20.22
2010年3月	10.35	18.50
2010年4月	10.88	16.09
2010年5月	10.48	15.85
2010年6月	10.25	15.30

续表

	所有商品	所有食品*
2010年7月	9.98	14.31
2010年8月	8.87	11.06
2010年9月	8.98	11.49
2010年10月	9.08	10.56
2010年11月	8.20	6.76
2010年12月	9.45	9.94
2011年1月	9.47	10.28
2011年2月	9.54	6.77
2011年3月	9.04	6.81
2011年4月	8.66	7.60

由于印度日益参与到国际舞台中，如何设计通货膨胀的控制政策变成一个非常复杂的问题。印度不再像从前一样与其他国家隔离。这也带来了新的困境。以前，运用提高利率与紧缩信贷的传统方法就能战胜通货膨胀。印度储备银行（RBI）经常通过提高回购和反向回购利率以及偶尔提高准备金率(CRR)① 的方法达到控制通货膨胀的目的。但是，最近的几次调控措施对通货膨胀膨的抑制效果相对较小，这就使得身处全球化的印度对这些政策的实施效果产生了怀疑（Basu，2011）。而接下来的第二个问题，涉及此次通货膨胀中的宏观政策应用，尤其是货币政策的应用。因为这次通货膨胀始于2009年，而且导致这次通货膨胀的原因也很明确，即大面积干旱带来的食品短缺，所以一些评论者就质疑使用货币政策是否正确。即使这次通货膨胀不是由流动性过剩引起的，减少流动性依然可以抑制通货膨胀压力②，因此，这些评论者的质疑是不成立的。

更加严重的问题产生于工业化国家和新兴经济体面临截然不同的问题。工

① 值得指出的是，在2010年年中左右，印度储备银行宣布将回购利率和反向回购利率的偏离幅度锁定在100个基点之内。因此，现在它实际上只控制反向回购利率。银行储蓄利率也会偶尔被用作货币政策工具，但自从2011年10月开始，银行储蓄利率的管制已经取消，银行可以自由设定利率。

② 在最近的一篇文章中，Subbarao（2011）清晰地论述了食品通货膨胀和货币政策的问题。

业化国家受困于经济停滞，而新兴经济体国家的首要问题是通货膨胀。增长停滞以及第二轮衰退风险使工业化国家采用了多种宏观调控的方式来刺激经济。在美国，这种刺激包括两轮大规模的量化宽松政策。在第二轮量化宽松中，美联储通过购买长期债券向经济注入了6 000亿美元。英格兰银行也采用了相似的方法。就在最近，欧洲中央银行给商业银行提供了4 890亿欧元的贷款，向经济体注入了更多的流动性。此外，这些经济体（包括日本在内）的存款利率一直非常低。这也是印度的症结所在。

这导致了有些棘手的利率套现问题①。对于印度来说，得益于资本管制，此类套现受到一定的约束，然而，印度公司通过采购国外产品，以进入低利率的国际信贷市场。与世界各国面临同类问题的情况相比，回购利率对控制通货膨胀的效果大打折扣。

二十国集团会议提出了管理全球流动性的议题，现在越来越多的人认识到，在当前全球化的世界里，国家之间需要政策的协调。除此之外，印度已经通过综合使用财政收缩、流动性紧缩以及最重要的灵活的货币政策，抑制通货膨胀。为了控制通货膨胀以及平衡就业创造目标和价格稳定之间的关系而实施的货币政策是一个国家最难的政策。对于新兴工业化经济体来说，更是如此。实施包容性金融方案可以鼓励之前被排斥在外的市民将他们的钱存入银行和其他正式的储存机构，但是，这常常意味着有效货币供给的增加，因此必须通过恰当的货币政策进行对冲。对穷人提供更多的支持，意味着价格的相对变化，比如食品（特别是高营养和高蛋白质食品）价格的上升（Gokarn，2012）。这不仅会带来通货膨胀压力，而且会一定程度上扭曲通货膨胀。管理这些任务，以及前面提到的全球化和国家之间的协调问题，就变成了一门兼具科学和直觉的平衡艺术，对新兴经济体来说更是如此。②

印度的政策取得了成效，因为食品通货膨胀几乎已不复存在，总体通货膨胀也在稳步下降。但是表1提醒我们不能高兴得太早，因为在2008年，通货膨胀率也是一开始下降，但之后骤然上升。多少值得欣慰的是，本轮通货膨胀看似走到了尽头。

---

① 关于金融改革和宏观经济政策之间的关系，有不少重要的问题，尤其是印度的金融政策正在重大调整之中。限于篇幅，本文不展开讨论，有兴趣的读者可以参见Nair（2012）。

② Subbarao（2012）分析了这些困境，尤其是在经济紧缩时期维持适度流动性面临的种种困难。

然而，有一个和通货膨胀影响有关的问题值得关注。这个问题与贸易和汇率有关。印度卢布突然贬值威胁了进口，同时也会带来至少是贸易品通货膨胀的风险。因此，除了管理增长与通货膨胀的政策外，我们还不得不关注汇率政策①。这也是我将在下面一部分简要说明的。

6. 汇率管理

随着印度努力从低收入农业经济转变成新兴的工业化经济，它也面临着关于贸易与汇率方面的重要挑战。从 1991 年的小调整开始，印度实际上就开始实施浮动汇率制度。印度汇率政策第一次真正的改变是因为 1991 年的金融危机。1992 年，“双重汇率制度”开始确立。1991 年，兰加拉詹提交了一份《高级委员会关于国际收支平衡的报告》，这份报告提出了建立市场化汇率形成制度的大致轮廓②。1994 年，印度开始推行经常项目可自由兑换，2000 年 6 月为确保这种可兑换，建立了法律框架。由于印度一直限制资本项目的可兑换，因此资本项目的可兑换只能根据实际情况来推进。

印度从来没有试图严格控制汇率。实际情况是，现行汇率体系对外汇交易实行一定的资本控制，印度储备银行偶尔也会通过一些市场化干预手段，即通过买入和卖出美元的方法来保持汇率的稳定。印度储蓄银行（2008，第 127 页）最近的年度报告说：“印度被国际货币基金组织列为政府操纵汇率的国家，如有需要，印度储备银行就介入外汇市场，以防止汇率大幅波动。”印度储蓄银行通常在幕后，在市场上只能看到国有银行买入大量美元。2008 年 8 月 20 日，印度财经报纸《铸币》（Mint）的网络版是这样猜测印度中央银行对外汇市场的干预：“可以看到，印度的国有银行卖出美元以帮助卢布从 17 个月来的最低点回升，如果想要放缓卢布的贬值步伐或者防止它升值太快，印度中央银行就会通过国有银行来干预，而私人银行的交易员说，周三的美元出售看起来就是（国有银行的）干预”。

过去的 20 年里，外汇储备不断增加。从 1977 年到 1990 年，印度的外汇储备在 50 亿美元左右徘徊。20 世纪 90 年代初期，卢布的汇率开始自由浮动，

---

① 货币政策、资本流动和汇率三者之间的关系是许多宏观经济理论的基本问题，学者们也以印度为背景，对此进行了讨论（可参见 Bisen，2012）。

② 后来由 S. S. Tarapore 牵头的一些报告，对推动印度的经常项目和资本项目可兑换，发挥了一定的作用（进一步的讨论，可参见 Mohanty，2012）

从那以后印度储备银行通过购入或者卖出美元来影响汇率。从 1993 年到 1994 年开始，外汇储备急剧增加，直到最近两年增加速度才有所放缓。在过去的几年，印度储备银行采取了更少干预的外汇政策。虽然也会有一些困境，但大体而言，这种做法对印度是合适的。有些支持者引用中国汇率低估的例子，主张干预外汇市场，即通过买入美元来支撑美元的价值，在此过程中降低卢布的价值。在2009 年的大部分时间里、2010 年和2011 年的最初几个月里，我们经常可以听到这种观点，当时印度卢布正在升值（主要是由于印度的通货膨胀）。这种观点的论据是，通过买入美元使卢布贬值，就能使印度的出口更具竞争力①。

2011 年中期，卢布突然贬值，公众的争论焦点也迅速转到另一边（对此的讨论，可参见 Rajwade，2012）。这次贬值的导火索是 2011 年 8 月 5 日标准普尔将美国的长期主权信贷从 AAA 级降到 AA + 级。这在全球范围内引起了不安，但令人讽刺的是，这同时促使投资者转向美国国债以寻求安全。外国机构投资者的大量资金从印度流失，造成了印度卢布的急速贬值。当然，一部分贸易商因此受损，而公众舆论也突然倒向另一边，关于卢布灾难的言论开始占据新闻头条。

正如大多数工业化国家一样，印度承诺实施浮动汇率政策，在这种情况下印度政府和印度储备银行又能做些什么呢？在我看来，承诺实施浮动汇率政策是一个正确的做法。随着经济的发展，印度在世界上占有一席之地，我们必须抵制诱惑，避免固定汇率。

即使在工业化国家，中央银行如果想使本国的货币贬值，也会通过在外汇市场上使用本国货币购入外汇的方法来干预，相反，则会通过出售外汇以使本国货币增值。奥尔巴赫（Auerbach，1982，第 414 页）在其教科书中曾提到："这种影响汇率的方法不容易被察觉。中央银行可能让私营部门的代理人帮助干预汇率。"在美国，为了有效地干预外汇市场，美联储往往会联系一个往来银行，例如花旗银行，并以花旗银行的报价汇率购买货币。此外，美联储大部分干预行为都是秘密进行的，也有一些统计认为约有半数干涉行为是秘密进行的。而它干预的目的显然是为了影响汇率。

---

① 除了单纯的汇率管理外，还可以巧妙地综合运用利率和资本流动管理，来扶持国内出口商或进口商（Basu 和 Morita，2007；Adam 和 Moutos，2012）。

2011年9月6日，瑞士国家银行发表声明，宣布瑞士法郎对欧元的汇率下限，并宣称为了维持这个下限会无限量地购入外币，这引起了轰动。① 类似的中央银行干涉汇率以使本国货币贬值（偶尔是升值）的行为已经在全世界范围内实行。2010年9月15日，在日元急剧升值之后，日本银行出售日元买入美元，这让全世界都感到震惊。该行为的直接影响是降低了日元兑美元的汇率。印度储备银行偶尔也会使用类似方法，以减缓汇率波动。这种使本国货币贬值的方法导致外汇储备的积累。而中央银行的这种举动成了国际社会批判的确凿证据。当然，也有一些国家并不想积累成本高昂的外汇储备，只是把它们作为汇率干预的副产品。

不管怎样，我们仍然可以认为，在努力改变汇率时，并不必然影响外汇储备。这就需要我们使用一些有创意地设计的干预方法，关于这类方法的技术特点，我（2012）不久前曾经有过讨论。通过使用合理的策略性技术，即日程表式的干预（schedule intervention），中央银行有可能在与私营机构、外汇交易商的博弈中影响汇率，而不必积累成本高昂的外汇储备或承担有限的外汇储备耗竭的风险。即使这点已经写明，在过去的6个月里印度媒体仍然对印度卢布突然急剧贬值表示担忧，特别是在2011年8月到10月之间（正如上面提的）②。如果中央银行想要改变这种观点（它应该希望如此），标准的做法就是在市场上释放美元并买光卢布。但无论如何，这种举动经常引发人们关于中央银行能够释放多少外币担忧。

我（2012）的论点如下：（1）正在走向工业化的印度有可能维持浮动汇率体制的稳定；（2）同时，可以通过影响汇率来促进贸易、增长并限制经常项目赤字；（3）不要增持外汇或者减持外汇。合理地设计“干预的微观结构”，影响汇率的行为与增持（或者减持）外汇储备就能相互分离开来。尤其是，使本国货币贬值的同时不积累大量外汇储备是可能的，反之，让货币升值也可以无需减持外汇储备。

通过构建一个策略性的博弈模型，并研究该模型的纳什均衡，我们也许会提出如下疑问：广泛使用的数量干预是不是最好的干预方法。“日程表式的干预”也许比数量干预更好。一般而言，如果采取日程表式的干预，中央银行

---

① *Financial Times*，2011年9月7日第一版。

② 见印度政府（2012）。

或它的代理银行进入外汇市场时并没有固定的需求量，其需求视价格而定。中央银行通过适当地调整它的外汇需求，就可以在干预汇率的同时，避免减持或增持外汇储备。基本上，我的观点是中央银行可以将汇率管理和外汇储备管理看做是两个独立的目标。如果货币市场是完全竞争的，日程表式的干预将没有优势；但是如果市场有策略性的大交易商和银行，日程表式的干预就可以发挥相当大的作用。

有意思的是，间接证据支持了日程表式的干预在现实生活中的功效。一项对世界各国中央银行的粗略研究似乎并没有为使用日程表式的干预提供直接证据。但是，由墨西哥中央银行和财政部官员组成的墨西哥货币兑换委员会已经在外汇市场上使用了某种形式的有条件干预或日程表式的干预。例如 2011 年 11 月 29 日，货币兑换委员会宣布，如果比索每天下降 2%，它将每天释放 4 亿美元。货币兑换委员会在过去也使用过类似的干预方法，有证据显示这种干预方法取得了很好的效果。

尽管如此，在当前的阶段，上述论点提供的理由被认为只是一个理论构想。将它应用于实践还需要一定的时间。在应用这一论点之前，有待检验的重要一点是，在有差错的情况下，它是否还能保持稳健（robustness）。在现实生活中，我们不可能估计到理想的日程表式的干预的精确形式，因此算出干预的微小错误带来的后果是非常重要的。即便实施正确的计划能使干预完美运行（我们都知道的确如此，因为它已经经过理论上的论证），但为了避免代价高昂的差错，我们还是有理由保持谨慎。换句话说，在日程表式的干预被用于实践之前，我们还需要做很多的研究。

然而，正在工业化的现代经济体并不希望退回到外汇管制，但无论如何它们至少需要引导汇率，以保证实体经济的稳定，并将经常项目赤字保持在一定限度内，上面所讨论的中央银行政策将值得考虑。

7. 超越经济学

一个经济体中发生的很多事情都依赖于经济领域之外所发生的事情。由于本文有意将研究重点放在宏观经济政策上，所以几乎没有提到更沉闷的政治学和社会学以及植根于这两门学科的制度，在经济运行中的作用。

尽管一些人在早期著作中就已经开始强调这一点，尤其是波兰尼（Polanyi，1944 年）和格兰诺维特（Granovetter，1985），但人们对持续增长和发展依赖一国社会和政治体制的认识仍然不够充分。显然，如果没有各种合适的政治制度、社会制度和先决条件，印度就不一定能有过去 15 年的非凡增长①。幸运的是，如今即使在政府文件中，我们也可以看到这种认识（见 Government of India，2011，2012）。

因此，在这一结尾部分，我要偏离一下本文的主题，简要评论这些因素在促进经济增长和发展中所起的作用。做这种分析的一个主要缺陷就是，在经济学发展史中，人们对制度重要性的认识起步相对较晚。具体而言，对政治和法律制度方面的认识已经发展了一段时间；但对社会和文化制度方面的认识却刚刚开始。因此，我们目前的理解还是非常肤浅的。但是，如果因此而忽略这个因素，将是一个严重的错误。

肯尼斯·阿罗在很久以前就提醒过我们，市场机制之所以可以正常运行，是因为社会还有着某些有约束力的因素，如利他主义、责任感、诚信和其他社会特质（social qualities）。如果这些特质消失了，经济很快就会崩溃（Arrow，1982）。这表明，不同经济体之间的相对成败，部分取决于这些社会和文化特质在社会上所呈现出的性质和程度。与早期的经济学教科书断言的相反，几乎所有人都有顾念他人（other - regarding）的倾向。即大多数人都愿意为别人更大的收益作出一些个人牺牲②。现如今越来越明显的是，要让现代市场经济正常运作，就需要有某些社会规范能显著发挥作用。

但是，即使现在我们并不讨论这些不太了解因此不太明确的主题，仍需要衡量治理和法律的重要性。尽管印度有一套令人印象深刻的法律制度，使之不容易受到政治的操纵，但在治理以及与经济生活相关的交易成本方面，得分很低。从世界银行定期出版的“营商难易度”的排名中，可以看到印度在改善治理方面还有巨大的空间。2012 年，印度的“营商难易度”综合指标，在 183 个国家中排名第 132 位。在开办企业的程序和获得开业所需的“许可”方面，印度排在第 166 位。在纳税的交易成本和合同实施所需要的时间方面，印度的排名分别为第 147 位和第 182 位。

---

① 以印度为背景的讨论，参见 Sen（2012）。

② 最近，Basu、Becchetti 和 Stanca（2011）的一些实验相当准确地描述了这些利他主义倾向。他们指出，如果人们从特定行为中的得失都很大，那么他将很少考虑其他人的得失。但是，当他们自身的利益不大，他们就会为别人牺牲一些自身的利益。换句话说，可以证明人们以一种更原始的方式关心他人，而不是像教科书说的那样只考虑自身的利益。

但是，这些状况并没有带来太大损失的原因就在于，与其他一些国家的政府不同，印度政府没有那么强大，在日常生活中也不是无处不在。因此，大量的经济活动不在政府的管控范围之内，这也解释了印度经济的显著增长。然而，这也是一个存在着巨大发展红利的领域。

当谈论到法律制度时，印度的表现可谓脱颖而出，至少在发展中国家和新兴国家中是如此。这可以在《营商报告》的众多指标之一中反映出来，这个指标反映了一个国家的法律自主权。它衡量了一国在“保护投资者”方面做得如何。在这个指标上，印度名列第 46 位，对于一个新兴的经济体来说，这是一个值得称赞的成绩。但是，近几年与治理腐败相关的法律在印度新闻中独占鳌头。关于这个话题①已有许多人写了文章，而且深入详细地探讨这个话题也不是本文的目的。这里需要强调的唯一一点就是第四部分所讨论到的博弈的精髓。

在印度，治理腐败的大部分政策之所以都会在执行阶段出现问题，是因为一个根本性的错误倾向，即把法律的执行者——警察、官僚主义者和行政人员——看成是机器人那样的行为主体，认为他们只会机械地、毫无差错地完成他们应该完成的任务。但是，经营着政府控制的定额配给商店的店主有他自身的目标，如果违反既定的规则能给他带来好处，他就会这么做，而本来应该监管定额配给商店的官僚也有类似的私人目标和野心；一旦我们认识到这一点，处理这个问题的方式就会非常不同。这就是古老的休谟问题：谁来监督监督者？这就使我们得出了这样的结论：不论我们使用哪种体系，都应该有自我实施的均衡这一特性。

乍一看，把所有人视为自私的人，是一种太过愤世嫉俗的观点。但这肯定不是本文的意图所在。如上所述以及大量文献都证明，人类本质上都有道德和利他主义的先天倾向（Guha 和 Guha，2012；Hauser，2006 年）。然而，这种倾向的强弱会随个人和社会的不同而改变，也会随时间而改变。日本学者（Hashimoto，2008）曾经对规范的可塑性有过精彩的论述。他引用史料和日文著作，描述了在 19 世纪之交的日本，时间和准时这两个概念：“列车……离站或到站总会迟到。几乎所有列车都晚点，而车站的工作人员本该最关注准点，

① Basu（2012a），Dufwenberg 和 Spagnolo（2012），Engel、Goerge 和 Yu（2012），Banerjee、Cole 和 Duflo（2006），Bardhan（1997），Marjit、Mukherjee 和 Mukherjee（2000）。

但他们似乎从不关心延误……导致这些延误的原因是，日本人——不论是经营铁路的人还是旅客——因循旧有的陋习，对严格遵守时间没有任何概念。”显然，现在的日本与那时的日本完全不同，现代日本可算得上全世界最准时的国家。

社会中盛行的社会和政治风气可以强化或弱化人们的利他本性。社会规范就像是一种内置的约束，确保某些行动虽然是现实可行的，却会被视为越界。比如虽然所有的狗都会咬人，但只有一些狗真的咬人。类似的习性对人类也成立。但是，这并不会改变上文提出的观点。在设计政策时，我们必须实事求是地考虑政策执行者的偏好和利益。这些偏好和利益会随社会的不同而变化。因此，为了合理地设计这些政策，我们不能机械，而是必须了解我们所处的社会以及这个社会中的人们的偏好和习性。

尽管印度在常规的经济决策方面，比如货币政策和财政政策，已经变得比较成熟，但在理解经济发展的社会和政治基础以及如何加强这些基础方面还有很长的路要走。但是，从中可以获得的红利是巨大的。因此，应该对此进行更多的研究，并将这些“政治和社会的”政策纳入印度经济政策制定的框架中。

（王波洋子　译）

参考文献

Adam，A. and Moutos，T.（2012），‘Capital Importers Pay More for Their Imports，’ CESifo Working Paper 3723.

Ahluwalia，M. S.（2011），‘Prospects and Policy Challenges in the Twelfth Plan，’ *Economic and Political Weekly*，vol. 46，21 May.

Arrow，K. J.（1982），‘A Cautious Case for Socialism，’ in I. Howe（ed.）*Beyond the Welfare State*，Schocken Books，New York.

Auerbach，R. D.（1982），*Money*，*Banking and Financial Markets*，New York：Macmillan.

Bardhan，P.（1997），‘Corruption and Development：A Review of Issues，’ *Journal of Economic Literature*，vol. 35.

Banerjee，A. V.，Cole，S. and Duflo，E.（2006），“Are the Monitors Over – Monitored? Evidence from Corruption and Lending in Indian Banks.” Mimeo：MIT.

Basu，K.（2008），‘The Enigma of India’s Arrival，’ *Journal of Economic Literature*，vol. 46.

Basu，K.（2011），‘On Understanding Inflation and Managing it，’ *Economic and Political Weekly*，vol. 46，8 October.

Basu, K. (2012), 'How to Devalue Exchange Rates without Building up Reserves: Strategic Theory for Central Banking,' *Economics Letters*, forthcoming.

Basu, K. (2012a), 'Why for a Certain Class of Bribes, the Act of *Giving* a Bribe should be Considered Legal,' inS. Kochhar (ed.) *Policy – Making for Indian Planning: Essays in Honour of Montek Ahluwalia*, Academic Foundation.

Basu, K., Becchetti, L. and Stanca, L. (2011), 'Experiments with the Traveler's Dilemma: Welfare, Strategic Choice and Implicit Collusion, '*social Choice and Welfare.*

Basu, K. and Morita, H. (2007), 'International Credit and Welfare: A Paradoxical Theorem and its Policy Implications,' *European Economic Review.*

Bisen, A. (2012), 'Impossible Trinity Revisited: Lessons and Policy Implications for India and Other Emerging Economies,' in R. Malhotra (ed.), *Policies for India's Development: A Critical Decade*, Oxford University Press, New Delhi.

De, S. (2012), 'Fiscal Policy inIndia: Trends and Trajectory,' Ministry of Finance, Government ofIndia, Working Paper, forthcoming.

Dufwenberg, M. and Spagnolo, G. (2011), 'Legalizing Bribes,' mimeo: Stockholm School of Economics.

Engel, C., Goerg, S. J. and Yu, G. (2012), 'Symmetric and Asymmetric Punishment Regimes for Bribery,' mimeo: Max Planck Institute, Bonn.

Gokarn, S. (2012), 'Food Inflation: This Time It's Different,' *Reserve Bank of India Bulletin*, vol. 56.

Government ofIndia (2011), *Economic Survey* 2009 – 10, Ministry of Finance and Oxford University Press, New Delhi.

Government ofIndia (2012), *Economic Survey* 2010 – 11, Ministry of Finance and Oxford University Press, New Delhi.

Granovetter, M. (1985), 'Economic Action and Social Structure: The Problem of Embeddedness,' *American Journal of Sociology*, vol. 91.

Guha, A. and Guha, B. (2012), 'The Persistence of Goodness,' *Journal of Institutional and Theoretical Economics*, forthcoming.

Hashimoto, T. (2008), 'Japanese Clocks and the History of Punctuality in Modern Japan,' *East Asian Science, Technology and Society: An International Journal*, vol. 2.

Hauser, M. D. (2006), *Moral Minds*, Harper Collins, New York.

Marjit, S., Mukherjee, V. and Mukherjee, A. (2000), 'Harassment, Corruption and Tax Policy,' *European Journal of Political Economy*, vol. 16.

Mohanty, D. (2012), 'Global Capital Flows and the Indian Economy: Opportunities and Challenges,' *Reserve Bank of India Bulletin*, vol. 56, February.

Murphy, K., Shleifer, A. and Vishny, R. (1989), 'Industrialization and the Big Push,' *Journal of Political Economy*, vol. 97.

Nair, C. G. K. (2012), 'Financial Sector Reforms: Refining the Architecture,' in R. Malhotra (ed.), *Policies for India's Development: A Critical Decade*, Oxford University Press, New Delhi.

Oh, J. (2011), 'Spatial Adaptation of the MSV Model with Special Reference to World Development Report 2009 and Korean Examples,' *Letters in Spatial and Resource Sciences*, vol. 4.

Palit, A. (2012), *China – India Economics: Challenges, Competition and Collaboration*, Routledge, London.

Paternostro, S. (1997), 'The Poverty Trap: The Dual Externality Model and Its Policy Implications,' *World Development*.

Polanyi, K. (1944), *The Great Transformation*, Beacon Press, Boston.

Rajwade, A. V. (2012), 'The Fall of the Rupee: Background, Remedy and Policy,' *Economic and Political Weekly*, vol. 47.

Reddy, Y. V. (2002), *Lectures on Economic and Financial Sector Reforms in India*, Oxford University Press, New Delhi.

Sen, A. (2012), 'Democracy and Social Welfare,' in K. Basu and A. Maertens (eds.) *New Oxford Companion to Economics in India*, Oxford University Press, New Delhi.

Singhi, M. C. and Malhotra, R. (2012), 'Accelerating Manufacturing Growth: Promise of the New Manufacturing Policy and Beyond,' in R. Malhotra (ed.), *Policies for India's Development: A Critical Decade*, Oxford University Press, New Delhi.

Spence, A. M. (2012), 'The Impact of Globalization on Income and Employment: The Downside of Integrating Markets,' *Foreign Affairs*, vol. 90.

Subbarao, D. (2011), 'The Challenge of Food Inflation,' *Reserve Bank of India Bulletin*, vol. 55, December.

Subbarao, D. (2012) 'Monetary Policy Dilemmas: Some RBI Perspectives,' *Arthapedia* (see www. Arthapedia. com).

Zagha, R. (2012), 'Global Imbalances: Policies, Structure and Finance,' in S. Kochhar (ed.) *Policy – Making for Indian Planning: Essays in Honour of Montek Ahluwalia*, Academic Foundation.

生育率的历史性转变

给经济学家的指导

蒂莫西·吉内恩

从18世纪末至20世纪初，欧洲和北美发生了生育率的历史性转变，在此之前，妇女会生育8个甚至更多的孩子。但如今，很多妇女选择不生孩子。数百年来，生育率的收入弹性都是正的，但如今已经为0，甚或为负。生育率转变带动了欧洲，以及接下来的其他经济体从较慢增长转向快速、可持续的增长。本文讨论了有关生育率历史性转变的实证文献：我们已经了解的以及我们需要继续了解的内容。

当前，人们对人口行为与长期增长这一广泛领域的兴趣，反映出了一些知识分子的影响，其中就包括罗伯特·卢卡斯（Robert E. Lucas，2002）关于增长的文献。关于这一理论的早期研究通常将加里·贝克尔（Gary Becker）提出的生育率决策微观经济学模型纳入一个经济对生育率决策进行反馈的框架。这一领域的经典文献源于贝克尔等人（Becker 等人，1990）。近期的一系列研究主要关注经济体如何从高生育率和低人均收入增长的"马尔萨斯"经济模式转变为低生育率、人均收入增长迅速的经济模式。这一由奥戴德·盖勒（Oded Galor）、大卫·韦伊（David Weil）等人提出的"统一增长理论"（Unified Growth Theory，UGT）将对孩子的需求的微观经济学模型与增长模型的反馈机制结合在一起。其他相关文献或者从

---

* Timothy W. Guinnane，耶鲁大学经济系经济史 Philip Golden Bartlett 讲座教授。主要研究领域西欧人口和金融史。

另外的角度考虑生育率与增长的关系，或者检验诸如儿童在劳动力市场的作用等相关问题。

这些讨论激发了人们对于生育率历史性转变的经验研究的兴趣：它是何时、为何发生的，它经过了多长时间导致目前大多数富裕国家低生育率的出现。增长理论学家的努力值得称赞，他们努力去对一些历史事实进行解释，对之前一些经济历史学家以及人口学家等经济领域之外的人感兴趣的问题进行研究。不幸的是，一些最近的讨论曲解了人口学文献的内容。对于一些理论思想的运用会使人们认为，其中一些相关的命题已经经过了历史数据的验证，然而大多数情况并非如此。充分理解生育率转变需要进行更多的实证研究。本文有如下两个目的。本文描述了生育率历史性转变的概况，并讨论了目前经济学与经济史文献中比较普遍的主要假设。在本文中，我提出了三个问题。首先，当前大多数文献强调人口变动对经济增长与发展的影响。这一问题超出了本文的讨论范围。其次，一般经济学家认为，生育率将随着一个妇女或一对夫妻生育孩子数量的下降而下降。人口学家等则强调生育率下降的异质性，例如，当一对夫妻在生理上仍然可以生育孩子时，他们只是降低生育孩子的频率，还是停止生育。只有当某一问题有利于理解生育率的转变时，我才会就这一问题展开讨论。最后，人们对于发展中国家在二战后的生育率转变的研究要远远多于历史上发达国家处于相对历史阶段的研究。本文集中于较早的历史阶段，因为这段时间与理论学家们在就工业革命建模时所考虑的因素联系最为密切。

1. 生育率历史性转变的基本概要

图 1 给出了五个主要国家（法国、英国和威尔士、德国、美国与意大利）在 1800 ~ 1970 年间的生育率情况。图 1 中所使用的衡量指标为粗出生率（又译出生率，Crude Birth Rate，CBR），其定义为每 1 000 人每年生育孩子的数量。本文集中关注前面四个国家；图 1 将意大利包括进来，目的是说明这些国家的历史经历是不同的。图 2 只关注德国，目的在于强调生育率与死亡率之间的关系。①暂时忽略图 1 所表明的异质性，我们可以看到，生育率从 18 世纪或 19 世纪开始下降，19 世纪下半叶下降速度加快。期间发生的两次世界大战导致生育率出现

① 图 2 中所描述的死亡率为粗死亡率，其定义类似于粗出生率。粗自然增长率的定义为 CBR 减去 CDR。

了巨大的、暂时性的下降，在第二次世界大战结束后出现了一段“婴儿潮”时期。20 世纪 70 年代，大多数西欧国家经历了“低—低”生育率的出现。目前，一些 OECD 国家的生育率是如此之低，以至于只通过自然增长难以维持人口的增长。① 生育率与死亡率下降之间的关系在这些国家的表现是不同的，但是图 2 中所表示的德国的经验是比较典型的。几乎整个 19 世纪，生育率都超过死亡率，因此人口持续增长（即使像德国那样存在大量的移民出境）。但是这一结论不再成立；对于 20 世纪末的大部分时间，德国的自然增长率都是负的。

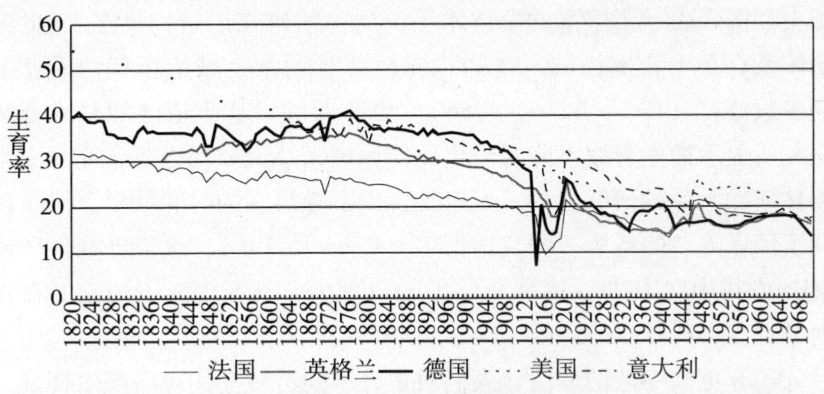

图 1　1820 ~ 1970 年所选国家的生育率

资料来源：Mitchell（1980）。

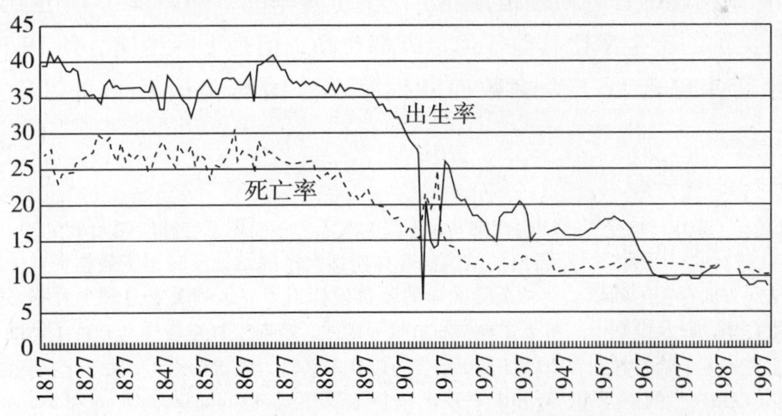

图 2　德国的出生率和死亡率（每 1 000 人出生或死亡人数）

资料来源：同图 1。

① Kohler、Billari 和 Ortega（2002）讨论了 20 世纪 90 年代出现的极低生育率；Goldstein、Sobotka 和 Jasilione（2009）讨论了近期出现的部分扭转。

欧洲与北美之外的大多数国家直到二战后才纷纷经历了生育率的下降。欧洲与北美生育率下降的时间点并不是太确切。一些经济学家接受了欧洲的生育率下降是同时发生的这种观点。大多数经济学家都不会认同这一断言所依据的数据和方法。① 同时发生这种观点对于因果关系有着重要的含义。一些学者引用生育率同时转变的说法来支持他们的观点，即经济学根本无力解释生育率的转变：②“很明显，欧洲人口转变的同时性和速度使得人们高度怀疑，有哪种经济力量足够强大到可以为此提供一个合理的解释”（Cleland 和 Wilson，1987）。

图 1 和图 2 表示了国家的总体水平。据一些研究记录，早在 17 世纪一些小的团体就存在生育率控制。这些“先行者”通常是城市精英，或者是如犹太人的少数族群（Livi - Bacci，1986）。更一般的，基于地区加总或者微观数据的研究所显示的生育率下降时间要比使用国家总量数据进行研究时更早。例如，普林斯顿大学的研究发现，城市生育率下降出现的时间较早，但是该研究只强调了国家人口的行为。据克诺德尔（Knodel，1988）报告，在他所研究的 14 个德国农村中在 1800 ~ 1824 年结婚的夫妻中，有 5 个村子的夫妻存在明显的婚内节育。

另外还有更为一般的理由让人们对生育率同时转变的观点产生怀疑。大多数学者都认同法国的生育率下降最迟出现在 19 世纪初。威尔（Weir，1994，表 B3）仔细构建的普林斯顿指标显示法国生育率的下降出现在 18 世纪末。19 世纪初，美国的出生率比其他任何地方都要高，但是下降迅速。到 19 世纪末，美国的生育率已经低于大多数西欧国家。法国与美国并非是可以忽视的例外。③

---

① Galor（2005）接受了欧洲生育率同时下降的观点。他引用了普林斯顿大学在 20 世纪 60 年代和 70 年代进行的一项大项目所得出的结论。普林斯顿大学的结论反映出了数据资料、衡量方法与计量方法等方面存在的问题。普林斯顿大学的项目设计出了一系列关于总和生育率、婚内生育率、非法生育率，以及婚姻模式对于生育率的贡献等指标。婚内生育率指标 I_g 进行了标准化，所以当研究的生育率等于哈特教派在 20 世纪 20 年代的最高水平时，该指标为 1。关于定义请参见 Coale 和 Watkins（1986）中的附录 B。I_g 并未表现出蒙特卡罗形式（Guinnane、Okun 和 Trussell，1994；Brown 和 Guinnane，2007）。这个指标之于生育率在所有地方都是同时下降的说法是非常关键的。

② 因而发现一种与证据相违背的经济史学家的观点，即“……欧洲与美国的人口转变时间大约在 1890 年”是令人费解的（Clark，2007，第 225 页）。

③ Hacker（2003）质疑了美国是否真的经历了较早的生育率下降。他对于 19 世纪早期资料的缺陷的强调是正确的，但是他所倾向的方法同样是脆弱的，甚至他认为美国生育率转变发生在远早于 19 世纪末期。

另外一个考虑反映了出生率经常取决于经济学研究。在很多情况下，出生率是唯一可得的衡量指标，或者说，如图 1 所反映出的，是唯一可得的、在恰当时期内对于一系列国家都是一致的衡量指标。然而，这一指标含有严重的缺陷，尤其是将其运用到经济和人口变化迅速的时期。出生率没有将年龄结构或者婚姻模式考虑进来，而在经济和人口变化迅速的时期，这两方面在一些欧洲国家人口中都发生了显著的变化。例如在 1871 ~ 1911 年期间，英格兰和威尔士的育龄妇女的人口出现了不成比例的上升。总人口增加了 60%，而年龄在 15 ~ 44 岁的女性人口增加了 77%。如果生育率没有下降，那么年龄结构的变化将使出生率上升 11%。由于出生率没有将人口结构的变化考虑进来，因此低估了实际变化幅度。① 在这一时期，一些欧洲社会经历了显著的婚姻模式变化，使得出生率不能很好地表示已婚生育率的情况。例如，1871 ~ 1911 年，英国 25 ~ 29 岁未婚妇女所占比重从 0.37 上升到 0.44（Hajnal，1953，表 3）。英国男性平均结婚年龄上升了 1.2 岁（为 27.6 岁），而在同一时期，德国男性的平均结婚年龄则几乎下降了 1 岁（到 27.9 岁）。女性结婚年龄也发生了类似的变化，只是幅度稍微小一些（Ehmer，1991，表 1）。②

图 3 给出了图 1 中五个国家的另外一个更好的衡量指标——组别生育率（Cohort Fertility Rate，CFR）。组别生育率是某一特定年龄组别内妇女平均生育的孩子数量，因而需要特定年龄段的生育率来计算整个组别的育龄。组别生育率的横向类比——总和生育率（Total Fertility Rate，TFR）是特定年龄生育率的加总，因而表示了一个经历当前年龄段的妇女在其整个育龄时期所生育的孩子数量。19 世纪早期，并没有可用于计算组别生育率的数据，而且即使图上的这段时期，这些数据对于大多数国家来说都是不可得的。但是图 3 足以表明出生率并不能很好地拟合那些生于 19 世纪的特定组别的经历。③ 看起来似乎为常数（以 CBR 衡量）的生育率可能反映出了两股相反趋势的相互抵消。图

---

① 这一精确的效应并未全部显现在图 1 中的人口曲线中。而这就是关键所在。研究中的数据来源于英格兰和威尔士在 1871 ~ 1911 年间十年一度的人口普查，以及总登记官关于出生人数、死亡人数与婚姻情况的报告。我从 Mitchell（1980，系列 B1、B2、B5 和 B6）那里获得了这些数据。

② 此时婚姻模式的横截面差异尤其大。1900 年，英格兰和爱尔兰的生育率大约相同，但后者夫妻数量少但生的孩子多（Guinnane，1997）。

③ 估计的美国总和生育率从 1800 年的 7.04 下降到 1900 年的 3.56。这些数据，正如图 1 中的出生率一样，只适用于美国白人（Haines，2000a，表 4.3）。

4 利用法国的数据说明了这一观点：法国婚内生育率下降被中世纪结婚高峰部分地抵消了。

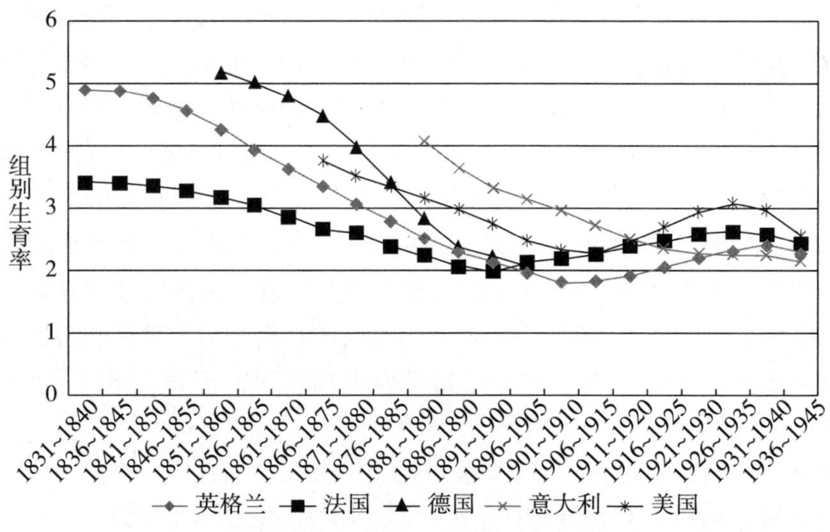

图 3　1831～1945 年的组别生育率

注：组别生育指的是在横轴标出的组别中出生的妇女平均生育的孩子数。

资料来源：Festy（1979）。

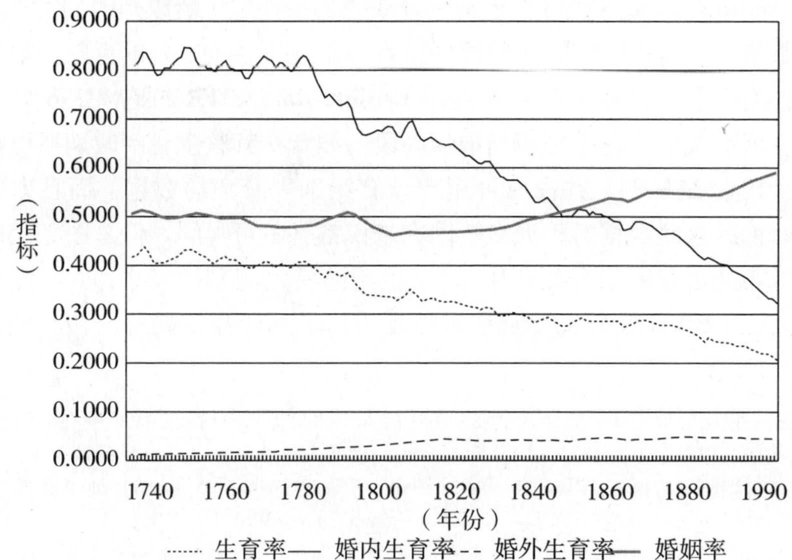

图 4　1740～1910 年法国的生育率（指数最大值为 1）

资料来源：Weir（1994）。

2. 从马尔萨斯到贝克尔

在生育率转变之前，大多数文献利用马尔萨斯模型来理解人口与经济之间的关系，并将生育率转变视为对马尔萨斯世界的脱离。图5描绘了这一过程：直到19世纪初期，英格兰与威尔士的生育率与实际工资之间存在正相关关系。接下来，这一关系瓦解：由资本累积和技术变革带来的更高的工资水平不再转化为更高的生育率水平。

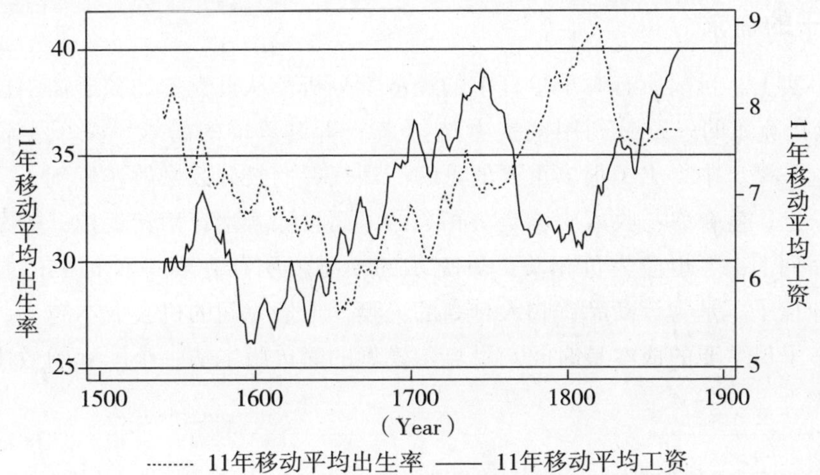

图5　1541～1871年英格兰出生率和实际工资

资料来源：Wrigley 和 Schofield（1987，图10.6）。

在文献中存在两个通往马尔萨斯世界的路径。较旧的一个版本强调马尔萨斯自己的观点，即对生育的管制反映了对婚姻的管制。在这个模型中，婚内生育率只取决于结婚的年龄与适婚年龄人员所占的比例。任一给定妇女的终生生育率是她的结婚年龄的一个随机函数。这一版本的马尔萨斯模型的核心是“欧洲婚姻模式”，即年轻人推迟他们的婚姻至完全度过青春期，也就是25～30岁左右，而且有10%～20%的人根本不结婚。情侣们直到有能力供养家庭和抚育后代才可以结婚，意味着他们的婚姻决定取决于他们成年早期的实际收入。① 在这一版

① 大多数研究都发现了大量奉子成婚的新娘，但是婚外生的婴儿数量仅占到了总出生人口的5%多一些。关于欧洲婚姻模式请参见 Hajnal（1965、1982）。大多数学者都将 Hajnal （转下页）

本的马尔萨斯模型中，生育率转变反映了从控制婚姻向控制婚内生育率的转变。近期，很多经济学家（以及近来大多数增长理论）摒弃了婚姻因素，因而在对生育率建模时并未考虑婚姻的影响。①

估计长期马尔萨斯模型面临着极大的挑战。该模型包含3个等式、3个内生变量，以及由于过去人口冲击所带来的回声效应（echo effect），目前的人口浮动可能仅仅是过去人口冲击带来的效应。另外的文献通过衡量出生人数、婚姻数量和死亡人数对实际工资冲击的短期弹性，从而避开了上述问题。短期模型确立了结婚率在控制生育率方面的核心作用。②

对孩子的需求

事实上，目前所有对于生育率的经济学分析都从贝克尔的孩子需求模型出发。③ 贝克尔的思路是利用消费者选择来分析对孩子的需求。关于生育率转变，这一模型中得出了很多重要的见解。观察者们长久以来就注意到了，在截面数据上，生育率与收入应该是负相关的，而且随着生育率转变拉开帷幕，在时间序列上二者也应为负相关。贝克尔的模型表明存在着一种标准的替代效应，即孩子不是劣等商品：收入越高的夫妻，他们时间的机会成本越高，那么抚养孩子最主要的成本是时间。贝克尔模型的简单版本从一个家庭的效用函数

（接上页）的欧洲婚姻模式作为一个典型的考量因素，但人们并不清楚它所描述的是欧洲的哪一部分。Wrigley 和 Schofield（1981）的书对上述观点进行了扩展，认为由于实际工资与婚姻模式之间关系的影响，英格兰的人口体系以一种特别温和的方式发挥作用。之前的研究强调死亡率是英国人口变化的主要驱动力。马尔萨斯关于中国人口的模型颇具争议，部分源于中国的婚姻模式与欧洲不同。Lee 和 Feng（1999）对这一文献的争论和参考文献进行了综述。

① 同大多数其他 UGT 模型一样，这种看法是 Galor 和 Weil（2000）的基础。

② 上文所观察到的英格兰年龄结构的变化就是一种回声效应。Lee 和 Anderson（2002）利用状态方程描述（state - space representation）来应对模型中所蕴含的整合和内生性问题。本文对之前的文献以及待解决的建模问题给出了一个清晰的回顾。最近，Nicolini（2007）通过架设“同期粘性”（contemporaneous stickness）建立了简单的 VAR 模型。Moller 和 Sharp（2008）在近期文献中，由于他们清晰地对婚姻率进行了建模而显得与众不同。同时有数据方面的原因使人们倾向于选择短期模型：在历史状况下，我们知道事件（出生、死亡、结婚）的数量，但不知道人口的规模，因而无法计算人口率（demographic rates）。Lee（1981、1985）解释了短期模型的逻辑。Weir（1984）利用这一方法对 Wrigley 和 Schofield 关于英国证据的解释提出了挑战。Guinnane 和 Ogilive（2008）将这一方法应用到 1634～1870 年的德国村庄，提供了这一类努力的参考。

③ 重要的参考文献是 Becker（1960）、Becker 和 Lewis（1973）。Becker（1981，第5章）是一个更为精确和扩展的阐述。

U = U（n，Z）开始，其中 n 是孩子的数量，Z 是所有其他商品的一个向量。家庭在标准预算约束下最大化其效用。养育孩子成本的上升导致家庭希望用更多的 Z 商品来代替孩子。我们预计收入的净增长将增加家庭对孩子的需求量。但是如果较高的收入反映了逐渐增长的工资水平，那么工资的增长可能表现为抚养孩子的机会成本上升，并通过替代效应降低家庭对孩子的需求。①

后来人们对于贝克尔模型的兴趣集中在孩子数量与质量之间的权衡，通常被称为数量/质量模型，或"Q－Q"模型。（孩子的质量通常意味着儿童的健康状况或受教育水平。）Q－Q 模型始于 $U(n, q, Z)$ 形式的家庭效用函数，其中 q 表示孩子的质量。贝克尔（1981）将抚育子女的成本分为三类。成本 p_n 只取决于孩子的数量：例如与母亲怀孕与生产等相关的成本。② 另外一种成本 p_q 与孩子的质量相关，但不取决于孩子的数量，如家庭公共产品的购买：例如孩子们可以共享的书籍。成本 p_c 为提高任一孩子质量的成本。该家庭的预算约束则为：

$$p_n n + p_q q + p_c nq + \pi_z z = I$$

其中，I 为家庭收入，π_z 为 Z 的价格。数量与质量的边际替代率取决于数量与质量分别的固定成本与可变成本之比，同时取决于质量的边际可变成本与平均可变成本之比。数量与质量之间的替代效应在 Q－Q 模型中要强于在贝克尔初始的模型中。考虑 p_n 的增加。一般人可能会认为，家庭会用孩子的质量和 Z 商品来替代对孩子数量的需求。但是由于 $p_c nq$ 项的影响，n 的影子成本取决于 q，所以子女数量的下降提高了数量的影子成本，包括质量对于数量的更大替代。

在历史环境下，Q－Q 模型有着相当大的吸引力。我们观察到的生育率急剧下降似乎反映了经济环境的一些小的变化。例如，正如贝克尔指出的，在该模型中，避孕成本的小幅下降将会导致从 n 向 q 的转变，这与历史证据是一致的。近期一些文献利用历史数据对 Q－Q 模型进行了检验。贝克尔等人（2009）利用普鲁士在 19 世纪 40 年代末期加强义务教育立法，研究了孩子质量价格下降对生育率的影响。在他们的地区层面数据中，那些入学率较高的地区生育率较低。这一结论与 Q－Q 模型中的数量与质量的权衡看起来也是一致的。布莱克利和兰格（Bleakley 和 Lange，2009）采取了另外一种方法。他们检验了 20 世纪初美国南部一个消灭蛔虫的项目，他们将这一项目理解为对儿

① 在常被称为"伊斯特林综合"的一系列文章中，Richard Easterlin 将贝克尔方法与人们对于节育成本和繁殖的生物限制的更好认识结合起来。特别参考 Easterlin（1978）。

② 这个讨论沿着 Becker（1981）进行，并使用了文中的符号。

童质量成本的一个冲击，该项目提高了学校入学率，降低了生育率。而这与 Q－Q 模型同样是一致的。①

3. 解释与证据

我们可以将很多用于解释生育率历史性转变的经济学解释归纳为六大类。第一个是婴幼儿死亡率的外生性下降。第二个为避孕技术的创新，或者避孕的普及。第三个为孕育孩子的直接成本上升。第四个解释基于孕育孩子的机会成本的变动。第五个为孩子质量回报的净增加。第六个观点假设孩子是规避风险与养老的重要方式，因而国家社会保险以及私人保险与储蓄工具使家庭减少对孩子的需求。我们在考虑每种解释时，分别假设其他条件保持不变。

“人口转变理论”与死亡率下降的作用

长期以来，人们认为死亡率的下降是导致生育率转变的原因。弗兰克·诺德斯坦（Frank Notestein，1945）认为，在高死亡率的社会，夫妻需要生育更多的孩子以维持家庭规模。外生性的死亡率下降会使夫妻生育较少的孩子，因为他们不需要如此多的“候补”。诺德斯坦的这一观点受到二战后发展中国家经验的启发，这些国家对于公共卫生的干预首先使婴幼儿死亡率出现下降，紧接着在一些地方出现了生育率的下降。大多数欧洲国家在 19 世纪也同样经历了死亡率的显著下降。历史学家等仍未对于死亡率下降的原因达成共识，但是大多数学者认为是食物供给质量的提高、公共卫生系统的改善（例如干净的水供给与食品安全措施），以及医疗干预（例如天花疫苗）的共同结果。② 这些发展反映了地方政府对于公共产品投资的意愿，但对于夫妻的生育决策来说我们似乎可以将其视为外生的。

---

① Q－Q 模型可能会受到更多的关注。Rosenzweig 和 Wolpin（1980）表明，Q－Q 模型中几乎所有可以检验的结论都可以由贝克尔的原始模型（$p_c nq$ 约束为 0）得出。同时参考 Schulze（1981）。

② Thomas McKeown（1976）声称，直到 1900 年，医疗科学对人类寿命的延长几乎未起到什么作用，并认为人们所观察到的死亡率的下降反映了更高收入水平和更好食物供给所带来的间接和直接效应。Fogel（2004）更为细致入微的考虑同样强调了营养的作用。关于这一话题的介绍和回顾请参见 Angus Deaton 对 Fogel 所著书的评论，*Journal of Economic Literature* 44（1）：106－114。

死亡率的下降主要集中在人生的早期阶段。在1850年的美国，新生女孩的预期寿命为39.4岁。而同年5岁女孩的预期寿命为50.8岁，20岁女性的预期寿命为59.8岁。到1910年，对于那些已经度过危险的早期阶段的人来说，其预期寿命与1850年相仿。新生女孩的预期寿命为54.7岁，5岁女孩的预期寿命为57.4岁。一个20岁女性的预期寿命为60.7岁，只比1850年多不到1岁。①

诺德斯坦的观点并不适合历史上生育率和死亡率同时下降的时期。在死亡率出现明显下降之前的几十年，美国的生育率已经开始下降。海恩斯（Haines，2000b，表8.2）认为，总和生育率在19世纪初开始下降；但是，直到19世纪90年代，婴儿死亡率才出现持续的下降。法国的情况也是如此，生育率转变先于死亡率的下降。在其他地区，例如德国（图2），生育率的下降与死亡率的下降几乎同时发生。虽然这不能排除死亡率的外生性变化是生育率变化的一个影响因素，但是它确实表明了诺德斯坦的观点只能部分解释生育率的变化。美国在19世纪初期的总和生育率约为7。即使有30%的新生儿在其婴幼儿时期死去，这也意味着每个家庭想要拥有4~5个孩子。然而，在19世纪末期，美国城市白人妇女逐渐开始只生育2个孩子（David和Sanderson，1987）。

“人口转变理论”同样存在两个理论上的缺陷。婴幼儿死亡率的下降部分内生于生育率的下降。关于这点有不少的论证，都假设父母可以通过加强子女健康的方式降低孩子的死亡风险。在历史背景下，这些应对方法包括母乳喂养（耗费母亲的时间，但是可以让婴儿免受污染的水和食物的侵害）、其他营养，以及保护婴儿远离诸如炉火等危险。② 在Q－Q模型中，婴幼儿死亡率的下降也反映了其他成本的变化。例如，避孕技术的提高可以使父母们更严格地控制实际生育率与意愿生育率之间的关系。父母可以生育更少的孩子并精心照顾，再也不用依

① 美国历史数据Ab657，659和661。由于缺少完全的死亡统计数据，美国的死亡率数据比较复杂，但是基本的模式是稳健的。

② 历史研究并未认真考虑这一点。在利用婴儿死亡率作为工具变量的计量经济学分析中，在OLS回归框架下，一般认为这一点明显降低了死亡率的影响。参考Galloway、Hammel和Lee（1998b），同时，他们的文章对之前的文献进行了综述；Brown和Guinnane（2002）；Murphy（2010a）。

赖较高的死亡率来帮助他们调整家庭规模。①

“人口转变”的第二个理论缺陷是，即使婴儿死亡率下降是完全外生的，也可能产生两种相互抵消的影响。死亡率的外生性下降不仅可以降低p_n，而且可以使孩子数量相对于孩子质量与Z变得更为便宜。在扣除孩子死亡率之后，死亡率的外生性下降可能反而会导致生育率上升。

避孕技术的创新

对于生育率转变的第二种解释隐含着夫妻一直想要维持较小规模家庭的意愿，而避孕技术的提高使得他们更容易实现这一目标。由于在大部分情况下缺乏有关避孕行为的直接证据，因此在评价这一解释时人们遇到了很多挫折。我们所能做到最好的就是，提供那些技术的广泛特征，以及由此给夫妻带来的约束。间接证据表明，直到19世纪下半叶，主要的避孕措施就是体外射精和禁欲。② 第一种“现代”避孕方法出现于19世纪下半叶。这些技术一方面取决于医学知识的进步，另一方面依赖于硫化橡胶的发明（1844年）。这一技术被运用于避孕套的生产（1855年），这一新的生产过程使得夫妻可以替换掉原来昂贵的且不可靠的由自然材料制造的避孕套。（实际上，很多研究认为，在硫化橡胶之前，避孕套是用来防御疾病传播的，而不是用于避孕。）人们可以在理发馆、药店以及其他零售店买到避孕套。硫化橡胶是19世纪末期另外一种类似的避孕方法子宫帽出现的基础。

因此，我们拥有了一系列新的避孕技术，使得人们可以更方便、更有效地

---

① 如果认为这一说法有些极端，那么考虑一下请奶妈照顾孩子的做法，这一做法在19世纪末的法国广泛存在。在很多情况下，一个妇女会在一些城市孩子出生之后，将他们带到一个特定地方照料。一些孩子会在途中死于寒冷或饥饿，还有一些会在到达目的地之后疏于照料而死去。这种行为广泛存在，不仅仅局限在城市中上层阶级。据Rollet（1982，表1）的估计，在19世纪末，大约有10%的法国新生儿，30%出生在巴黎的新生儿被送到奶妈那里。据Martin - Fugier（1978）的引用，19世纪初在巴黎由奶妈照顾的婴儿的死亡率为30%。这几乎是当时法国整体婴儿死亡率的2倍。

② McLaren（1978）等人注意到，18世纪人们经常对体外射精进行谴责，表明这一方式已经被人们用作避孕的方式。Woycke（1988）得出结论，认为在整个19世纪，“……体外射精依然是最为普遍的避孕方法”。Santow（1995）为这一观点提供了最好最新的证据。19世纪见证了“婚姻指南”的广泛流传，也就是对性行为、性健康与避孕提供指导的一种委婉说法。这些指导早在18世纪就出现了，尽管刚开始它们的发行传播是受限制的（Mclaren，1978）。这一指南有利于控制生育率，是因为相对于夫妻从其他渠道学到的知识，它提供了更为准确的知识。

避孕，在一些国家，新的避孕技术的引进稍稍早于（在法国与美国要晚于）我们实际观察到的生育率的下降。迈克尔与威利斯（Michael 和 Willis，1976）最早将避孕成本纳入微观经济学模型。他们的模型假设，夫妻可以采取措施影响孩子数量，这些措施的实施会带来一些效用，也会产生相应的成本。夫妻的最优化行为既考虑了避孕成本，同时又考虑了生育“太少”或“太多”孩子的效用成本。（因而，Q－Q 的权衡间接地进入他们的考虑范围；如果一对夫妻生育了太多孩子，由于预算约束，他们可能被迫接受低于他们意想的孩子质量水平）。任意一种避孕技术都隐含了固定成本（使用该技术所必需“支付”的）与边际成本（取决于想要减少的孩子数量）。因而，如果使用边际成本相对较高的避孕方法，想要减少 8 个预期孩子中的 3 个的夫妻比想要减少 6 个的夫妻效用要更高一些。

美国与很多欧洲国家最初制定了一致的措施限制避孕知识与技术的传播。美国《康斯托克法》规定，所有传播婚姻指南与避孕用品（例如避孕套）的行为都是违法的。英国、德国等很多欧洲国家也制定了类似的法令。这些法令的关注点以及实际执行情况参差不齐，在有些案例中，有名的法院甚至可能推进了关于避孕技术的公共知识的发展。政策有时也可能是自我矛盾的。①

这些限制措施对于生育率转变的影响实际上仍是未知的。人口学家目前倾向于认为，避孕用品与避孕知识的普及是阻止发展中国家生育率下降的最大障碍。② 经济学家们对此则持怀疑态度，他们更加强调人们缩减家庭规模的动机。无论如何，三组有用的调查表明，在整个 19 世纪到 20 世纪初，体外射精

---

① 德国的 *Lex Heinze*（1900）很好地阐述了这点。这一法案规定所有宣传或广告用于“淫秽”目的的物品都是违法的。但是零售商们依然可以出售避孕套和其他避孕用品。与此同时，德国两个重要的机构，德国陆军与疾病基金会正努力鼓励人们使用避孕套，以阻止性病的传播。Bailey（2010）对《康斯托克法》进行了仔细的实证研究，但是只处理了 20 世纪 60 年代之后的时期，也即美国生育率转变之后的时期。她总结道，1965 年，在该法案尚未就位的情况下，那些受到影响的州的婚内生育率将会下降 8 个百分点。

② 很多关于所谓的 KAP－缺口（即未满足的避孕需求）的文献以这一观点为基础。在发展中国家的很多调查中，有相当数量的妇女声称她们不想再生育孩子，但是没有采取任何避孕措施，或者有些认为她们的孩子数量超过了她们所希望的数量。关于这一点的确切原因仍然存在争议，但是很多人口学家认为这一事实反映出发展中国家人们缺乏足够的避孕措施。Westoff（1988）是较早对此持怀疑态度的学者，也可参见 Bongaarts（1991）。另一方面，Alan Guttmacher Institute 的出版物认为，目前仍然有相当多的“未满足的避孕需求”。例如，参见“Facts on Satisfying the Need for Contraception in Developing Countries，”2010 年 4 月。

与禁欲依然是夫妻最常使用的避孕方式。① 虽然新的避孕技术在人类历史上变成可行的、必要的，但是避孕套以及类似的新避孕方法在生育率转变过程中似乎并未起到重要作用。法律约束的影响可能不如成本所起到的作用大。橡胶避孕套最初较为昂贵。据布朗（Brown，2009）估计，20 世纪初，够使用一年的避孕套的成本相当于一个柏林工人 10～15 天的工作报酬。其他一些避孕措施，如子宫帽需要训练有素的专业医疗人员才能实施。② 桑托（Santow，1993）发现，进入 20 世纪，虽然一些国家具备了采取其他避孕方法的条件，但是体外射精仍然是一种使用广泛的避孕方式，成本在其中可能起到了一定的作用。出现在生育率转变之前的那些避孕方法足以导致我们所观察到的 19 世纪与 20 世纪初的生育率的降幅。大卫与桑德森（David 和 Sanderson，1986）构建了一个将夫妻终生生育率视为一个更新过程的模型，并且利用该模型在对性交频率与避孕失败率等进行一系列假设的前提下，估计了一对夫妻在 20 年的婚姻生活中活产孩子的数量。在他们的模型中，基准夫妻（不采取避孕措施）按照每 24 天性交 5 次的话，他们将生育 9 个孩子。如果这对夫妻采用的避孕措施的失败率为 12.5%，并且有 10% 的时间不避孕，那么他们在 20 年中将只生 3 个孩子。这一“方法”类似于当今人们所使用的体外射精。如果这对夫妻谨慎地使用避孕套作为避孕方法，那么他们在 20 年中生育的平均数量将低于 1。③

① 三类调查（有些是针对医生的，有些是直接针对妇女与夫妻的）都得出结论，夫妻主要使用的避孕技术为体外射精和禁欲。关于 20 世纪初的三类德国调查请参见 Brown（2009）；David 和 Sanderson（1986）讨论了出生在 19 世纪五六十年代的美国妇女的莫氏调查，以及后来的美国调查；Jütte（2003）讨论了自 19 世纪 90 年代伊始的关于法国医生的调查。

② 目前人们所使用的避孕药丸可以追溯到 20 世纪 50 年代，20 世纪 60 年代开始得到广泛运用。历史资料同时提到了流产手段。由于社会与后来的法律对这一行为的观点，我们无从知道在生育率转变阶段流产到底有多普遍。

③ 他们的模型基于 Sheps 和 Menken（1973）的研究，假设夫妻在所有时间里采用同样的策略。Michael 和 Willis 采用不同的参数值报告了类似的行为。粗心的经济学家可能会落入由人口学家们看待节育的方式而创造的陷阱。对于大多数人口学家来说，“家庭约束”并不意味着家庭规模的减小，而是通过特定方式而导致的家庭规模减小。一对只希望生育 N 个孩子的夫妻可以采取一种“停止”策略（在采取任何限制生育率措施之前生育 N 个孩子），或者采取一种“间隔”策略（从婚姻的一开始就限制生育的几率，将生育孩子的数量均匀分布在育龄范围内）。大多数关于历史人口学的研究都假设，只有停止策略是节育的合乎逻辑的证据；通过间隔策略实现控制家庭规模的证据是由其他与家庭规模无关的动机驱动的。这个假设的理由超出了本文的范畴，但是引出了对于识别问题的考虑（参见 Henry，1961）。很多历史人口学家同样认为基本的节（转下页）

养育孩子的直接成本上升

在Q-Q模型中，p_n的上升使得人们转向对子女质量与Z商品的需求，人们是通过预算约束中的交叉项转向对于质量的需求的。对于生育率转变的一个合乎逻辑的解释是：养育孩子的直接成本变化使得夫妻更愿意组建小规模的家庭。然而，问题是，在相关时期，应该导致生育率下降的大多数成本并没有变化。在这段时期，大多数家庭都将大部分收入用于衣、食、住的开支上。随着工业革命带来的科技创新，衣物的价格出现了大幅下降，其中很多都是纺织品。食物价格在不同的时间和地点差别很大，而且一国对于农产品的保护性关税可能会导致该国家的食物价格高于他国。但是整体上来说，食物的价格下降了，在总量水平上意味着p_n出现了下降。

直接成本唯一显著的上升是由于城市化的发展。大多数欧洲国家与美国在19世纪都经历了快速的城市化过程。1800年，美国大约6%的人口居住在城市；1900年，这一比例上升到大约40%（Haines，2000）。英国在1801年的城市化水平已经达到了相当高的水平（34%），到19世纪后期变得更高。1911年，英国79%的人口居住在城市中心区（Woods，1996）。法国最初城市化水平较低，尽管其城市也在扩张，但它的城市化程度依然低于英国和德国。德国的城市化进程在19世纪末发展尤为迅速。从1871年到1910年，德国居住在少于2000人的地区的人口比例从64%下降到了40%（Wehler，1995）。城市地区的住房成本高于农村地区，但是否住在城市的决策当然取决于夫妻。大多数研究发现，在19世纪，城市生育率要低于农村生育率，虽然当时准确的因果关系还尚未建立起来。据克诺德尔（1974）声称，1867~1868年间，柏林的婚内生育率是普鲁士农村地区的87%；1905~1906年间，柏林的生育率为普鲁士农村地区生育率的一半，而普鲁士城市地区的生育率是其农村地区的75%。海恩斯（Haines，1989）估计了美国城市地区在1905~1910年间的总和生育率约为2.7，农村地区非农业人口的总和生育率为4.0，而农村地区农业人口的总和生育率为6.0。一旦生育率

（接上页）育技术不适用于间隔策略；另外一方面，关于家庭构建的动态模型意味着，使用并不可靠的避孕方式的风险厌恶型夫妻更偏好于间隔策略（David、Mroz和Weir，1990）。一些实证研究表明，间隔策略在生育率转变的早期阶段比较普遍（Bean、Mineau和Anderton，1990；Mroz和Weir，1990）。19世纪更为可靠的节育技术的发展使得停止策略取代了间隔策略。随着生育率转变的开始，依赖于人口学家的定义的研究会识别出向停止策略的转变。

转变开始，那么首先是城市地区的生育率开始下降，接下来才是农村地区。①

研究美国生育率转变的文献还提到另一种直接成本。理查德·伊斯特林（Richard Easterlin，1976）的著名解释将美国农村地区生育率的下降归结为不断上升的耕地成本。假设每户农村居民希望每个孩子能拥有和他们类似的农场。随着当地耕地价格的上涨，他们或者将孩子送到土地价格较为便宜的西部地区，或者生育更少的孩子。伊斯特林认为，父母倾向于生育更少的孩子，而让他们生活在自己的身边。他将纽约州的生育率下降追溯到1805年，艾奥瓦州到1835年。② 之后的研究集中关注伊斯特林的假设，即父母希望给每个孩子一笔固定的遗产。例如，桑德斯卓姆与大卫（Sundstrom 和 David，1988）利用讨价还价模型进行了回归分析，他们假设抚养子女最主要的动机是养老。在均衡状态下，如果子女可以得到一个更好的、非农业的机会，那么他们同父母之间会有艰难的讨价还价过程。对于1840年美国截面数据的回归表明，生育率与非农业劳动力市场机会的衡量指标是负相关的。当引进这些替代指标后，土地价格对生育率就没有什么影响了。③

童工是导致直接成本变动的另外一种源泉。在很多社会中，孩子可以在农场中工作，或者进入劳动力市场工作，这可以部分抵消父母抚养孩子的直接成本。孩子收入的变动毫无疑问将改变父母养育孩子的净成本。在所讨论的阶段，有两个重要的趋势影响孩子赚取收入的机会。首先是工业化增加了儿童挣钱的机会，因为新技术的引进使得对体力的要求不是那么高。19世纪30年代，很多英国未成年人参加了工作。纳尔迪内利（Nardinelli，1990）指出，在大多数英语国家，10~14岁的未成年人中至少有1/4参加了工作。纺织业部门的很多作坊严重依赖童工。议会的一项调查指出，在棉纺织业部门，半数工人的年龄都在18岁以下，其中6.8%的工人更是在10岁以下（Nardinelli，1990）。韦勒（Wehler，1996）注意到，在同一时期的德国工

① Sharlin（1986）利用普林斯顿大学项目的数据调查了欧洲城市和农村生育率的差别。

② 他关于生育率的衡量方法是儿童/妇女之比，或者是每1 000个年龄在16~44岁的女性中生育的0~9岁的儿童数量。这一衡量指标对于儿童与成人的移入与移出，以及婴幼儿死亡率的变化是敏感的。

③ Carter等（1994）对于这一争论提供了新的证据。这一类理由阐述了对于儿童质量的定义问题。可以认为伊斯特林的解释是，当孩子质量成本上升时，父母减少他们生育的孩子的数量。

厂，童工数量占到了15%。对于正在工业化的新英格兰来说，估计结果可能会更高。

到19世纪中期，对于童工的使用引起了很大的争议，尤其是在工业部门更是如此。政府制定了年龄限制以及其他措施来降低儿童挣钱的机会。英国自1833年起施行的“工厂法”对于参加工作的儿童年龄以及工作时长进行了限定。但是这些措施的实施都是比较温和的；1833年“工厂法”规定9~12岁的儿童每周的工作时间不超过48个小时。普鲁士在1839年制定了类似的规定，德国其他地区也纷纷效仿（Wehler，1966）。很多政府对童工施加教育要求。英国“工厂法”规定，童工在工作的同时必须上学。于是一些工厂为了继续雇用儿童，只能设立自己的学校（Nardinelli，1990）。普鲁士1839年的法案规定了最低工作年龄为9岁，对于未完成三年学习的儿童最低工作年龄为16岁。1837年，马萨诸塞州的制造商不能雇用任何之前在学校学习未超过3个月的低于15岁的儿童（Moehling，1999）。

对于新的童工法有两种解释。一种是人们对于社会福利的担忧，以及劳动力代表对于他们与成年男性竞争的担忧，这些担忧超过了工商业者对于童工限制的抵制。另外一种解释是，这些措施都是在企业已经不再抵制这些法令后实施的；由于利用资本或其他劳动力资源替换童工变得更为容易，或者是工厂已经发生改变，使得这些新法令的通过对于它们来说已经不再是一种约束。①

童工限制潜在地降低了人们组建大家庭的动机，但是我们需要清楚地意识到这些限制措施的局限性。大多数此类措施都没有被应用到农业劳动中，或者就算应用到农业，也是以一种极为宽松的方式。韦勒（1996）强调，德国的限制令并未成功地限制儿童在家庭生产中的作用，而这一点在整个19世纪依然非常重要。此外，限制令的影响取决于执行方法与父母的执行意愿。最后，如果童工限制令的提出时间与生育率转变时期并不相关，那么限制令不可能是生育率转变的一个重要影响因素。

养育孩子的机会成本不断上涨

工业化进程改变了妇女在工作中的角色，尽管经济史学家们对于改变的方

① Moehling（1999）认为美国属于后者，并且为这一争论提供了证据。

式并未达成共识。一些研究表明，在工业化进程初期，妇女在工厂中扮演了重要角色，但是随着时间的推移，她们的重要性逐渐减弱。进入 20 世纪，一些行业如纺织业中的妇女人数依然众多。据霍瑞尔和汉菲斯（Horrell 和 Humphries，1995）估计，英国在 1787 ~ 1815 年间（与工业革命的进程相对应）已婚女性的劳动参与率约为 65%。这一比例在 19 世纪末似乎有所下降。其他大多数研究都发现，妇女在一些特定行业的劳动力中占据了一定比例。① 1851 年，英国妇女占了该国劳动力的 30%，其中约有 40% 的受雇妇女在纺织业和服装业工作（Bythell，1993）。据高尔丁和索科洛夫（Goldin 和 Sokoloff，1982）估计，在 1820 年新英格兰的纺织工厂，妇女工人约占 20% ~ 30%，到 1832 年更是提高了一倍。撒克逊豪斯与怀特（Saxonhouse 和 Wright，1984）指出，1880 年，在美国南部，棉纺织业中的 57.6% 的工人为女性。韦勒（1996）指出，在 19 世纪三四十年代，德国工厂中的女性工人可能占到一半；1875 年，根据人口普查，德国纺织业和服装业工厂中的女性工人几乎为一半，女性工人占整体工业工人的比重约为 20%。②

毫无疑问，在工业革命之前，已婚女性同样也工作，但是工厂性工作为妇女提供了新的机会与取舍。工厂性工作为妇女提供了较好的报酬，但是她们工作的时候不能照顾孩子；一个在家纺纱的妇女可以同时照顾孩子，但是在一个纺织工厂工作的妇女则无法两者兼顾。一些工厂拒绝雇用已婚女性，因而女性们有激励要晚婚。③ 因此，工业化进程从两个方面提高了养育孩子的机会成本。

一些研究发现，为妇女提供本地就业机会降低了生育率。克拉夫茨（Crafts，1989）基于英格兰与威尔士 1911 年的人口普查中的生育率与职业信息数据进行了研究。他发现，女性得到本地就业机会与婚内生育率之间存在连续的负相关关系，弹性系数为 -0.13 ~ -0.34。其他一些研究，如布朗和吉内恩（Brown 和 Guinnane，2002），他们利用纺织工厂与当地农业结构作为女性挣钱机会的替代变量，结果发现，二者之间存在统计上显著且与预期符号相符

① 历史人口普查在报告妇女职业方面不尽如人意，特别是对于那些已婚妇女的职业统计。Horrell 和 Humphries（1995）将他们的研究建立在家庭预算上。

② Kocka（1990）。这些数据只涉及雇佣 5 个以上职工的工厂。

③ 在南北战争之前，新英格兰一些纺织厂的“洛维尔体制”雇用年轻的女性在工厂工作，这些女工住在有监督人员监督下的工厂宿舍。其目的在于雇用那些原本不愿意在工厂工作的农民的女儿完成工厂工作（Saxonhouse 和 Wright，1984）。

的效应。舒尔茨（Schultz，1985）利用一种不同的方法，将女性挣钱机会直接同生育率转变本身联系起来。他利用瑞典在1860～1910年间的时间序列截面数据进行了研究，结果发现，女性工资与男性工资之比大约解释了瑞典生育率下降的1/4。他将女性收入视为内生的，并利用需求方对农业价格的冲击对其进行工具变量替代。女性收入几乎压低了所有年龄段的生育率，所以这一效应看起来似乎不仅仅是通过促进女性晚婚而发挥影响。①

孩子质量的成本与收益的变化

另外一种引人注目的观点是，生育率的下降反映了孩子质量净回报的上升。在此有两个问题需要指出。第一，以教育形式表现的孩子质量的成本有没有下降？第二，孩子质量的回报有没有上升？如果对于上述任一问题的回答是肯定的，那么就表明人们减少对孩子数量的需求，转而增加对质量的需求。不幸的是，相较于后者，我们对于前者知晓得更多。

教育经济史学家强调了对教育类型的重要划分，即从经济上来看是否有用。一个人可以在家（如果父母是受过教育的）或者在初等学校接受到基本的识字和识数教育。稍微高级一些的教育或者培训就需要在中学、正式学徒或在职培训中完成。只有一小部分精英能接受高等教育，高等教育相对全要素生产率增长可能很重要，但也许在人口决策中并非十分重要。

文化水平的提高，以及其主要原因公立基础教育的扩张，在我们所关注的国家中差别巨大。重要决定可泛泛分为两类：第一，普及初等教育，第二，实行义务教育。普鲁士做出了表率，1763年开始强制要求所有5～13岁的儿童都必须接受初等教育。初等学校不是免费的，但是对于贫穷家庭有一定的助学金。同很多其他大的教育改革一样，这一措施的执行受到了多方利益的阻挠，同时普鲁士缺乏足够的老师（Melton，1988）。② 1816年，大约60%的学龄儿

---

① Wanamaker（2010）利用1880～1900年间南卡罗来纳州建立纺织厂研究了机会成本变动对于家庭规模的影响。每建立一个纺织厂，其周边地区的生育率约下降11%。从贝克尔模型来看，这种效应反映了低生育率夫妻的差异移出（differential migration），而并没有反映出抚育子女的机会成本的转变。

② 学校教育经济史学家强调，学校的质量在不同的时间和地点质量差异巨大。例如，著名的普鲁士学校强调普鲁士公民的构成（formation）；因而学校指导倾向于强调宗教等科目。初等学校的学生学习阅读和书写能力，以及一些基本的算术，但是更为高级的技术需要从另外的方式获得（Nipperdey，1994）。

童入学，到 1846 年上升到 82%。一些德国联邦州，如撒克逊的表现更好（Nipperdey，1994）。一些美国州自 19 世纪 40 年代开始实行了免费公立基础教育，对于几乎整个 19 世纪，美国上学青少年的比重一直是个离群值。免费的义务教育后来陆续在德国（1872 年）、法国（1882 年）、英格兰与威尔士（1893 年）推广开来（Bruland，2003）。据伊斯特林（1981）的估计，1850 年，美国每 10 000 人中有 1 800 个儿童正在学校接受初等教育，德国有 1600 人，法国 930 人，英国为 1 045 人。

识字率不仅是对教育结果，而且是在经济学上非常有用的初等学校结果的一个广泛可比的衡量方法。米契（Mitch，2004）指出，在 1860 年前后，法国成年男性的文盲率约为 35%，英国为 30%，美国（白人）为 30%，普鲁士为 5%。这些国家的女性文盲率更高一些：法国为 45%，英国为 37%，美国（白人）为 10%，普鲁士为 5%。英国与法国学校的快速发展使得它们的识字率在 19 世纪末迅速上升（Furet 和 Ozouf，1977）。

学校的设立毫无疑问降低了基础教育的成本。但是花费在学校的时间机会成本依然存在，即使学校是免费的。米契引用了霍勒斯·曼（Horace Mann）在英国 1851 年教育普查时的评论："不让孩子读书，不是为了每周节约 1 个便士，而是为了将孩子从学校送到工厂每周挣得 1 先令或 18 便士。"童工法对于学校教育的鼓励可能比学校本身起到了更为重要的作用。

教育的回报是什么呢？历史资料通常只给出素养现状，而没有受教育年限的资料，通常只记录职业而没有收入或工资数据。所以我们无法像教育经济学的现代文献那样对教育的回报进行估计。高尔丁与卡茨（2000）利用艾奥瓦州 1915 年的普查数据提供了唯一可得的历史估计。他们发现，男性每多读一年高中或者大学，其回报约为 11% ~12%。米契（1992）估计了英国维多利亚时期一个代表性的儿童获得文化的现值。获得文化的成本的现值约为 4 英镑。识字工人工资溢价为每周 5 先令，那么一个具有 35 年工龄的工人多获得的收入的现值将超过 200 英镑。

对于子女教育与父母生育率之间关系的检验同样面临着数据问题。历史资料通常不包含检验 Q－Q 权衡所必需的父母生育率与子女受教育程度的数据。人们通常将父母的受教育程度作为子女受教育程度的替代变量。但是这一效应同样可以从不同的角度进行解释。我们之前讨论的关于普鲁士的文章（Becker 等人，2009）采取了更好的方法，即估计学校入学率对于生育率的影响。这一方法可以运用在其他背景下，利用学校教育与童工法规的变化来衡量教育的净回报。

社会保险与养老

文献中所关注的养育孩子的一个特别回报是，当父母遭受意外、疾病和年老时，为父母提供保障。人们经常提及的一个观点是，子女是生命周期储蓄的一种形式；父母在年轻、富有时投资，希望子女在他们生病或步入老年时照顾他们。（上文所提到的桑德斯卓姆－大卫对伊斯特林模型的批判就是这一观点的一种形式。）我们同时还要考虑针对意外和医疗的保险。关于这一说法，人们从两个方面来解释生育率的转变。一种是工业化，以及随之而来的流动性的增加，特别是由农村到城市的移民，使得父母难以将子女留在代际间的讨价还价中。这一“子女违约”的观点表明，在发展中工业化经济体，子女作为储蓄工具的角色逐渐减弱。① 这一说法的第二种形式指向替代养老方式的发展，特别是社会保险与福利国家的发展。

关于这一观点的两种形式都受到了同一个问题的影响，即在生育率转变之前，在我们所研究的不同社会中，父母与子女之间的经济联系千差万别。在一些欧洲地区，农村居民会起草正式的文件，约定将农场留给继承人，同时详细规定了继承人对其父母（以及对于那些没有收到遗产的兄弟姐妹）所应承担的相应义务。终老财产（Altenteil）保证了一部分特定财产必须转移到退休夫妻方，这些人经常住在农场特设的房子里。② 另外一方面，英国农村劳动者的子女，至少在少年早期或中期就永久离开家乡，表明这些子女同他们的父母之间再无进一步的经济往来（Madfarlane，1986）。因而在19世纪，父母同子女之间的联系变化的程度差别很大。需要指出的一点是，关于这一论证，“子女违约”版本同死亡率下降的版本是类似的（虽然方向是相反的）：从父母的角度来讲，子女违约率的上升类似于婴幼儿死亡率的增加。父母可能会更多投资于低质量的子女，以确保至少有一些子女保持忠诚。

这一观点面临着其他形式的挑战，即19世纪末20世纪初引进的社会保险体

---

① 这与“净代际财富流动”的考德威尔变化是一致的。Carter 等（1994）在讨论美国生育率转变时引用了子女违约的论据。

② 这种活动有很多名称。斯堪的纳维亚和爱尔兰有明确的参考（reference），但是大多数人都将其同德语系中欧国家联系在一起。参考 Guinnane（1997）关于爱尔兰、Gjerde（1985）关于挪威、Gaunt（1983）关于北欧和中欧的综述。

系通常是对早期体制的替代。因而，并不存在明确的“之前”。在社会保险出现之前，我们所研究的每个社会中都存在一些机制，为穷人和那些无法承受疾病和养老费用的人提供必要的帮助。这些“贫穷救济”体制都由当地政府资助和组织，但不会像最终取代它们的社会保险系统那样慷慨。另外一个重要区别在于它们的内在逻辑：贫穷救济体制的目的在于救济“需要的人”，所以附带有对财产的验证。正如我们可以预见的，在任何时期，受到救济的人的数量都是较少的。据汉诺克（Hannock，2007）估计，在1885年，约有6.6%的英国人和3.4%的德国人曾接受过救济。另外一方面，社会保险体系的运行建立在保险理论之上：被覆盖的个体因特定事件或条件的发生才能收到特定的补偿。①

文献将社会保险划分为四类：疾病险、（工厂）意外险、老年和伤残险、失业险。第一个广泛的社会保险系统可以追溯到1883年，当时德国政府推出了强制疾病保险（1883）和意外保险（1884）。伤残险与老年险在1889年被添加进来，失业险最后被纳入其中。这一保险体系的推出并不像日期所标明的那么确切。一些德国工人之前已经被一些计划覆盖，这些计划对于他们的行业来说是强制性的，而这也成为了俾斯麦常常赞赏的体系模范。疾病险与意外险项目最初只覆盖一些行业的工人，尽管其覆盖范围扩张迅速。② 参加伤残险与老年险项目是有收入约束的。《英国养老金法案》（1908）采取了另外一种方法。这一非缴费型养老金体系的覆盖范围为所有通过经济情况调查，且年龄达到70岁的人。法国与其他大陆国家倾向于模仿德国的社会保险方法，通常在19世纪90年代或稍晚一些，首先推出疾病险与意外险。在此之前，有更早的养老金制度，但是它们是自愿参加的，并且没有政府补贴，因此应用范围较为狭窄。美国是个例外：在1935年的社会保险法案之前，美国没有社会保险，地方贫穷救济制度、战争津贴、母亲津贴等担当了欧洲的贫穷救济与社会保险所担当的角色。美国20世纪初推出的“工人抚恤金”体制担负了类似德国意外险所承担的角色（Fishback 和 Kantor，2000）。

---

① 19世纪末很多工人同样被自愿的、私营计划所覆盖，这些计划在人们遭遇疾病、意外或身体欠佳时提供援助。一些个体雇主和劳工团体同样构建了一些保险项目，可以覆盖部分劳动者。在正式的社会保险体系引进之前，一些德国工人被强制加入一个特定的保险组织。Guinnane 和 Streb（2010）讨论了友好社会（Friendly Societies）和德国组织。Murray（2007）更广泛地讨论了这些组织，并且提供了更广泛的参考文献。

② 据 Khoudor – Castéras（2008）报告，医疗保险法1885年覆盖了21%的工人，到1913年上升到了44%。意外保险体制最初只覆盖了18%的工人，但是到1913年覆盖比率达到了94%。

社会保险体制在欧洲的兴起时间表明了它是生育率转变的部分原因。然而，我们无法确认社会保险最初产生的确切时间。另一方面我们可以追踪这类项目在国民人口中的传递，衡量社会保险体制对于生育率转变的影响。社会保险的广泛模式使得社会保险不是生育率转变的关键因素。法国和美国这两个生育率转变的领跑者在发展社会保险方面处于落后地位。

4. 结　论

生育率的历史性转变在现代经济的发展过程中起到了关键的作用。本文对几个重要的富裕国家的生育率转变的经验模式进行了简要描述，并对生育率转变的主要经济解释进行了综述。在此，我需要强调几点，很明显，人口学衡量指标的细微差别可能会导致经济学家们所试图揭示的转变模式产生重要的差别。一般而言，这一领域的很多文献都来自人口学家，他们有时会使用一些经济学家们并不熟悉，甚至是让他们感到意外的定义。这些差异使得我们在消化理解这些文献时需要格外注意。

关于生育率转变，存在几种不同的经济学解释。其中有两个毫无疑问地起到了一定作用，但是它们的作用很容易被高估。19 世纪末，科技的发展带来了“现代的”避孕技术，如避孕套的广泛应用。然而，可得的不完全证据表明，这些避孕方法依然成本高昂，因此大部分夫妻仍然依赖于“传统的”避孕方法，如禁欲和体外射精。此外，模拟模型表明传统方法对于我们所观察到的生育率的下降足够有效。另外一个经常被强调的解释是死亡率的下降，尤其是婴幼儿死亡率的下降。死亡率下降很可能在生育率下降的历史过程中发挥了作用，但是对此我已提出了需要注意的两点。在一些国家，生育率下降明显早于任何实际的死亡率下降。另外，婴幼儿死亡率至少部分内生于生育率。

根据贝克尔的孩子需求模型，此处我们所讨论的其他解释都是通过相对价格的变化来发挥作用的。在相关时期的一些显著变化似乎改变了养育子女的成本和回报，导致生育率的下降。这些变化包括由于城市化进程而导致的住房成本变动，童工法的改变，由于妇女可以拥有更好的劳动机会，因此提高了养育子女的机会成本，免费的、义务性初级教育的引进，以及社会保险体系的发展等。

尽管人们对于生育率下降已经有了至少一百年的学术兴趣和官方关注，然而经济学家对这一问题仍然没有明确的、在实证上有说服力的解释。（并不是说，不存在一些基于特定时间或地点，以及基于很多试图描述这一过程中的一些局部理论而给出的一些不完全解释）。对于目前文献现状的产生有以下几个原因。最重要的一个原因是广泛的同时性（extensive simultaneity）：在人们所关注的阶段，可以看到发生了很多显著的经济变化，其中一些与其他变化，如社会保险体系的引入是联系在一起的。经济学家们清楚地意识到了（并且最近正在努力解决）生育率与经济之间的关系。但是，在很多重要力量同时发生变化的时候，对于理解某一特定变化所起到的作用依然存在很多问题。这个问题一方面属于标准的识别问题的范畴，另外一方面也是在其他条件不变时的推理。两个方面都需要我们进行更为细致的实证研究工作。

更多的实证研究工作不仅是必需的，而且是可行的。最近的文献通常采用国民总量数据，或者在一些情况下，采用地方总量数据。这种方法有时反映出了数据收集的成本与收益之间的权衡。但是对于很多经济体来说，依然有很大的可能性使得我们可以选用更适合检验上述假设的数据。尚未开发的最重要的资源是个体层面的数据，特别是包含财富与收入，或者合理的替代变量（如职业）的个体层面数据。后一种观点是重要的：由于之前的研究都依赖于并未包含多少有用经济信息的资料，因此关于生育率的历史性转变我们知之甚少。个体层面信息之所以如此重要的原因在于，有时候这类信息可以让研究者追踪终生生育率，允许使用更广范围的冲击以辨识应对反应。即使当这些资源为跨部门的，个体层面数据也可以进行多变量检验。[而如果使用总量数据，在进行多变量检验时经常会遇到区位推理（ecological inference）问题]。这些实证方法都需要研究者投入大量时间和其他资源，但是可以使人们真正理解诸如妇女劳动机会在生育率转变过程中对于子女需求数量的影响等问题。近期人们对于生育率的历史性转变的理论研究兴趣高涨，可能会激发人们使用可得的数据去理解生育率转变的经济学含义，从而为人们带来更大的回报。

（中国社科院博士生　王　旭　译）

由于篇幅所限，参考文献略，特向作者和读者致歉。需要者可向《比较》编辑室索取：bijiao@ citicpub. com。

法和经济学

Law and Economics

Comparative

彼时今日

伯利教授与不可预测的股东

詹尼弗·希尔

引　言

如果“条条大路通罗马”，那么所有公司法的理论都源自阿道夫·伯利（Adolf A. Berle，Jr.），当然，要理解他的学术思想不能脱离其所处的历史时期。毋庸置疑，伯利教授与经济学家加德纳·米恩斯（Gardiner Means）合著的《现代公司与私有财产》①，在1932年出版时就具有划时代意义，其跨学科性超越了那个时代②。正如当时的评论家所称：“这本著作震惊了当世”。③ 对伯利教授著作影响力的溢美之词并不过分。1984

---

* Jennifer G. Hill，澳大利亚悉尼大学法学院公司法教授，欧洲公司治理研究所研究员；研究领域：公司法、比较公司治理、股东权利、高管薪酬、公司兼并等。其研究对澳大利亚和国际范围内的公司法改革有重要影响，曾担任澳大利亚公司法教育协会主席（2004～2006）。——译者注

① ADOLF A. BERLE，JR. & GARDINER C. MEANS，THE MODERN CORPORATION AND PRIVATE PROPERTY（1932）.

② Robert Hessen，The Modern Corporation and Private Property：A Reappraisal，26 J. L. & ECON. 273，274（1983）.

③ Stuart Chase，Ticker Tapeworms，THE NEW REPUBLIC，Jan. 25，1933，at 299（cited in Hessen，supra note 2，at 273）.

年，即《现代公司与私有产权》出版的50多年后，罗伯塔·罗曼诺（Roberta Romano，1984）基于该著作“重构公共话语”的影响力，断言该书是公司法领域的最佳原创学术著作①。她认为，该著作是所有公司法争论的出发点。② 伯利教授的其他研究也被认为有着类似的影响。他和梅里克·多德（E. Merrick Dodd）教授关于董事责任性质的著名辩论为20世纪30年代以后大多数主要的公司理论奠定了基础。理查德·巴克斯鲍姆（Richard Buxbaum，1984）就提出对伯利教授“企业法”（enterprise law）公式化表述③的现代解读，以解构公司、公司股东和社会之间的复杂关系。

股东、股东与管理者之间的关系是伯利教授研究的核心。本文的目的在于比较股东的传统描述和现代范畴。前者脱胎于《现代公司与私有财产》和“伯利与多德之争”④；后者则为应对从“安然事件”到当前“全球金融危机”等金融灾难的一些应对性国际监管措施提供依据。如文中所述，金融危机时期的理论和实践发展已经敦促我们对伯利教授著作中的股东和现代公司中股东角色的传统观点进行重新思考。

---

① Roberta Romano, Metapolitics and Corporate Law Reform, 36 STAN. L. REV. 923 (1984).

② 同上，好像自从1984年以来这一看法并没有发生太大变化。比如，参见 Herbert Hovenkamp, Neoclassicism and the Separation of Ownership and Control, 4 VA. L. & BUS. REV. 373 (2009)。

③ 这一概念来自于伯利教授1947年一篇关于公司法关联企业问题的论文。See Adolf A. Berle, Jr., The Theory of Enterprise Entity, 47 COLUM. L. REV. 343 (1947)。

④ 即围绕“公司管理者是谁的受托人”为主题，时任哥伦比亚大学法学院教授的伯利于1931年发表了一篇名为《作为信托权力的公司权力》的文章，讨论了如何通过对公司管理者的约束而保障公司股东以资本追求利益的目标。文章认为：股东的利益应该被绝对地保障，“公司管理者只能作为公司股东的受托人，其权力应本着股东是公司的唯一受益人之原理而创设和拥有”，它优于公司中其他“潜在利益相关者”的利益；而时下公司股东对公司管理者的权力越来越难以有效地控制，因此有必要对管理者的权力进行一定的限制。伯利教授推崇古典自由主义，对股东营利目标唯一性极力肯定，并且认为一切与此无关的行动都应该被法律法规所限制。之后，哈佛大学法学院教授梅里克·多德在《董事应该为谁承担义务》一文中首先对伯利的部分观点表示认同，他认为防止公司管理者中饱私囊，有必要对公司管理者的权力加以限制。但是多德在此基础上进行了更加深入的分析，认为公司管理者不仅仅是公司股东的唯一受托人，营利公司的目的也非完全是赚取利润。多德教授考察了公司制度的历史沿革和社会法律观念的逐渐变化，看到了近年来公司给社会带来的影响，认为公司管理者也应该同时是社会利益相关者的受托人，不应仅关注股东的唯一利益。伯利与多德之争被认为是公司社会责任理论的重大转折点之一。

一、伯利教授理论中的股东概念

1. 《现代公司与私有财产》

古希腊诗人埃斯库洛斯说①，“狐狸多才多艺，刺猬只会一样看家本领”。② 表面上看，伯利和米恩斯的著作《现代公司与私有财产》是对私有财产法律思想的典型例证。通过强调所有权和控制权的分离，他们阐述了一个非常广博的理论体系。通过这一新的理论棱镜，思想之光得以衍射，未来的理论范式得以生成、发展和演变。然而，人们对于“所有权和控制权分离”这一话语过于熟悉，却掩盖了著作文本整体所传递的双重性、微妙性和根本性。③ 在《现代公司与私有财产》和伯利教授 1967 年为该著作修订版所作的序言④中，读者会发现其中充满了令人震惊的语句：公司董事会的权力过分集中堪比中世纪教会⑤，将公司的领导者描述为“资本独裁者”⑥，有关社会伦理的哲学讨论⑦，和对于公司法未来发展的敏锐预测⑧。这些论

---

① Isaiah Berlin 的复述，见 ISAIAH BERLIN, THE HEDGEHOG AND THE FOX: AN ESSAY ON TOLSTOY'S VIEW OF HISTORY (1953)。

② 同上。

③ See, e. g., Dalia Tsuk, From Pluralism to Individualism: Berle and Means and 20th – Century American Legal Thought, 30 LAW & SOC. INQUIRY 179, 180 (2005) (noting that this message has obscured the fact that the issue of corporate power was a major theme in The Modern Corporation and Private Property).

④ 在序言中，伯利教授陈述了对《现代公司与私有财产》1932 年第一版予以修订的两个原因：一是法律和经济理论的发展；二是包括成立“证券交易委员会”的法律在内的美国政府政策和措施的改变。在修订版中增加了伯利教授对于第一版中公司某些发展情况预测的再考察，以及米恩斯博士所作的一个基于 1968 年公司集中情况和以前类似情形予以比较的综述。可参见甘华鸣、罗锐韧和蔡如海等译《现代公司与私有财产》，商务印书馆 2005 年版，第 17 ~ 42 页。

⑤ ADOLF A. BERLE, JR. & GARDINER C. MEANS, THE MODERN CORPORATION AND PRIVATE PROPERTY (1932), at 309.

⑥ 同上，第 306 ~ 307 页。

⑦ 同上，第 XXXV 页。

⑧ 比如，Martin Lipton 称伯利教授预测了“资本主义的第三阶段”，届时大公司的实际控制权将掌握在专业投资者手中。参见 Martin Lipton, *Takeover Bids in the Target's Boardroom*, 35 BUS. LAW. 101, 114 n. 45 (1979)。

述中的许多观点为当代公司法理论及其发展奠定了基础；比如，关于股东“放弃权力以使公司以他们的利益为唯一经营目的”的表述①，可以认为与现代的团队生产理论②相符。伯利和米恩斯曾得出的“美国政府是几乎每个重要企业的投资者”③ 之先知洞见，正成为当前有关金融产业部门政府监管之争中一个日益重要的观点④。伯利教授给予重点关注的财富分配问题⑤，从现代工业经济开创的镀金时代起，一直到今天都具有重大的理论和实践意义⑥。

《现代公司与私有财产》在当时提出了一个新的股东概念。这一概念与财产性质的根本性变迁密切相关：公司法人开始成为集合化资本的合法所有者，并对其拥有完整的决策权，而非股东。股东正在成为事实上的一无所有者或被动性财产持有人，⑦ 他们日益脱离财产的主动经营。这种私有财产权的模式揭示了“所有者不经营，经营者无所有权”这一商业世界的现实⑧。《现代公司与私有财产》有很多关于股东权力限制的论述。具体而言，股东不能要求获得经营权，更不能

---

① ADOLF A. BERLE, JR. & GARDINER C. MEANS, THE MODERN CORPORATION AND PRIVATE PROPERTY (1932), at 312.

② “团队生产理论”，由美国经济学家阿尔奇安和德姆塞茨（1972）等人提出。企业的实质是团队生产，生产团队之所以演变为企业，是因为团队生产带来的生产高效率产生了激励需求与产出难以计量这一对矛盾，企业的特征不是拥有优于市场的权威权力，而是企业对要素生产率和报酬的计量能力以及对内部机会主义的监督能力优于市场，能节约更多交易成本。后来的经济学家布莱尔等（1999）发展了阿尔奇安和德姆塞茨的理论，提出公司多元化利益导向的股东所存在的团队生产问题，可以通过引入一个“阶级结构”（mediating hierarchy）予以解决。所有的成员都会将一些权力放弃并转给公司，在公司内，对团队资产的控制有阶级架构予以行使，最高的位阶是董事会，它几乎拥有绝对的资产使用权威，并在法律的保护下独立于个别团队成员之外。

③ BERLE & MEANS, at xxviii.

④ 参见 Lucian A. Bebchuk & Holger Spamann, Regulating Bankers' Pay, 98 GEO. L. J. 247 (2010)。在英国，沃尔克规则同样引起了这些问题，需提请注意的是，纳税人约为银行系统提供了1.3万亿英镑的资金。See SIR DAVID WALKER, WALKER REVIEW: A REVIEW OF CORPORATE GOVERNANCE IN UK BANKS AND OTHER FINANCIAL INDUSTRY ENTITIES ¶ 7.1 (2009).

⑤ See BERLE & MEANS, at xxxv – xxxvi.

⑥ See, e. g., EMMANUEL SAEZ, STRIKING IT RICHER: THE EVOLUTION OF TOP INCOMES IN THE UNITED STATES (UPDATE WITH 2007 ESTIMATES) 2 (2009)（需要注意的是，近几十年来，美国财富集聚程度剧增，且于2007年达到顶峰，堪与大萧条之前的1928年比肩）。

⑦ BERLE & MEANS, at xxxiv.

⑧ 同上，第 xxii 页。

抱有幻想认为这种要求能够实现①。依照伯利和米恩斯的论述，“毫无疑问，股东的个人利益应服从作为控制集团的管理者的意志”②。通过引用帮助实施共同决策制的德国实业家瓦尔特·拉特瑙（Walther Rathenau）③ 的话，伯利和米恩斯陈述道：“所有权已经被多重人格化。”

对伯利和米恩斯而言，股东不可能在这个变迁后的机制中参与公司治理④，选举权也被他们视为越来越无关紧要的事项⑤。此后，股东大会也被伯利教授喻为“像古代毫无意义的宗教仪式，就像上议院举着礼节性权杖的重大典礼”，在公司治理中无需被加以考虑⑥。因此，在《现代公司与私有财产》中，伯利和米恩斯是在探求替代性的法律机制以保护股东利益和控制经营权⑦。

2. 伯利与多德之争

经营权和股东权益保护⑧的问题同样也是伯利和多德教授争议的核心⑨。这次争论主要用的概念是信托关系⑩。至于“公司的管理者是谁的受托人”

---

① 同上，第244页。

② 同上。

③ 德国犹太实业家、作家、政治家、魏玛共和国外长。他还曾任德国民主党领袖、德国通用电气总公司经理、董事。——译者注

④ 在伯利和米恩斯的著作出版大约50年后，研究契约理论的学者认为，股东参与并非不可能，而是没有必要，也不受欢迎。参见 Henry N. Butler, The Contractual Theory of the Corporation, 11 GEO. MASON L. REV., Summer 1989, at 99; Frank H. Easterbrook & Daniel R. Fischel, Voting in Corporate Law, 26 J. L. & ECON. 395 (1983).

⑤ BERLE & MEANS, at xxxii.

⑥ ADOLF A. BERLE, ECONOMIC POWER AND THE FREE SOCIETY (1957), noted in Blasius Industries, Inc. v. Atlas Corp., 564 A. 2d 651, 659 n. 1 (Del. Ch. 1988) (quoting R. FRANKLIN BALOTTI ET AL., MEETINGS OF SHAREHOLDERS 2 (1987)).

⑦ See, e. g., BERLE & MEANS, at 247.

⑧ 同上，第310页。

⑨ See A. A. Berle, Jr., Corporate Powers as Powers in Trust, 44 HARV. L. REV. 1049, 1073 (1931); E. Merrick Dodd, Jr., For Whom Are Corporate Managers Trustees?, 45 HARV. L. REV. 1145, 1147 (1932); Adolf A. Berle, Jr., For Whom Corporate Managers Are Trustees: A Note, 45 HARV. L. REV. 1365 (1932). See also William W. Bratton & Michael L. Wachter, Shareholder Primacy's Corporatist Origins: Adolf Berle and the Modern Corporation, 34 J. CORP. L. 99, 124 (2008)（认为伯利和多德之争是“不同版本社团主义的碰撞”）。

⑩ 《现代公司与私人财产》第二版本的第七章同样讨论了信托概念。

这一著名问题，伯利和多德教授的结论迥然不同①。他们对于经营权问题是否应成为公司法上的难题和该问题的相应解决途径，也意见相左②。多德教授建议赋予董事会宽泛的裁量权，考虑其他的利益相关者，如雇员、债权人和客户等的利益；而伯利教授则主张严格的"最低董事责任"③，以保证股东利益的首要性。显然，伯利教授倡导的理论模式目的就在于限制经营控制权。

伯利教授所主张的"最低董事责任"④ 的意义，既在于其选择了信托关系这一法律概念来恰当地界定股东和董事之间的关系，也在于将股东视作信托关系中的信托受益人或受益人⑤。除信托之外，代理是另一种可供选择的法律关系。就对官僚体系予以合法化控制的努力而言⑥，尽管有学者认为代理和信托这两种制度功能等同，但是在受托人与受益人之间、委托人和代理人之间的权力制衡上，代理法律关系和信托法律关系具有根本性的差别。真实代理的一个重要特征就是代理人一直处于委托人的控制之下⑦；信托则非如此。因此，伯利教授所主张的董事和股东之间属于信托法律关系的观点更接近事实，具有启示性。此外，这一观点也喻示新经济秩序下的股东已变得一无所有、被动和脆

---

① 伯利教授将股东定为信托受益人，而多德教授认为应该给予董事会更大的裁量权来考虑公司的其他利益相关者，如雇员、债权人和消费者。伯利和多德教授在这一问题上的分歧反映了他们对公司性质这一根本看法的不同。参见 Jennifer Hill，At the Frontiers of Labour Law and Corporate Law：Enterprise Bargaining，Corporations and Employees，23 FED. L. REV. 204，210 – 11（1995）。但伯利和多德的分界线并不清晰，因为后来这两人互换了彼此的立场。参见 Joseph L. Weiner，The Berle – Dodd Dialogue on the Concept of the Corporation，64 COLUM. L. REV. 1458，1463（1964）；Bratton & Wachter，supra note 32，at 103 – 04，132 – 34。

② Bratton & Wachter，at 127.

③ See Gunther Teubner，Corporate Fiduciary Duties and Their Beneficiaries：A Functional Approach to the Legal Institutionalization of Corporate Responsibility，in CORPORATE GOVERNANCE AND DIRECTORS' LIABILITIES：LEGAL，ECONOMIC AND SOCIOLOGICAL ANALYSES ON CORPORATE SOCIAL RESPONSIBILITY 149（Klaus J. Hopt & Gunther Teubner eds.，1984）.

④ 同上。

⑤ See Jennifer Hill，Visions and Revisions of the Shareholder，48 AM. J. COMP. L. 39，44 – 47（2000）.

⑥ See，e. g.，Gerald E. Frug，The Ideology of Bureaucracy in American Law，97 HARV. L. REV. 1277，1305（1984）.

⑦ See Lynne L. Dallas，Two Models of Corporate Governance：Beyond Berle and Means，22 U. MICH. J. L. REFORM 19，34 – 35 n. 42（1988）；Arthur Pinto，Corporate Governance：Monitoring the Board of Directors in American Corporations，46 AM. J. COMP. L. 317，324，327（1998）.

弱，只能通过司法强制限制受托人的责任来实现对其经营控制权的限制①。

二、金融危机时期股东角色的重估

在公司法的不同时期，对于股东在公司里的角色功能有着各种不同的概念描述。除了伯利教授所勾勒的“股东作为信托受益人”以外，其他有关“股东”的表述还包括：所有者/委托人、旁观者②、政治实体的参与者③、投资者④和守门人⑤等等。股东权益的地位和股东参与权的水平在上述不同的概念下迥然各异。伯利教授“股东作为信托受益人”的描述提高了股东权益的地位，但股东的参与权则被弱化。公司治理和金融的发展再一次促使人们对股东在公司里的角色功能，即股东权益的地位和股东参与权的水平这两个方面进行重新评估。

20 世纪 90 年代，机构投资者⑥的广泛兴起为公司股东可能扮演的新角色开辟了道路。机构投资者日益扩大的影响力提高了大股东参与公司治理的可能性和投资者积极治理主义（investor activism）⑦。有评论家对机构投资者的兴起

① See A. I. Ogus, The Trust as Governance Structure, 36 U. TORONTO L. J. 186, 194 (1986). 然而，由于执行责任的困难，事实上这对股东并没有太大的帮助。

② See, e. g., Richard M. Buxbaum, The Internal Division of Powers in Corporate Governance, 73 CAL. L. REV. 1671, 1683 (1985).

③ See, e. g., STEPHEN BOTTOMLEY, THE CONSTITUTIONAL CORPORATION: RETHINKING CORPORATE GOVERNANCE (2007); Edward S. Mason, Introduction, in THE CORPORATION IN MODERN SOCIETY 1, 6 - 7 (Edward S. Mason ed., 1960); GARETH MORGAN, IMAGES OF ORGANIZATION 149 (1986); Earl Latham, The Body Politic of the Corporation, in THE CORPORATION IN MODERN SOCIETY 218 (E. S. Mason ed., 1960); Kingman Brewster, Jr. The Cor - poration and Economic Federalism, in THE CORPORATION IN MODERN SOCIETY 72 (E. S. Mason ed., 1960).

④ See, e. g., Henry G. Manne, Our Two Corporation Systems: Law and Economics, 53 VA. L. REV. 259, 260 - 61 (1967).

⑤ 有关股东各种角色的讨论，参见 Jennifer Hill, Visions and Revisions of the Shareholder, 48 AM. J. COMP. L. 39 (2000)。

⑥ See, e. g., Bernard S. Black, Shareholder Passivity Reexamined, 89 MICH. L. REV. 520 (1990); Mark J. Roe, A Political Theory of American Corporate Finance, 91 COLUM. L. REV. 10 (1991); Edward B. Rock, The Logic and (Uncertain) Significance of Institutional Shareholder Activism, 79 GEO. L. J. 445 (1991).

⑦ See, e. g., Stuart Gillan, & Laura Starks, The Evolution of Shareholder Activism in the Unit - ed States, 19 J. APPLIED CORP. FIN. 55 (2007); Marco Becht et al., Returns to Shareholder （转下页）

表示支持，认为这预示着一个新时代的来临：股东将成为经营者全方位的合伙人，历史上所有权和控制权分离将一去不复返②。其他人则认为此前景堪忧①，认为此种权力共享机制存在着深层次的利益冲突②或可能会侵害经营权③。最近的研究则表明，机构投资者的作用更像是金融交易者，而非所有者或者共同经营者④。

另一个冲击股东传统概念的当代发展涉及最近的公司和财务丑闻。在新世纪伊始，包括美国安然和世通在内的跨国公司丑闻提出了两个与股东相关的问题。第一个问题与股东在这些丑闻中所扮演的角色有关。以往的公司理论为股东的“旁观者”⑤ 身份深表遗憾，致使投资者往往认为股东不仅仅是被动和脆弱的，而且常常也是无辜的⑥。与之相左的一个著名论断来自大法官路易斯·布兰代斯（Louis D. Brandeis）。他曾经陈述道：“股东无辜……没这回事。”⑦

（接上页）Activism：Evidence from a Clinical Study of the Hermes UK Focus Fund，22 REV. FIN. STUD. 3093（2009）；Bernard S. Black，& John C. Coffee，Jr.，Hail Brittania?：Institutional Investor Behavior Under Limited Regulation，92 MICH. L. REV. 1997（1994）.

② See，e. g.，John Pound，The Rise of the Political Model of Corporate Governance and Cor－porate Control，68 N. Y. U. L. REV. 1003（1993）；John Pound，The Promise of the Governed Corpo－ra-tion，73 HARV. BUS. REV. 89（1995）.

① See，e. g.，Jill E. Fisch，Relationship Investing：Will It Happen? Will It Work?，55 OHIO ST. L. J. 1009（1994）；Thomas A. Smith，Institutions and Entrepreneurs in American Corporate Finance，85 CAL. L. REV. 1（1997）.

② See，e. g.，Edward B. Rock，Controlling the Dark Side of Relational Investing，15 CARDOZO L. REV. 987（1994）；Fisch，supra note 49，at 1036，1038；Deborah A. DeMott，Agency Principles and Large Block Shareholders，19 CARDOZO L. REV. 321（1997）；Roberta Romano，Public Pension Fund Activism in Corporate Governance Reconsidered，93 COLUM. L. REV. 795（1993）.

③ See Alfred F. Conard，Beyond Managerialism：Investor Capitalism?，22 U. MICH. J. L. REFORM 117，119（1988）. See also，Edward B. Rock，America's Shifting Fascination with Compar－ative Corporate Governance，74 WASH U. L. Q. 367，377（1996）（需要提起注意的是，机构投资者的管理者们所受的市场和治理限制没有公司经营者那么多）。

④ See，e. g.，John Hendry et al.，Owners or Traders? Conceptions of Institutional Investors and Their Relationship with Corporate Managers，59 HUM. REL. 1101（2010）.

⑤ Richard M. Buxbaum，The Internal Division of Powers in Corporate Governance，73 CAL. L. REV. 1671，1683（1985）.

⑥ See generally，Jennifer Hill，Visions and Revisions of the Shareholder，48 AM. J. COMP. L. 39，50－51（2000）；Lawrence E. Mitchell，The“Innocent Shareholder”：An Essay on Compensation and Deterrence in Securities Class－Action Lawsuits，2009 WIS. L. REV. 243（2009）.

⑦ 布兰代斯法官继续说道，就算股东“事实上真的无辜，社会也不这么认为，因（转下页）

“安然、世通丑闻”和全球金融危机等事件之后，布兰代斯法官的观点赢得了相当广泛的认同①。尽管一些付诸实施的改革措施是以“股东成了公司灾难的受害者”这一论断作为基本出发点②，但是越来越多的学者对此持有异议。他们注意到很多股东只重视短期利益③，认为这些股东不仅不是受害者，反而是公司事业的威胁④，特别是在保护主义日益抬头的跨国背景下，这种情况更是显而易见⑤。

（接上页）为股东从公司系统获得收益，他有责任有义务监督代表他们执行决策的管理者，使决策符合公共福利”。参见 See generally，Jennifer Hill，Visions and Revisions of the Shareholder，48 AM. J. COMP. L. 39，50 – 51（2000）；Lawrence E. Mitchell，The “Innocent Shareholder”：An Essay on Compensation and Deterrence in Securities Class – Action Lawsuits，2009 WIS. L. REV. 243（2009）.

① See，e. g.，Lawrence Mitchell，Protect Industry from Predatory Speculators，FIN. TIMES，July 9，2009，at 9.

② 为这次金融危机中政府救助提供资金的纳税人同样被视为受害者。参见 William W. Bratton & Michael L. Wachter，The Case Against Shareholder Empowerment，158 U. PA. L. REV. 653（2010）；SIR DAVID WALKER，supra note 19，at 90.

③ See，e. g.，Roberta S. Karmel，Should a Duty to the Corporation be Imposed on Institutional Shareholders?，60 BUS. LAW. 1，4 – 9（2004）（认为机构投资者应该为不完善的金融分析和过度追求股东至上负部分责任，因为这助长了盈利的人为操纵和过高的高管薪酬）；Vice Chancellor Leo E. Strine，Jr.，Toward a True Corporate Republic：A Traditionalist Response to Bebchuk's Solution for Improving Corporate America，119 HARV. L. REV. 1759，1764，1772 – 73，1776（2006）（认为，从传统公司法学家的角度看，共同基金和养老金的季度利润加剧了前安然气氛，并注意到，机构投资者并没有觉察出像安然这种公司出现的各种问题）。See also William W. Bratton，Enron and the Dark Side of Shareholder Value，76 TUL. L. REV. 1275，1284（2002）（考虑了与追求股东价值最大化商业模式相关的短视主义）；Antoine Rebérioux，Shareholder Primacy and Managerial Accountability 2 – 3，18 – 24（Comparative Research in Law and Political Economy Working Paper No. 1/2007，2007），available at http：//ssrn. com/abstract = 961290（认为股东至上范式而非守门人失败，是导致公司丑闻的主要推动力）；Patrick Bolton，José A. Scheinkman & Wei Xiong，Executive Compensation and Short – Termist Behavior in Speculative Markets，73 REV. ECON. STUD. 577（2006）（重新解释了泡沫市场的薪酬动向）。Cf. George W. Dent，Jr.，The Essential Unity of Shareholders and the Myth of Investor Short – Termism，35 DEL. J. CORP. L. 97，100（2010）（认为为什么大多数投资者都是短视的仍然是个未解之谜）。

④ See generally Vice Chancellor Strine，supra note 58，at 1764.

⑤ 比如，2008 年 1 月，日本经济产业省副大臣高尾北太称股东是“变化无常且不负责任的”，不过他马上又补充说：“他们只负有限的责任，但是却贪婪地要求极高的利润分成。”这席言论是在美国投资基金 Steel Partners 极度施压，反对日本啤酒公司 Sapporo 的经营管理的背景下作出的。参见 Samurai v. Shareholders—Activist Investors in Japan，THE ECONOMIST，Feb. 16，2008，第 386 页。同样，在德国，在 2005 年被罢免德国证交会主席职位后，Werner Seifert 称股东为“成群的蝗虫”。参见 Peter Gumbel，The Day of the Locusts，TIME，May 15，2005；Mark （转下页）

传统公司法所关注的焦点随着上述发展出现了有趣的转移。尽管自伯利教授以来公司法的一个关键目的就是保护股东①；然而，许多当代美国公司法理论的一个关键主题则是研究如何保护公司免受公司股东之害②以及保护股东免受具有不同利益的股东之害的必要性③。与伯利教授建议通过使董事承担受托人义务以规制经营权相对应，近来有学者主张，公司法应规定积极股东（activist shareholders）④ 承担受托人责任，以促进更优的职责划分和提高可问责性。

财务丑闻和金融危机所带来的第二个反思是：股东控制权的缺失与上述

（接上页）Lander & Heather Timmons，Poison Ink Aimed at ‘Locusts’，N. Y. TIMES，Mar. 31，2006，at C8.

① 这一范式支撑和解释了 Cary 教授著名的反经理主义拥护者（anti – managerialist lament）。See William L. Cary，Federalism and Corporate Law：Ref – lections Upon Delaware，83 YALEL. J. 663，666（1974）。随后契约理论学者对反经理主义拥护者的批评并没有反对公司法保护股东的重要性，但他们不同意说公司法给股东提供的保护不够。See，e. g.，Gregory A. Mark，Some Observations on Writing the Legal History of the Corpora – tion in the Age of Theory，in PROGRESSIVECORPORATELAW 67，71（Lawrence E. Mitchell ed.，1996）（认为，根据契约主义者的理论，假定股东会滥用权力根本就是无中生有）。有关相关批评的进一步讨论，参见 Jennifer G. Hill，Visions and Revi – sions of the Shareholder，48 AM. J. COMP. L. 39，57 – 59（2000）。

② Stephen M. Bainbridge，Director Primacy and Shareholder Disempowerment，119 HARV. L. REV. 1735，1749，1756（2006）；Martin Lipton & William Savitt，The Many Myths of Lucian Beb – chuk，93 VA. L. REV. 733，734，748 – 49（2007）；Iman Anabtawi，Some Skepticism About Increasing Shareholder Power，53 UCLA L. REV. 561，598（2006）；Vice Chancellor Leo E. Strine，Jr.，Toward a True Corporate Republic：A Traditionalist Response to Bebchuk's Solution for Improving Corpo – rate America，119 HARV. L. REV. 1759，1763（2006）.

③ See generallyJennifer G. Hill，The Rising Tension Between Shareholder and Director Power in the Common Law World，CORP. GOV.（forthcoming 2010）. See also Iman Anabtawi，Some Skepticism About Increasing Shareholder Power，53 UCLA L. REV. 561，564 – 65，578ff（2006）；Vice Chancellor Leo E. Strine，Jr.，Toward a True Corporate Republic：A Traditionalist Response to Bebchuk's Solution for Improving Corporate America，119 HARV. L. REV. 1759，1765 – 66（2006）；Martin Lipton & William Savitt，The Many Myths of Lucian Bebchuk，93 VA. L. REV. 733，756 – 57（2007）. Cf. George W. Dent，The Essential Unity of Shareholders and the Myth of Investor Short – Termism，35 DEL. J. CORP. L. 97（2010）（认为对美国对股东权力的反对，包括不同的股东拥有相互冲突的目标，都被夸大了或者根本就是错误的）。

④ See，e. g.，Iman Anabtawi，& Lynn Stout，Fiduciary Duties for Activist Shareholders，60 STAN. L. REV.，1255（2008）；John Plender，Shareholder Activism Raises Questions of Responsibility，FIN. TIMES，Feb. 27，2008，at 26.

事件之间是否存在因果关系。有学者强烈反对有此类联系的存在。斯图亚特教授（Stuat，2007）坦言："安然的垮台与股东控制权的缺失毫无关联。"①班布里奇教授（Bainbridge，2009）也否认是所有权与控制权的分离导致了全球金融危机。② 两位教授和其他学者断言，重新给股东赋权并不能避免将来危机的再次发生，甚至可能引发新的危机。③

三、金融危机的监管应对机制下股东保护和股东参与的比较法研究

安然、世通和其他跨国公司丑闻的发生致使美国、英国和澳大利亚等普通法系国家进行了一系列相应的改革④。尽管这些改革处理的是相似的公司合法性问题，然而由于各国内部的问题和政治压力的不同⑤，这些改革的关注点和结构都有很大的不同⑥。虽然有美国学者声称股东控制权的缺失并非导致公司丑闻的原因，许多改革和改革建议仍采纳了相反的理论假设。在对待股东的态度和监管方法上，多个普通法系国家的改革措施显现出有趣的差异性。

由于存在着法律遵从和执法强度上不可避免的差异，不同国家的改革虽基

---

① Lynn A. Stout, The Mythical Benefits of Shareholder Control, 93 VA. L. REV. 789, 808 (2007).

② See Stephen M. Bainbridge, Shareholder Activism in the Obama Era, 20 (UCLA School of Law, Law - Econ Research Paper No. 09 - 14, 2009), available at http://papers. ssrn. com/sol3/papers. cfm? abstract_ id = 1437791.

③ See, e. g., Bratton & Wachter.

④ See generally, Jennifer G. Hill, Regulatory Responses to Global Corporate Scandals, 23 WIS. INT' L L. J. 367 (2005).

⑤ See Larry E. Ribstein, Market vs. Regulatory Responses to Corporate Fraud: A Critique of the Sarbanes - Oxley Act of 2002, 28 J. CORP. L. 1 (2002); Jennifer G. Hill, Regulatory Responses to Global Corporate Scandals, 23 WIS. INT' L L. J. 367 (2005); Eilis Ferran, Company Law Reform in the UK: A Progress Report 25 (ECGI Working Paper No. 27/2005, 2005), available at http://ssrn. com/abstract = 644203.

⑥ See Jennifer G. Hill, Evolving 'Rules of the Game' in Corporate Governance Reform, in PRIVATEEQUITY, CORPORATE GOVERNANCE AND THE DYNAMICS OF CAPITAL MARKET REGULATION 29 (Justin O' Brien ed., 2007).

于相似的动机，但长期效果不可能一致①。监管是一个包括被监管对象战略对策②和政治回应的动态过程③。2002 年《萨班斯—奥克斯法》的强化监管自会激发商界的相反回应④，如 2006 年资本市场监管委员会（即“保尔森委员会”）强调保护股东免受过度监管之害的做法，就例证了商界对监管的强烈抵制⑤。然而，今天我们又面临着与之相反的态势。由于全球信贷危机的发生和“麦道夫骗局”的丑闻⑥，放松监管的改革议程已不再具有政治上的可行性⑦；

---

① See, e. g. , Donald C. Langevoort, The Social Construction of Sarbanes - Oxley, 105 MICH. L. REV. 1817 (2007)（认为源自法律遵从和执法力度的动机和长期效果之间的差异，与 2002 年颁布的《萨班斯—奥克斯法案》有关）。有关执法的重要性，参见 John C. Coffee, Jr. , Law and the Market: The Impact of Enforcement, 156 U. PA. L. REV. 229 (2007); Howell E. Jackson, Variation in the Intensity of Finan - cial Regulation: Preliminary Evidence and Potential Implications, 24 YALE J. ON REG. 253 (2007)。

② See, e. g. , David A. Skeel, Jr. , Governance in the Ruin, 122 HARV. L. REV, 696, 697 (2008); CURTIS J. MILHAUPT & KATHARINA PISTOR, LAW AND CAPITALISM: WHAT CORPORATE CRISES REVEAL ABOUT LEGAL SYSTEMS AND ECONOMIC DEVELOPMENT AROUND THE WORLD (2008) .

③ 有关政治对规则制定和公司法中权力分配的影响的讨论，参见 David Charny, The Politics of Corporate Convergence, in CONVERGENCE AND PERSISTENCE IN CORPORATE GOVERNANCE 296 (Jeffrey N. Gordon & Mark J. Roe eds. , 2004); Tracy A. Thompson & Gerald F. Davis, The Politics of Corporate Control and the Future of Share - holder Activism in the United States, 5 CORP. GOV. 152 (1997)。

④ See, e. g. , Jennifer G. Hill, The Rising Tension Between Shareholder and Director Power in the Common Law World, CORP. GOV. (forthcoming 2010) .

⑤ COMMITTEE ON CAPITAL MARKETS REGULATION, INTERIM REPORT OF THE COMMITTEE ON CAPITAL MARKETS REGULATION xi (Nov. 30, 2006, revised version released Dec. 5, 2006) . For a summary of the Committee's recommendations, see Hal S. Scott, What is the United States Doing About the Competitiveness of its Capital Markets, 22 (9) J. INT' L L. & REG. 487 (2007) .

⑥ See The Madoff Affair: Con of the Century, THE ECONOMIST, Dec. 20, 2008, at 28; Joanna Chung & Tom Braithwaite, Dodd Plans Self - funding of SEC through Fees, FIN. TIMES, Nov 10, 2009（讨论了麦道夫丑闻之后，对证券交易委员会施压，让其采取更加激进的形式进行监督）。

⑦ 比如，2008 年，奥马巴总统批评小布什政府信奉放松监管措施，致使美国监管当局玩忽职守，并声称重大金融改革将是他当政时期的重中之重。See Joanna Chung & Andrew Ward, Obama Signals Change with Choice of Schapiro, FIN. TIMES, Dec. 19, 2008, at 05. See also Roberta Romano, Does the Sarbanes - Oxley Act Have a Future?, 108 Yale Law & Economics Research Paper No. 385 (2009), available at http: //papers. ssrn. com/sol3/pa pers. cfm? abstract_ id = 1404967（讨论了当前政治环境下削减监管的局限性）。

要求证券交易委员会“更亲切、更温和”的时代已经终结①，至少在有些时候是如此②。正如科菲教授所说：“如果此次信贷危机喻示了什么，那肯定就是：监管不足也是有成本的。”③

保护股东是普通法系国家“后安然”时代不同的改革措施所共有的目标。但是，此目标的具体实现方式则不尽相同，分歧来自于同时强调股东参与权和只注重保护股东权益。

在美国，“后安然”时代监管改革明确的优先事项和重要的立法目的是对股东权益的保护，而非股东的参与权和控制权的扩大④。《萨班斯—奥克斯法》在“前言”中确认了这一改革的宗旨⑤。然而，由于《萨班斯—奥克斯法》并未赋予股东就有关董事选举程序类似的事项以更大的参与权，因而被批评者视为“致命的立法遗漏”⑥。美国“后安然”时期的立法仍然很少关注高管的薪酬

---

① 这一言论出自当时的证券交易委员会主席 Harvey Pitt。See Albert R. Hunt，Loud Words，Little Action，WALL ST. J.，Jul. 11，2002，at A17. Mr. Pitt would later resign from the posi - tion in November 2002 in controversial circumstances. See Gerard Baker，SEC Chief Quits Amid Political Furore，FIN. TIMES，Nov. 6，2002，at 1；Joshua Chaffin，Spitzer Glitz and a Humbling of Harvey Pitt：Attorney - General Role in Pitt's Downfall，FIN. TIMES，Nov. 7，2002，at 10.

② 比如，International Corporate Governance Network（ICGN）将当前的金融危机归责于监管的失败，并认为更严格的监管不可或缺。参见 Kate Burgess，Global Crisis? Blame the Regulators，Says Investors Group，FIN. TIMES，Nov. 10，2008，at 18.

③ 在谈及监管不足的成本时，科菲教授继续说道：“这些成本可能会突然毫无征兆地显现。我们必须要找到过度监管和监管不足之间的平衡（两者都很危险）”。John C. Coffee，Jr.，Financial Crises 101：What Can We Learn from Scandals and Meltdowns—from Enron to Subprime?，in THE CREDIT CRUNCH AND THE LAW 37（R. P. Austin ed.，2008）.

④ Jennifer G. Hill，Regulatory Responses to Global Corporate Scandals，23 WIS. INT' L L J. 367，392（2005）；Donald C. Langevoort，The Social Construction of Sarbanes - Oxley，105 MICH. L. REV. 1817，1829（2007）.

⑤ 《萨班斯—奥克斯法案》在前言中写道“通过提高公司披露（无论是为了遵循证券法的要求还是其他目的）的精确性和可靠性，来保护投资者”。但该法案并没有为股东参与公司治理提供更多的机会。参见 Roberta S. Karmel，Should a Duty to the Corporation Be Imposed on Institutional Shareholders?，60 BUS. LAW. 1，2（2004）（认为《萨班斯 - 奥克斯法案》加强了公司法中股东至上范式）。Cf. Donald C. Langevoort，The Social Construction of Sarbanes - Oxley，105 MICH. L. REV. 1817，1828ff（2007）（认为尽管该法案原本的目的是股东保护，但其长期效果并不是投资者保护，而是提高公共可问责性）。

⑥ See William B. Chandler III & Leo E. Strine，Jr. The New Federalism of the American Corporate Governance System：Preliminary Reflections of Two Residents of One Small State，152 U. PA. L. REV. 953，999（2003）；Donald C. Langevoort，The Social Construction of Sarbanes - Oxley，105 MICH. L. REV. 1817，1828ff（2007）.

问题①。

值得注意的是，尽管占据主导的美国公司法范式对股东权益的中心问题作了如是规定，但是从历史上来看，英国和澳大利亚公司股东获得的公司治理权远远超过美国股东，比如公司章程修改、会议召集、董事的任命和辞退②。事实上，美国公司法和证券法在弱化股东对公司治理显性和隐性的影响上，显示出了与众不同的力度③，在公司并购领域也是如此。有学者正在探究，在英国和美国并购制度下出现股东和董事之间权力分配显著差异的原因。④

由于股东权利存在着历史性法律差异，其他普通法国家的“后安然”改革与美国《萨班斯—奥克斯法》所代表的改革路径恰恰相反。进一步强化股东控制权是英国和澳大利亚改革的一个明确主题。这表明立法者认为，加大股东对公司治理中的参与力度能防止经营权滥用和预防公司倒闭。

此外，非普通法系国家和地区也实施了旨在增加股东参与的改革措施，而不只是规定保护股东权益⑤。例如，欧盟《关于股东权利的指令》⑥（以下简

---

①《萨班斯—奥克斯法案》中仅有两条，即304和402条，直接提到了这个问题。参见Jennifer G Hill, New Trends in the Regulation of Executive Remuneration, in DIRECTORS IN TROUBLED TIMES 100（R. P Austin & A. Y. Bilski, eds., 2009）.

② See, e. g., Lucian Arye Bebchuk, The Case for Increasing Shareholder Power, 118 HARV. L. REV. 833, 847 – 50（2005）. Events surrounding News Corp.'s 2004 move from Australia to Delaware provide a good snapshot of many of these differences. See generally Jennifer G. Hill, Subverting Shareholder Rights: Lessons from News Corp.'s Migration to Delaware, 63 VAND. L. REV. 1（2010）.

③ Martin Gelter, The Dark Side of Shareholder Influence: Managerial Autonomy and Stakeholder Orientation in Comparative Corporate Governance, 50 HARV. INT'L L. J. 129, 134（2009）.

④ 参见John Armour & David A. Skeel, Jr., Who Writes the Rules for Hostile Takeovers, and Why? —The Peculiar Divergence of U. S. and U. K. Takeover Regulation, 95 GEO. L. J. 1727, 1727, 1730 – 32（2007）（认为英国并购制度的自我监管性质可能可以解释监管制度对股东权益的明显偏好，而美国的司法传统明显偏好管理者的利益）。参见Paul Davies & Klaus J. Hopt, Control Transactions, in REINIERR. KRAAKMAN ET AL., THE ANATOMY OF CORPORATE LAW: A COMPARATIVE AND FUNCTIONAL APPROACH 157, 172（2004）.

⑤ See generally Jennifer G. Hill, Regulatory Show and Tell: Lessons from International Statutory Regimes, 33 DEL. J. CORP. L. 819, 826 – 29（2008）.

⑥ 指2007年欧盟通过的2007/36/EC号指令，目的在于清除阻碍股东在资本市场行使投票权的一些限制，特别是在跨国领域。See DIRECTIVE 2007/36/EC OF THE EUROPEAN PARLIAMENT AND OF THE COUNCILof 11 July 2007 on the exercise of certain rights of shareholders in listed companies, http://eur – lex. europa. eu/LexUriServ/LexUriServ. do? uri = OJ: L: 2007: 184: 0017: 0024: EN: PDF. 最后访问时间：2012年6月10日。

称"欧盟指令"）的立法目的就是旨在确保机构投资者在欧盟上市公司中能更有效地参与公司治理和行使表决权。这些上市公司大多处于大股东的控制之下并受大陆法系传统监管理念的影响。①

澳大利亚的"后安然"改革似乎基于这一潜在假设：股东是公司丑闻的受害者而非共谋者，增加股东权力能够提高经营者的可问责性。澳大利亚有关改革的政策文件②中包含了一些指引性的规定，说明增加股东参与③、促进股东积极主义④和授权股东干涉所投资公司董事的决策行为等措施的必要性⑤。

在英国，由于财务丑闻，各种提倡更大程度股东民主和参与的豪言壮语也是随处可见⑥。股东参与是2003年《希格斯委员会报告》⑦一个重要的潜在意旨。这个报告是《英国公司治理联合准则》得以完善的基础⑧。希格斯委员会的建议旨在强化非执行董事在公司的地位，培育非执行董事和大股东之间的重要关

---

① See, e.g., Arthur R. Pinto, The European Union's Shareholder Voting Rights Directive from an American Perspective: Some Comparisons and Observations, 32 FORDHAM INT' LL. J. 587 (2009).

② Corporate Law Economic Reform Program (Audit Reform and Corporate Disclosure) Bill 2003, Explanatory Memorandum. 澳大利亚对跨国公司丑闻反应的产物 Corporate Law Economic Reform Program (Audit Reform and Corporate Disclo－sure) Act 2004 (Cth) ("CLERP 9 Act 2004") 于2004年6月25日获得通过。该法案的大部分条款于2004年7月1日开始执行。

③ See, e.g., Corporate Law Economic Reform Program (Audit Reform and Corporate Disclo－sure) Bill 2003, Explanatory Memorandum, ¶¶ 4.271－4.280, Shareholder Participation and Information.

④ id. at ¶ 1.4.

⑤ Id. at ¶ 4.174.

⑥ See Oliver Morgan, Labour Fosters Investor Revolt: Manifesto Pledge to Encourage Shareholder Activism, THE Reform in the UK: A Progress Report, ECGI Working Paper No. 27/2005 25, 27－28 (2005), available at http://ssrn.com/abstract=644203. OBSERVER, Apr. 4, 2004, at 1. See generally Eilis Ferran, Company Law.

⑦《希格斯委员会报告》是继《英国公司联合治理准则》得以初步确立的Cadbury报告、Greenbury报告和Hampel报告之后，对公司内有效的内部监督机制的建立和完善问题进行制度设计，由Higgs专门委员会负责检讨非执行董事的职责与绩效而形成的一份报告。该报告全面检讨了英国上市公司非执行董事制度，详细评估了非执行董事的职责、独立性和责任，探讨了非执行董事的招聘、任命、培训、任期，阐述了非执行董事与董事会、董事长、执行董事、股东、董事会下属提名委员会、报酬委员会、审计委员会、公司秘书的关系，并针对1998年公司治理联合准则的相关规定提出全面的修订建议。伦敦证券交易所根据该报告和Turnbull报告、Smith报告所提出的建议全面修订1998年联合准则，颁布了2003年公司治理联合准则，从而形成了当前英国堪称最为完善的公司治理准则。

⑧ See Financial Reporting Council ("FRC"), Press Notice 75: FRC Issues Revised Combined Code, July 23, 2003, available at http://www.frc.org.uk/press/pub0311.html.

系和积极对话机制①。到全球金融危机期间，英国更加强调股东参与。2009 年，英国公布的一份关于银行和其他金融机构在此次危机中作用的著名报告《沃克评估报告》② 主张，机构投资者积极主义可以保护公司免受金融市场失灵之害。这份评估报告还建议，通过一份《管理守则》促进机构投资者参与公司治理，以提升公司的长期盈利能力和降低由于错误战略决策所致的公司灾难性失败等风险③。报告还呼吁机构投资者制定指南，说明它们将在何时以何种方式采取积极主义行为④。

在英国和澳大利亚的“后安然”改革措施中，最具争议的是在公司薪酬问题上股东参与的增加⑤。与美国一直有着股东建议表决的历史传统不同⑥，其他普通法系国家和地区并不存在股东无约束力投票制度的先例⑦。但是，英国和澳大利亚两国分别于2002 年和2004 年通过改革，要求在批准董事薪酬报告时，必须有一份不具约束力的股东会年度决议⑧。欧洲 2004 年《关于董事薪酬的建议》也规定了同样针对薪酬政策的股东投票制度。⑨

---

① See generally Jennifer G. Hill，Regulatory Responses to Global Corporate Scandals，23 WIS. INT' L. L. J. 367，390（2005）. U. K. Companies Act 2006 的改革更进一步，甚至提议通过提名赋予持有股份的间接投资者投票权来鼓励股东参与。参见 Companies Act 2006（U. K.），Part 9。

② David Walker，Walker Review：A Review of Corporate Governance in UK Banks and Other Financial Industry Entities. Final Recommendations，available at http：//www. hm – treasury. gov. uk/d/walker_ review_ 261109. pdf（Nov. 26，2009）.

③ 同上，第53 页。

④ See Principle 4，Stewardship Code（U. K.）. Id. at 156.

⑤ See generally Jennifer G. Hill，Regulatory Show and Tell：Lessons from International Statutory Regimes，33 DEL. J. CORP. L. 819，829（2008）.

⑥ See generally Brian R. Cheffins & Randall S. Thomas，Should Shareholders Have a Greater Say Over Executive Pay? Learning from the US Experience，1 J. CORP. L. STUD. 277（2001）；Lucian Arye Bebchuk & Jesse M. Fried，PAY WITHOUT PERFORMANCE：THE UNFULFILLED PROMISE OF EXECUTIVE COMPENSATION 51 – 52（2004）.

⑦ See Jennifer G. Hill，Regulatory Show and Tell：Lessons from International Statutory Regimes，33 DEL. J. CORP. L. 819，830 – 31（2008）.

⑧ 至于英国，参见 Directors' Remuneration Report Regulations 2002，S. I. 2002/1986（UK）。有关需要股东同意董事薪酬的条款参见 Companies Act 2006（U. K.）第 439 条款。在澳大利亚，参见 Corporations Act 2001（Cth），§ 250R（2），于 2002 年引入。参见 Larelle Chapple & Blake Christensen，The Non – Binding Vote on Executive Pay：A Review of the CLERP 9 Reform，18 AUST. J. CORP. L. 263（2005）。

⑨ 股东投票权分成有约束性和无约束性的。2004 年 12 月 14 日的 Commission Recommendation 引入了有关上市公司董事薪酬的恰当机制。See also Guido A. Ferrarini，Niamh Moloney （转下页）

或许是因为该项机制在英国并没有实质降低董事的薪酬水平，股东无约束性投票制度的效率价值一直受到质疑①。但是一些证据表明，这种表决权在英国和澳大利亚已经取得了显著的效果。早期的实证研究表明：在偏离最佳实践原则的情况下，这种投票机制作为对薪酬支付的"愤怒性约束"（outrage constraint）是具有效率的②。费莱和马伯尔（Ferri 和 Maber，2009）的一项研究指出，从英国引入股东无约束性投票制度以来，管理层薪酬（尤其是现金补偿）对负经营业绩的敏感性得到了提升。研究者认为，这种情况是与英国政府防范"奖励失败"的政策相一致③。

尽管从股东无约束性投票制度开始实施以来，澳大利亚的大多数公司股东就经常对薪酬报告投票表示反对④，但在英国这一情形则相当少见⑤。然而在 2009 年，大量反对公司薪酬报告的表决开始出现在许多英国的主要公司内，如贝尔威⑥、英国石油公司⑦和培生集团（即《金融时报》的

（接上页）& Maria - Cristina Ungureanu，Understanding Directors' Pay in Europe：A Comparative and Empirical Analysis 25，Law Working Paper No. 126/2009（August 2009）（available at http：//papers. ssrn. com/sol3/pap ers. cfm? abstract_ id = 1418463）.

① Jeffrey N. Gordon，"Say on Pay"：Cautionary Notes on the U. K. Experience and the Case for Shareholder Opt - in，46 HARV. J. ON LEGIS. 323（2009）.

② Kym Sheehan，Is the Outrage Constraint an Effective Constraint on Executive Remuneration? Evidence from the UK and Preliminary Results from Australia，March 3，2007，available at http：//ssrn. com/abstract = 974965）.

③ Ferri 和 Maber 通过实证研究来探究英国对管理层薪酬投票的问题。Fabrizio Ferri & David Maber，Say on Pay Votes and CEO Compensation：Evidence from the U. K.，June 2009，available athttp：//papers. ssrn. com/sol3/papers. c fm? abstract_ id = 1420394. For discussion of the Ferri/Maber study，see Jeffrey N. Gordon，"Say on Pay"：Cautionary Notes on the U. K. Experience and the Case for Shareholder Opt - in，46 HARV. J. ON LEGIS. 323，344 - 46（2009）.

④ See Jennifer G. Hill，Regulatory Show and Tell：Lessons from International Statutory Regimes，33 DEL. J. CORP. L. 819，832 - 36（2008）.

⑤ Jeffrey N. Gordon，"Say on Pay"：Cautionary Notes on the U. K. Experience and the Case for Shareholder Opt - in，46 HARV. J. ON LEGIS. 323，343（2009）.

⑥ 在贝尔威股价下跌 28% 且销售额下降 50% 的情况下，公司仍声称董事会已经同意将超过 63 万英镑的奖金奖励给高管时，股东就开始反对其公司的董事会薪酬报告。这些奖金占了高管人员薪酬的 55%。Sharelene Goff，Bellway Pay - Outs Prompt Concern，FIN. TIMES，Jan. 5，2009，at 19；Robert Cookson & John O' Doherty，Bellway Investors' Vote Goes Against Bonuses，FIN. TIMES，Jan. 17，2009，at 13.

⑦ See William MacNamara & Kate Mackenzie，Protest Vote Over BP Pay Packages，FIN. TIMES，Apr. 17，2009，at 20.

母公司)①。在苏格兰银行2009年的股东年会上，前所未有的94.42%的股东反对董事（会）薪酬报告②。

在澳大利亚，股东的反对票比例也在增加③。根据澳大利亚生产力委员会（以下简称“生产力委员会”）2009年的一份关于高管薪酬的报告统计，在澳大利亚证券交易所上市的200家最大公司中，有近5%的公司2008～2009年连续两年收到25%或以上的反对票④。生产力委员会建议，如果董事会对大量的股东反对票不做回应，则应继续加强股东的权力。生产力委员会的报告认为，为实现强化股东权力的目的，应在股东对高管薪酬的建议表决权和依澳大利亚法律股东所享有的无条件罢免上市公司董事的权利联系起来⑤。该委员会还主张，当在股东年会上连续有25%或以上的投票反对公司薪酬报告时，股东应当作出如下决议：罢免签发薪酬报告的董事，重新选举新的董事以填补其职位空缺⑥。另外，此委员会的报告还建议通过立法修订，禁止作为主要管理层人员的董事和高管参加无约束性表决会议⑦。

值得注意的是，尽管股东参与在英国和澳大利亚公司法下均得以提高，股东利益的首要地位却已受到挑战。英国2006年《公司法》第172条根据“开明的自利”⑧ 的公共政策，规定了一个新的成文法责任，要求英国的公司董事

---

① See Ben Fenton, Pearson Pay Deal Opposed at AGM, FIN. TIMES, May 2, 2009, at 15; Richard Wray & Julia Finch, Shareholders Revolt at Pearson AGM Over Executive Pay, THE GUARDIAN, May 2, 2009, at 40.

② See Jane Croft & Andrew Bolger, Thumbs Down for RBS Pay Report Reject RBS Pay Report, FIN. TIMES, Apr. 4, 2009, at 12.

③ see Australian Government Productivity Commission Inquiry Report No. 49, Executive Remuneration in Australia, Dec. 19, 2009, at 282－85.

④ 同上，第296页。

⑤ See Corporations Act 2001 (Cth), § 203D.

⑥ 如果该决议的支持率超过50%，董事会必须在90天内召开股东大会，重新选举董事。Australian Government Productivity Commission, Productivity Commission Inquiry Report No. 49, Executive Remuneration in Australia, Dec. 19, 2009, Recommendation 15, XL.

⑦ Id. at Recommendation 4, XXXVII.

⑧ 开明的自利的思想可追溯至洛克。亚当·斯密在《国富论》和《道德情操论》中所强调的人性假设也是一种“开明的自利”，即不妨害他人和公共利益的自利。作为经济学研究起点的经济人假设，“理性和开明的自利”是其中最基本的内涵。

应促进公司的成功，并在作出决定时考虑相关者的利益①。澳大利亚近期也公布了两份报告，对公司社会责任和股东利益的问题均予以关注②。报告中的一个重要主题就是董事的责任范围，以及澳大利亚法律所允许的董事考虑利益相关者或更广泛的社区利益的具体程度③。此外，一些英国和澳大利亚研究全球金融危机方面的报告还指出，应对重新确定在股东权益之外考虑更广泛的利益相关者的高管薪酬相关联的“利益基准”的必要性给予关注④。

在美国，全球金融危机似乎也促使了该国的立法者和监管者偏离旨在保护股东权益的传统政策，而走向一个意在重构市场信心的扩大股东权力的战略⑤。美国现在正在进行一个大范围的有关股东控制权的法律改革计划⑥，尽管有很多美国的评论者对此表示担忧⑦。对股东参与态度的改变有两个明显的例证：一是美国证监会拟通过的 14a－11 号规则⑧，将赋予股东查阅公司提名

---

① See generally, The Right Hon. Lady Justice Mary Arden, Clause 173 (Section 172): The UK's Proposed Re－Formulation of the Directors' Duty of Good Faith, in COMPANY DIRECTORS AND CORPORATE SOCIAL RESPONSIBILITY: UK AND AUSTRALIAN PERSPECTIVES 20, 20 (Austin ed., 2007); Andrew Keay, Tackling the Issue of the Corporate Objective: An Analysis of the United Kingdom's 'Enlightened Shareholder Value Approach', 29 SYD. L. REV. 577 (2007)

② Parliament of Australia, Parliamentary Joint Committee on Corporations and Financial Services, Corporate Responsibility: Managing Risk and Creating Value (2006); CAMAC, The Social Responsibility of Corporations: Report (December 2006).

③ Shelley D. Marshall & Ian Ramsay, Stakeholders and Directors' Duties: Law, Theory and Evidence, U. of Melb. Legal Studies Research Paper No 411 (2009) (available at http://papers.ssrn.com/sol3/papers.cfm?abstract_id=1402143).

④ See Jennifer G. Hill, New Trends in the Regulation of Executive Remuneration, in DIRECTORS IN TROUBLED TIMES 100 (R. P. Austin & A. Y. Bilski eds., 2009).

⑤ Bratton & Wachter, supra note 57.

⑥ See generally Jennifer G. Hill, The Rising Tension Between Shareholder and Director Power in the Common Law World, CORP. GOV. (forthcoming 2010); Bratton & Wachter, supra note 57.

⑦ See, e.g., id.; Lynn A. Stout, The Mythical Benefits of Shareholder Control, 93 VA. L. REV. 789, 808 (2007); Stephen M. Bainbridge, Director Primacy and Shareholder Disempowerment, 119 HARV. L. REV. 1735, 1749, 1756 (2006); Martin Lipton & William Savitt, The Many Myths of Lucian Bebchuk, 93 VA. L. REV. 733, 734, 748－49 (2007); Iman Anabtawi, Some Skepticism About Increasing Shareholder Power, 53 UCLA L. REV. 561, 598 (2006); Vice Chancellor Leo E. Strine, Jr., Toward a True Corporate Republic: A Traditionalist Response to Bebchuk's Solution for Improving Corporate America, 119 HARV. L. REV. 1759, 1763 (2006).

⑧ See Press Release, Securities and Exchange Commission, SEC Votes to Propose Rule Amendments to Facilitate Rights of Shareholders to Nominate Directors, SEC Press release no. 2009－116 （转下页）

董事委托材料的权利；二是关于高管薪酬的股东无约束性投票制度，出现在了美国近期的改革建议中①。上述美国改革建议已成为激烈辩论的主题。股东选举问题则被视为“激烈无情的政治争斗”②。这一评论印证了伯利和多德教授的观点：权力的掌控者和他们的臣民之间存在着持久的战争，现代公司也不例外③。

四、结　论

在20世纪早期，伯利教授就论述了当代公司法的许多重大问题，包括股东的作用、股东和董事之间的权力分配、限制经营权的监管技术等。正如本文所述，相比伯利教授所处的时代，近期公司法中股东的作用正在变得更加不固定、更加不可预期、更加具有争议性。不管怎样，伯利教授引领的公司法当代发展的道路依然清晰可见。他最先关注并付诸研究的问题，今天仍能引起巨大的思想共鸣。

（对外经济贸易大学法学院　王云鹏　丁丁　译　丁丁　校）

（接上页）（May 20，2009），available at http：//www. sec. gov/news/press/2009/2009 – 116. htm；Brett McDonnell，Setting Optimal Rules for Shareholder Proxy Access（Minnesota legal studies research paper no. 10 – 03，University of Minnesota Law School，Minneapolis，Minnesota 2010）.

① “股东决定薪酬”标志了公众对全球金融危机之间高管过高薪酬的强烈反对。作为接受救助的条件，就有很多“股东决定薪酬”的提议。比如，“股东决定薪酬”出现在2009年Shareholder Bill of Rights中，Corporate and Financial Institution Compensation Fairness Act中也有提议。Shareholder Bill of Rights中的很多内容都包含在有关金融服务监管的提案，即Restoring American Financial Stability Act中。

② See，e. g.，J. A. Grundfest，The SEC's Proposed Proxy Access Rules：Politics，Economics，and the Law，65 BUS. LAW. 361（2010）.

③ ADOLF A. BERLE，JR. & GARDINER C. MEANS，THE MODERN CORPORATION AND PRIVATE PROPERTY 310（1932）.

金融论坛

Financial Forum

Comparative

影子银行与金融不稳定

阿代尔·特纳

2008 年秋，发达国家的银行体系遭受了严重危机。为此，各国监管当局和中央银行开始注重于构建更加稳定的银行体系：低杠杆率、高流动性、有效的监管，并且即使没有纳税人的支持也能够解决大型银行的道德风险。以银行为重点的监管改革虽然尚未完成，但已经取得很大进展。

追溯到 2007 年 8 月，引人注目的是，这场危机并非我们熟悉的银行危机，而是全新的“影子银行”危机。最初危机看起来好像集中在非银行信用中介最为发达的美国，危机不断发展的许多标志性事件都与非银行机构和市场有关，包括：

· 2007 年 6 月，贝尔斯登资产管理公司发起的两家对冲基金的流动性压力导致禁止投资者赎回、保证金要求的突然增加和资产价格的迅速下滑。

· 同年 8 月，虽然市场认为对冲基金一贯采用低风险市场中性策略，但由于结构性信用组合的保证金要求增加导致对冲基金出现了重大损失。

· 2008 年 2 月，由于要求对按揭贷款支持债券增加抵押品，导致对冲基金凯雷资本（Carlyle Capital）和珀莱东（Peloton）破产。

· 2007 ~ 2008 年期间，表外结构性投资机构（SIVs）和管道流动性和资不抵债的问题逐渐暴露。这些机构和管道持有结构性信用产品的杠杆头寸，并且使用短于资产合同期限的负债来融资，而部分负债（ABCP）反过来又被货

* 本文为英国金融服务局（FSA）主席阿代尔·特纳（Adair Turner）2012 年 3 月 14 日在伦敦城市大学 CASS 商学院发表的演讲。

币市场共同基金（MMMF）持有。

· 2008 年 3 月救助贝尔斯登和 9 月雷曼兄弟的破产。后者是危机愈演愈烈的导火索。这两家机构都是交易商或投资银行，并非商业银行。

· 2008 年夏季，主要压力开始在货币市场共同基金中显现，过去这些基金似乎对投资者颇具吸引力，因为其兼具可以随时赎回、确定性资本以及高回报等特征。

· 2008 年 8 月至 10 月，出现一种新型的流动性挤兑：即抵押信贷市场（比如回购）的流动性挤兑与无抵押融资市场相差无几。

· 2008 年秋季，对冲基金在市场下行时期大量卖出信用债券实施去杠杆化，推动交易账户资产价值进入下跌螺旋，这反过来又动摇市场对主要银行清偿能力的信心。

因此，针对危机的监管政策反应需同时覆盖到影子银行和传统银行。金融稳定理事会向二十国集团领导人承诺，到 2012 年底，将会对由影子银行带来的风险作出全面分析，并提出一系列的监管建议。2011 年，金融稳定理事会的报告给出了“影子银行”的定义，试图计量影子银行的规模，并提出一些可能的政策反应。

制定影子银行的监管政策充满挑战，定义影子银行本身就非常困难——究竟什么是影子银行？影子银行如何影响金融稳定？

· 许多官方机构和学术界试图估计“影子银行”的规模，但估计结果差异很大。① 2010 年 7 月，纽约联邦储备银行的研究者（Pozsar、Adrain、Ashcraft 和 Boesky）的研究结果表明，2008 年美国影子银行规模高达 20 万亿美元，但波扎尔等人（Pozsar 和 Singh）认为，若反映抵押品的再抵押，美国影子银行的规模还要增加 5 万亿美元。② 布弗雷（Bouveret，2011）估计，欧洲影子银行规模约 13 万亿美元，③ 2011 年 10 月金融稳定理事会发表的报告称，基于“其他金融机构”资产负债表对影子银行更宽泛的定义，影子银行的规

---

① Shadow Banking: Strengthening Oversight and Regulation: '*Financial Stability Board*', October 2011.

② Zoltan Pozsar and Manmohan Singh: '*The Nonbank – Bank Nexus and the Shadow Banking System*', IMF Working Paper 289, December 2011.

③ Antoine Bouveret: '*An assessment of the Shadow Banking Sector in Europe*', July 2011, European Securities and Market Authority.

模约为22万亿美元。

· 学术界已经对影子银行进行了大量非常有价值的研究，但是由于对影子银行许多重要因素的判断存在差异，因此对于监管改革的激进程度（radicalism）和特征也存在不同看法。戈登等人（Gorton 和 Metrick）认为，根本问题在于回购市场的顺周期性，但其他学者对该论断存有质疑。① 波扎尔等人（Zoltan 和 Singh）认为，推动影子银行发展的主要动力之一是机构投资者对短期流动性工具的需求不断上升。但这种需求上升的影响目前还不得而知。②

本文首先回顾我们对影子银行的理解；然后进一步定义影子银行；在此基础上考虑可能的一系列应对政策。本文的主要结论如下：

· 第一，我们应该明白，影子银行并非与核心银行系统平行或完全分离，二者是紧密联系在一起的。

· 第二，影子银行对金融不稳定的影响方式反映了当今全球金融体系最新发展表现出的根本特征。金融体系与影子银行的相关性和与传统银行的相关性一样。影子银行不仅在今天值得关注，而且未来还可能会产生新的问题。

· 第三，虽然2008年以来反映影子银行活动规模的一些特定指标呈下降趋势，但我们不能认为影子银行的风险已经不复存在。

一、影子银行业务：定义、起源和规模

金融稳定理事会将影子银行定义为“发生或部分发生在银行体系之外的涉及杠杆和期限转换的金融中介活动”。该定义内在逻辑如下：

· 第一，金融体系居间交易使得资金提供者（通常为家庭部门和企业部门）的资金流向资金使用者（通常是家庭部门、企业部门和政府部门）。这些资金流的

---

① Gary Gorton and Andrew Metrick: ‘Securitised Banking and the Run of Repo’, NBER Working Paper No 15223, August 2009; ‘Haircuts’, May 2010; ‘Regulating the Shadow Banking System’, Brookings Papers on Economic Activity, Fall 2010; See also however Adam Copeland, Antoine Martin and Michael Walker: ‘Repo Runs: Evidence for the Tri – Party Repo Market’, FRB NY Staff, Report No 506, July 2011.

② Zoltan Pozsar: ‘Institutional Cash Pools and the Triffin Dilemma of the US Banking System’, IMF Working Paper, August 2011; Manmohan Singh and James Aitkin: ‘The (Sizeable) Role of Rehypothecation in the Shadow Banking System’, IMF Working Paper, July 2010; Manmohan Singh: ‘Velocity of Pledged Collateral, Analysis and Implications’, IMF Working Paper, November 2011.

方式包括债务形式（贷款、债券或信用证券）、股权方式或以两者混合的方式。

·第二，金融中介体系的核心功能由部分准备金银行来履行，它们吸收家庭和公司部门的存款，然后借给家庭、公司和政府部门。这些银行具有高杠杆率（债务股权比很大）和期限转换（负债期限远短于资产期限）的功能。

·第三，很多资金流发生在银行体系以外，包括直接从家庭部门到公司部门，或通过其他中介机构（比如保险公司或投资基金）的股权转让；也包括非银行信用中介，如直接或间接购买政府或公司债券。但我们不能将这些非银行金融中介形式的资金流归为影子银行，因为它们不具有银行独有的特征：高杠杆率和期限转换。

·第四，当银行体系之外出现具有上述这些显著特征的全部或部分信贷流时，“影子银行”活动就产生了。如图1所示，货币市场共同基金向从事资产支持商业票据的结构性投资工具提供资金；结构性投资工具购买了特殊目的实体发行的分层债务工具，构成了功能相当于银行的信用中介链。该信用中介链引入杠杆和期限转换，但是通过多个步骤完成的，而不是体现在一家银行的资产负债表上。

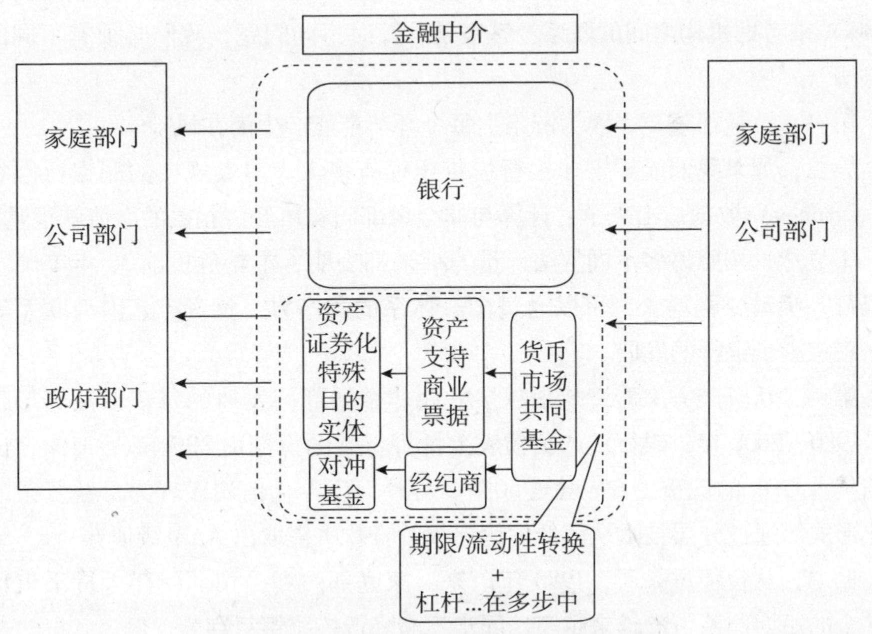

图1　传统银行中介和影子银行信用中介

资料来源：金融稳定委员会。

·第五，至少在理论上，这种“影子银行”可以作为传统银行体系的平行的、完全独立的体系存在。但是，在实际中并非如此，影子银行体系还包括传统银行体系与影子银行之间复杂的相互联系，具体包括：

-货币市场共同基金同时为银行和资产支持商业票据渠道融资。

-银行发起设立资产支持商业票据的管道和结构化投资工具。

-银行或银行分支机构的贷款通常被转化为可交易的证券。

-短期抵押融资市场构成的极其复杂网络，如通过回购或主要经纪商融资，将货币市场共同基金、银行、投资银行经纪人、对冲基金和资产管理公司联系起来，通过证券借贷的方式赚取额外的回报。

因此，影子银行体系本质上是一系列的金融活动、市场、合约和机构；并且这些机构通过大量的、多个步骤连接起来构成信用链。

这就是为什么“影子银行规模”的指标不仅差距很大，且并非都有用，因为其具有高度复杂和相互关联的特征：规模的衡量很大程度上取决于所使用的计数系统（counting system）。是否应该对链条上所有环节上的量进行加总，或仅计算链条终点连接到非金融实体经济的量？是否应该基于净值（net）或总量（gross）来考虑机构之间的联系？答案是，针对不同问题，我们必须有不同的估计方法。

第一，总量很重要，因为链条上每个环节都能产生潜在风险。

第二，如果我们能界定非银行信贷规模有多大、多大规模的非银行准货币（near money）被创造出来了，计算与非金融部门实体经济相关的净值就很重要。

很显然，按照许多不同方法计量的结果都表明，本轮危机前30年美国“影子银行”活动急剧增长，可以通过金融体系的资产方、负责方、内部联系等方面来跟踪影子银行的发展。

第一，从资产方来看，越来越多的向非金融部门发放的贷款以证券形式出现，1980~2008年，银行资产负债表上抵押贷款的份额由80%降至35%，证券化信贷占GDP的比重由6%增至50%。另外，证券化信用表现为日益复杂的结构化形式，通过分层技术从较低信用评级的贷款中提取出AAA级债券。

第二，从负债方来看，1980年以来，家庭部门和公司部门存入货币市场共同基金的短期储蓄份额越来越高，同步不断降低传统银行存款比例。

第三，金融体系内部合约增长很快，投资银行经纪人资产增长速度远远超过了商业银行，资产支持商业票据数量迅速上升，回购和其他抵押贷款市场的重要性也与日俱增。

因此，非银行金融机构资产占 GDP 的比重迅速增长，虽然银行资产负债表也在扩张，但相比之下速度较慢。相对于与外部实体经济相联系的金融活动而言，由银行间复杂交易的发展所驱动的金融体系内部的资产和负债急剧增加。

信贷以非银行中介的形式显著扩大，公司部门和家庭部门的短期金融资产，即货币等价物，主要表现为非银行存款的形式，信用中介体系变得更加复杂。

为什么会有这些发展？本文随后将讨论一些根本性和全局性原因。但至少部分源于与美国市场结构和监管相关的三个原因：

一是美国住房抵押贷款市场的具体特点：30 年期固定利率但可提前偿还的按揭贷款，且公私合营的机构，即房利美（Fannie Mae）和房地美（Freddie Mac）发挥重要作用。这些特点结合在一起为抵押贷款证券化创造了条件，而不是在资产负债表上保留抵押贷款。

二是直到 20 世纪 80 年代中期，对银行存款利率限制的 Q 条例给货币市场共同基金初期发展带来了巨大监管优势。

三是美国金融监管的发展。《格拉斯—斯蒂格尔法案》所建立的商业银行和投资银行之间的防火墙被拆除，同时投资银行经纪交易商仅接受轻微的监管。这些发展使得投资银行的杠杆率累积远远快于商业银行，这使得它们能自由地从非系统性的经纪中介变异为（morph）系统重要性金融主角。

欧洲情况与美国有所不同，非银行信用中介的发展也相对有限，表现为：

一是住房按揭贷款证券化起步更晚，并受到更多限制。大多数欧洲抵押贷款仍保留在资产负债表上，这种状况一直延续到本轮金融危机高峰之前。

二是货币市场共同基金也受到更多限制，并且一定程度上扮演不同角色。

三是银行资产负债表在欧洲信贷体系中扮演着更重要的角色。目前欧元区内接受存款机构的资产负债表占 GDP 的比重仍高达 350%，而美国银行总资产占 GDP 的比重仅为 100%。通过“其他金融中介”估计的影子银行的规模，欧元区占 GDP 的比重为 210%，而美国高达 330%。

非常清晰的一点是，大部分欧洲金融危机和影子银行活动（如证券化贷款）无关，但与传统的老式的资产负债表内贷款有关。与美国不同，欧洲证券化按揭贷款的损失相对较小，而商业房地产贷款对银行资产负债表的冲击较大，尤其是在英国、爱尔兰和西班牙。这些贷款主要以传统信贷形式发放。

但是这些差异并没有使欧洲银行系统免受影子银行的损失和风险，因为欧洲银行体系的核心部分都卷入了美国储蓄者与借款者之间的影子银行信用中介过程中。

一是伦敦作为结构性信贷与衍生工具的交易和风险管理中心，这些衍生工具与对美国借款人发放的证券化贷款相关。

二是在复杂的金融体系内部联系中，主要欧洲银行，如瑞银集团、德意志银行、法国巴黎银行、苏格兰皇家银行和巴克莱银行等，与美国的花旗、高盛或摩根士丹利等金融机构存在大量的交易。

三是较大的欧洲银行，如德国兰德斯银行，主要扮演美国结构化信贷产品买家的角色，这部分源于经常项目不平衡——如果德国有经常项目盈余，过剩的储蓄最终表现为世界其他地方某些类别的股权或信贷。欧洲银行同时扮演短期美元资金（来自美国货币市场基金）的接受者和美国证券化信贷产品投资者的角色，进而促进杠杆化和美国投资者—借款人之间的期限转换影子信用中介的发展，只不过是通过欧洲银行的资产负债表罢了。博里奥等人（Borio 和 Disyatat）关于“全球经济失衡和金融危机”的分析表明，我们应该像理解经常项目不平衡所对应的净资本流动那样理解总资本流动的模式和含义。①

所以，理解影子银行必须同时考虑两组关系：一是金融体系和实体经济之间的非银行信贷形式；二是更为复杂的金融体系内部的联系，包括银行和非银行金融机构的关系。金融体系和实体经济之间的联系以及金融体系内部的联系对危机产生都至关重要。

一是危机源于美国次贷危机导致的巨大损失。这部分损失远远高于欧洲资产负债表内的贷款损失。这说明，在美国盛行的多环节（multi - step）的“发起—分销”信贷扩张模式降低了代理人对链条的每个环节进行严格信贷风险评估的激励，结果是风险标准的严重弱化。

二是危机因金融体系内部的复杂性、多步骤性和不透明性而放大。申铉松（Hyun Shin）等人指出，尽管美国次贷危机最终导致了巨大损失，但占美国资本市场总量的比例并不高。② 若 2007 年一些金融专家就能事前知道相关数据，

---

① Claudio Borio and Piti Disyatat ‘*Global imbalances and the financial crisis: link or no link?*’ BIS Working Paper No 346, May 2011.

② 比如，2008 年 10 月国际货币基金组织统计，（贷款冲减以外的）结构化信贷产品和高收益证券的市场总损失达到了 14 050 亿美元，占到相关证券和贷款的 6%，占美国信贷总量的 2.6%。

他们就会预测次贷危机造成的损失可能会引发一场巨大的金融危机。

三是虽然源于低质量授信的巨大信贷损失有助于解释证券化信贷市场的崩溃，并进而引起信贷紧缩，却无法解释同样在英国贷款市场发生的证券化借贷量的显著下降。英国按揭贷款的损失远小于美国，也明显小于 20 世纪 90 年代衰退时期，英国几乎所有高等级的按揭贷款支持证券被预期将全额支付。但是英国证券化贷款市场像美国一样迅速崩溃，这不是已经发生的信贷损失，而是因为高杠杆的投资者和类似结构化投资工具和资产支持型票据的管道迅速萎缩。英国的按揭贷款支持证券很大程度上通过多环节的中介链条进行融资，最终资金有时源于美国的家庭部门、公司部门和金融机构，因为他们认为持有这种证券与对美国货币市场共同基金上的短期无风险准货币投资类似。

有效的影子银行政策改革必须解决两个方面的问题：影子银行具有弱化良好授信激励的特点，因此导致实体经济的杠杆率越过安全边界；金融体系总体上具有放大实体经济信贷风险的特征。

二、影子银行消失了吗？

讨论推动影子银行发展的根本动力之前，我们需确认：是否还有必要担心影子银行？影子银行是否已不复存在，或者至少不像以前风险那么高？答案是，以某些标准来看，影子银行已经变成了之前自己的影子了。

一是数据表明，证券化信贷市场已经崩溃，从高峰到低谷时期美国和欧洲证券化信贷的规模分别下降了 90% 和 95%。在美国，政府支持企业甚至主导了按揭贷款市场；在英国，非银行机构几乎消失了。同时，整个欧洲尚存的按揭贷款证券主要是为了获取中央银行资金，而不是分销给最终投资者。并且，担保债券（covered bond）已成为按揭贷款融资的首选形式，担保债券是一种针对抵押资产和银行资产负债表项目的要求权。

二是新证券化按揭贷款的崩溃与资产支持商业票据管道和结构性投资工具骤减存在必然的联系，而这种工具以前被用于为新按揭贷款和其他信贷扩张融资。

三是货币市场基金也轻微缩水，并且其资产配置也远离影子银行信用中介的高风险资产。这是对严格监管作出的回应，与美国家庭部门储蓄者向传统银行存款的回归的趋势相适应，这部分反映出存款保险水平的大幅增长。

四是投资银行资产负债表已经明显缩水，杠杆水平也大幅下降。平均来看，对冲基金（依赖于从事主要经纪服务投资银行的融资）的杠杆率变得更小了。

有人可能会说，影子银行活动的风险已经降低了。以上分析确实表明直接风险更小了，这给我们充分思考合适的监管政策提供了时间。

但是我们不能因此而假设，驱动危机的影子银行风险问题已经永久性地解决了，主要基于以下三个原因：

首先，影子银行体系缩水的主要原因之一是信贷需求和供给降低了。并且，这种降低是抑制名义需求和增长的重要驱动因素。如果经济复苏，强劲的信贷需求增长还会重现，可能存在对影子银行增长的需求。

第二，当这种情形出现，会刺激非银行或部分非银行信用中介的发展。由于我们大幅度提高了银行体系的资本和流动性监管要求，这样将限制正规银行体系的杠杆率和期限转换。

第三，由于被我们称之为“影子银行”活动的增长源于信用中介体系（无论是银行还是非银行）的整体运转情况。信用中介体系仍然很重要，无论影子银行是否会以2008年之前的形式重新出现，我们都需要作出适当的反应。

三、导致现代金融体系不稳定的因素

对“影子银行”发展的分析表明，有五个相互关联的因素会导致现代金融体系的内在不稳定。

一是抵押贷款与盯市会计方法之间的相互作用，加剧了信贷创造的周期性和波动性风险。

二是延长的、复杂的中介链，扩大了融资挤提的风险，而且使当局很难看到期限转换的变化。

三是融资流动性和市场流动性之间的相互作用，会增加跨越不同市场的风险。

四是对持有资产的“流动性”要求不断上升，会导致跨系统的期限转换，这部分源于资产管理行业内的做法和激励。

五是越来越多地采用自我参照方法（self - referential approach）进行贷款定价的危险，加之天生短视和不稳定的尾部风险评估，进一步增加顺周期性和不稳定性。

以上这些因素都来源于现代信用中介体系，这个体系包含了银行和资本市场之间的内在联系。但是要理解这种联系带来的特定风险，首先要理解传统银行体系的风险。

1. 银行、不稳定性和公共政策

银行创造出私人货币：银行贷款给借款人，借款人得到可以用于支付的银行存款。① 期限转换对于货币创造非常关键，发放贷款的期限通常长于所创造的存款；如果借款人被要求立即偿还贷款，那么货币存款就不能被有效使用。这种货币创造机制具有潜在不稳定性，原因有二：

第一，因为期限转换具有内在风险：如果所有的存款者同时提款，那他们不可能都能拿到钱。因此，完全自由的银行制度容易受到银行挤兑的困扰，戴蒙德等人（Douglas Diamond 和 Philip Dybvig，1983）的经典分析表明，即使银行有一定偿还能力，存款人有这个担忧也是完全理性的。②

第二，因为信贷发放和货币创造量会进入强烈的周期性自我强化循环，尤其是当贷款被用作购买资产时，会抬高住房或商业不动产的价格，贷款发放越多，资产价格越高，更高的资产价格意味着银行贷款损失会下降，因此银行有了更多股本支持进一步放贷，而且借款者和贷款者的行为都会受到（好时机依旧会持续、资产价格将会继续增长和贷款损失会很低的）假设的影响，直到发生冲击信心的事件、所有指标开始反方向运行才终止。

由于这两个特点，完全自由的银行体系，就像 1913 年美联储成立之前的美国银行体系，是内在不稳定的。当时颁布了三种政策来稳定银行体系：一是股本和流动性资产最低要求的审慎规定，限制了期限转换的程度。二是央行作为最后贷款人提供流动性保险。三是存款保险机制，消除了存款挤兑的风险，最起码对所覆盖的存款。

此外，为进一步限制部分准备金银行体系的潜在不稳定性，我们开始引入宏观审慎工具，如逆周期资本要求，这可以抗击信贷与资产价格周期循环的力量。在英国，新成立的金融政策委员会负责运用该工具。

---

① Adair Turner，'*Credit Creation and Social Optimality*'，Southampton University，August 2011.

② Douglas Diamond and Philip Dybvig：'*Bank Runs，Deposit Insurance and Liquidity*'，Journal of Political Economy 1983.

2. 影子银行的高风险

传统银行具有内在不稳定性，因此我们需要强有力的公共政策来维持稳定。但是这些银行体系的风险出现在影子银行体系之中、或存在于银行资产负债表、影子银行资产负债表以及资本市场之间的内在联系的金融体系，甚至这些风险更大。这主要是由于3个方面的原因：

（1）抵押贷款、盯市会计方法和顺周期性

首先，过度依赖抵押融资与盯市会计方法相结合强化了金融体系的顺周期性，如图2所示。在传统的银行循环中，银行资产负债表的资产方（贷款）可以由用于融资的资产做抵押；但是在负债方（存款），融资可获得性与资产价值之间并无联系。在一个抵押融资的体系中，这种联系被创造出来。如图3所示，一个货币市场基金通过回购协议为一个中介机构融资，在存在回购协议的情况下，所提供的抵押品不断变化的价值必须始终超过未偿还的贷款数额。

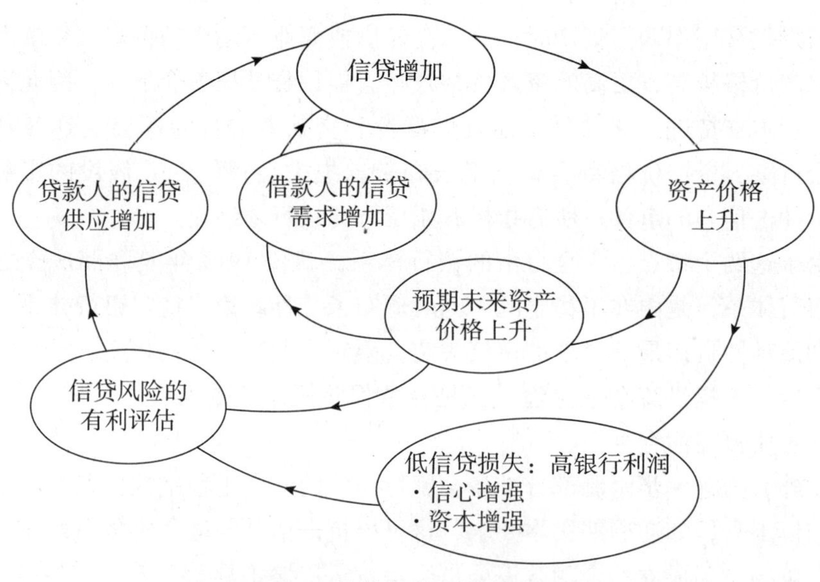

图2 信贷与资产价格循环

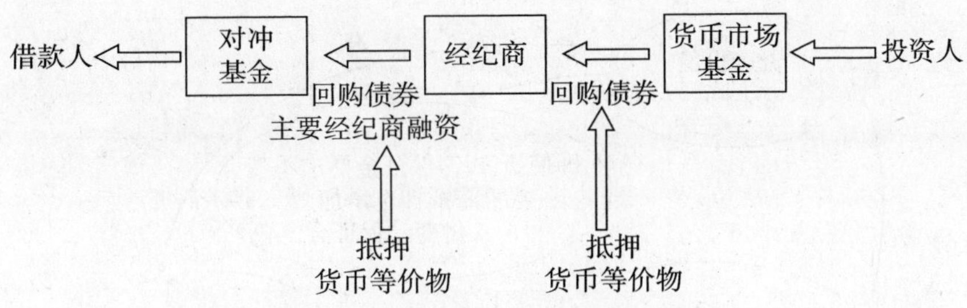

图3　影子银行信贷与抵押货币创造

申铉松等人（Shin 和 Adrian）指出，在这样的金融体系中，抵押融资的折扣率（haircuts）和保证金导致了顺周期性。① 如图4所示，当资产价值下降时，即使折扣率或保证金的百分比保持不变，也需要更多的抵押品，但能得到的融资将更少，因此必须清算头寸来满足抵押品的需求，最终将导致资产价格的进一步下跌。另外，风险意识的提高可能会导致更高的折扣率，因此，申铉松等人（Shin 和 Adrian）进一步指出，基于影子银行体系的抵押融资杠杆比商业银行的杠杆更具顺周期性。戈登等人（Gorton 和 Metrick）认为，2008年回购市场②中要求的折扣率是金融危机的重要推动者。在他们的分析中，危机被理解为"回购市场挤兑"，而不是传统银行存款挤兑，因此，为了使影子银行体系在长期中变得更加稳定，应该使抵押融资市场，比如回购市场，接受监管约束、存款保险和过去应用到银行中的机构特许权限制等。

（2）长且复杂的中介链：非透明期限转换

由于存在银行资产负债表外的期限转换（导致不稳定的第二个根本原因），"回购市场挤兑"可能会造成混乱。银行的期限转换功能，能使非金融部门持有短期资产和长期负债。影子银行实体的中介链也可以执行期限转换功能。例如，家庭或公司可持有即刻可获得投资的货币市场基金，而这种货币市

① Tobias Adrian and Hyun Song Shin: '*Money, Liquidity and Monetary Policy*', FRBNY Staff Report No 360, January 2009; '*Liquidity and Leverage*', FRB NY Staff Report No 328, January 2009; Hyun Song Shin: '*Financial Intermediation and the Post - Crisis System*', BIS Working Paper No 304, March 2010.

② Gary Gorton and Andrew Metrick: '*Securitised Banking and the Run of Repo*', NBFR Working Paper No 15223, August 2009; '*Haircuts*', May 2010; '*Regulating the Shadow Banking System*', Brookings Papers on Economic Activity, Fall 2010.

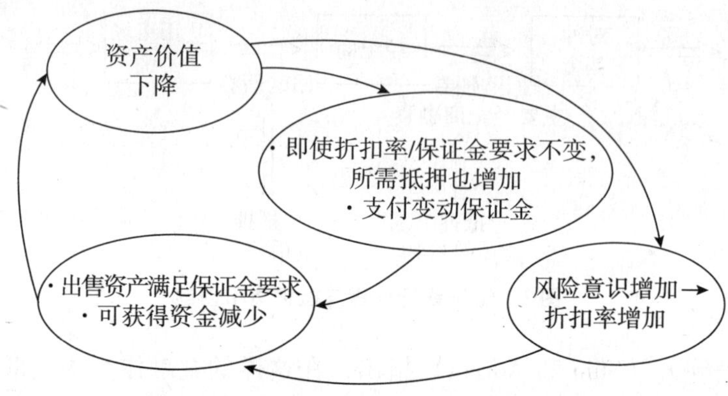

图 4　抵押融资合约的顺周期性

场基金又为长期按揭贷款提供间接融资。因此，从本质上讲，影子银行体系可以创造各种形式的由非金融部门或金融中介机构持有的“私钱”，类似于银行系统创造存款。而只要具备期限转换和私人货币创造功能，就存在潜在挤兑的可能性。

本轮全球金融危机之前，该期限转换系统并非与银行系统完全分离，而是与之相联系的——传统银行为影子银行提供显性或隐性的流动保险，比如结构性投资工具。显然，为保证银行体系安全运行，应控制传统银行为影子银行提供流动性保险的程度。但为实现影子银行体系的自身稳定，瑞克斯等人（Ricks、Gordon 和 Metrick）建议，应该将相同的监管原则、最终贷款人、存款保险安排应用到影子银行活动和市场中。我们通过这些方式控制银行的期限转换风险。①

（3）融资流动性推动市场流动性，反过来进一步推动融资流动性

导致不稳定的第三个因素源于市场流动性和融资流动性之间重要的相互作用。② 如果一个投资者能够以相对较低的买卖差价进行大量买卖，“市场流动性”就高，如在股票和债券市场；“融资流动性”指资产的买家，如投资者、投机者或做市商等，可以吸引融资，这种融资是由交易证券的抵押品价值推动的。有学者（Brunnermeier 和 Pedersen）指出，市场流动性和融资流动性之间

① Morgan Ricks：‘*Shadow Banking and Financial Regulation*’，August 2010.

② Marcus Brunnermeier，Lasse Heje Pedersen，‘*Market Liquidity and Funding Liquidity*’，November 2008.

存在密切联系，并且都与资产价值相关。如图5所示，当资产价格下降时，即使折扣率不变，抵押品价值和抵押融资的供应量也可能下降，融资减少会导致市场流动性下降和价格波动性增加，而这种波动性可能通过折扣率或保证金百分比的提高以及资本要求上升体现出来（若采用风险价值模型计提交易业务的资本要求）。因此，尤其在衰退阶段，在自我强化的周期中，资产价格、抵押融资的供给和市场流动性紧密联系在一起。另外，之前看起来无关的市场也可能变为相关。

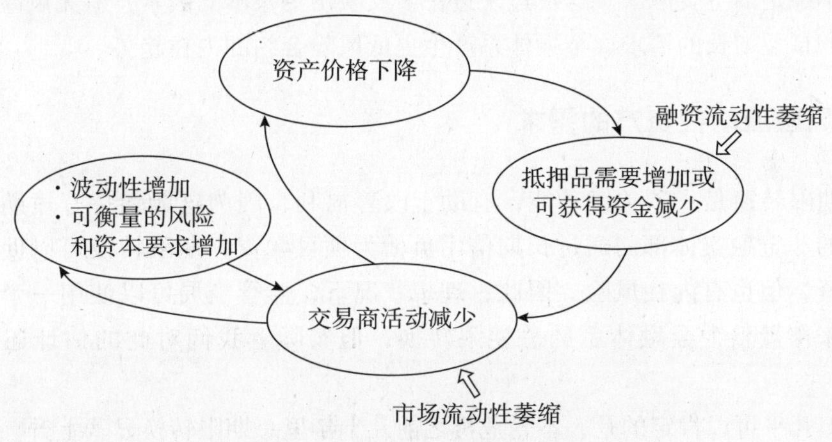

图5　融资流动性和市场流动性

以上三个因素综合起来，抵押融资和盯市会计方法、传统银行体系之外期限转换长链以及市场流动性与融资流动性的联系，使得传统银行与信用证券市场组成的金融体系潜在不稳定性明显上升。

即使影子银行规模降低了（如前文第二部分所述），这些因素仍然会对金融稳定性产生很大影响，因为：

第一，银行本身越来越多地以抵押方式获取融资，增加其资产负债表与抵押融资提供者对特定资产的要求权之间的对应关系。

第二，银行本身不断通过复杂的以市场为基础的合同来寻求资金，如通过抵押品互换或合成型交易所交易基金，使得银行容易受到潜在的融资流动性不稳定的影响。

第三，银行本身从事大量交易业务，使其暴露在融资流动性和市场流动性相互强化导致的顺周期联系之中。

波扎尔等人（2010）认为，认识到以下问题很重要：即市场流动性、融资流动性和资产价值之间的内部关联并非简单的影子银行体系问题，而是任何一个基于市场的金融体系的共同特点，在这样的金融体系中，金融中介的资产负债表与盯市的杠杆约束相联系。

因此，我们不应只关注影子银行中介是否以危机之前的方式重新出现，还应该关注导致整个金融体系、银行或非银行不稳定的根本因素，这些因素在未来可能以其他特定形式再次制造出本轮危机之前的不稳定状况。

因此，盯市会计方法、抵押融资以及多重链条的期限转换的结合，是影子银行不稳定的主要原因。这反过来进一步反映出更根本的因素：对无风险流动性资产日益增长的需求、金融体系产生更低风险合约的内在趋势。

对无风险流动性资产的需求

期限转换是一项关键功能，有助于改善福利，因为这能使持有短期金融资产的非金融实体部门通过长期信用负债为项目融资，期限转换可以促进长期投资，但也有内在风险。因此，理想状况下，监管当局可以使用一个关键指标来衡量整个金融体系的总期限转换，但实际上我们对此的估计还很不完美。

但几乎可以肯定的是，本轮危机之前几十年里总期限转换显著上升，但监管当局和中央银行并没有注意到该上升趋势和随之而来的风险。我们知道，过去30年来许多国家按揭贷款占GDP的比重都大幅上升，如英国从25%大幅上升至90%。① 我们也知道，大部分抵押贷款的融资来源并不是长期债务（比如养老基金购买按揭贷款支持证券，并持有到期），而是通过短期银行存款增长，在美国主要是通过短期货币市场共同基金的投资来融资的。因此相对于国民收入，金融体系推动的期限转换呈现显著增长。

同等重要的是，如波扎尔所指出的，短期金融资产的持有者和持有方式都发生了改变。特别是，企业部门以及金融中介机构（如养老基金、保险公司和共同基金等）所持有的现金和现金等价物都显著增长。我们尚未完全了解非家庭部门持有大量流动资产的驱动力，但就金融机构而言，波扎尔和辛格（Pozsar 和 Singh）给出两种解释：

① Zoltan Pozsar：'*Institutional Cash Pools and the Triffin Dilemma of the US Banking System*', IMF Working Paper, August 2011

一是通过持有流动性资产来保持投资弹性以满足短期资产管理要求（以季度为基础的绩效考核）的愿望。这种愿望就产生了波扎尔所称的“反向期限转换”，即拥有对非金融部门的长期负债的机构，其资产中相当一部分为流动性资产，且其占比不断上升。

二是证券贷款的副产品，其产生的现金抵押品用于再投资，这反映出资产管理者实现潜在回报最大化的愿望。

无论需求上升的驱动力是什么，可以确定的是，总余额已经显著增加，并且主要以新的非银行信贷的形式出现，公司成为货币市场基金的主要投资者，机构投资者通过回购或其他形式的抵押贷款合约而非银行存款货币的形式持有短期现金等价物。流动性资产的大型机构持有者无法通过存款保险得到安全保证，因为存款保险仅覆盖其持有资产的很小一部分。因此，它们试图通过超值抵押交易、盯市会计方法和可变保证金寻求保护，使其所持有流动性资产演变为无风险资产。

在波扎尔看来，证券化反映了需求和供给两方面的因素。这不仅仅是因为银行选择使用“发起—分销”的贷款发放模式以降低资本要求，而且货币市场基金、回购和其他抵押贷款合约不断被开发出来用于满足对安全流动性资产不断增加的需求，这是私人货币的新变种（new variant）。

短视的风险评估和低风险投资幻觉

对影子银行的需求方驱动力包括对流动性资产的需求。但更宽泛地讲，是对看起来风险明显较低但却提供高于传统无风险工具（如美国长期国债）收益的工具的需求。历史上，寻求超额收益在无风险利率较低的地区尤为强烈。无风险利率较低使投资者更容易受到如下承诺的影响：通过证券化分层机制从潜在的风险贷款中创造出低风险的 AAA 级证券产品。

这种影响被越来越具有自我参照特征的信贷风险评估和信贷定价的发展趋势进一步强化。在信用证券和信用衍生产品扮演越来越重要角色的金融体系中，人们认为信用违约互换（CDS）利差为信用水平提供了重要信息。这种市场参考定价的哲学明确得到了国际货币基金组织的支持。2006 年 4 月国际货币基金组织发表的全球金融稳定报告指出，“信用衍生品增强了市场对信用风险的集体意见的透明度……［因而］……提供了关于信用状况的更广泛、有价值的信息，并越来越多地被用于设定信贷价格的边界”。

但只有当透明的信贷定价市场能够远见地反映出信用风险时，这种发展才是有益的。实际上，银行信用违约互换利差不能为即将发生的灾难提供有用的危机预警，相反它发出的信号是：2007 年初银行体系的风险达到历史最低点。有学者（Gennaioli、Shleifer 和 Vishny）认为，这反映了信用证券投资者存在“狭隘思维”（local thinking）的固有倾向，市场运行好的时期过于短视，忽略了那些看起来低风险债务工具回报分布的下行尾部风险；但问题初现时才意识到下行风险，并激起了自我强化的顺周期反应。①

短视可能是基于市场的动态信用体系的固有特征，进一步扩大了潜在的不稳定性，这些不稳定性源于上文提及的不受约束的期限转换、多环节的复杂性，以及抵押融资和盯市会计方法之间的结合。

履行信用中介和期限转换功能的金融体系，无论是通过银行或影子银行和基于市场的信贷合约，都可以产生一系列要求权，这种由风险、回报和流动性组合而成的要求权在总体上难以为继，也是不可能的。在实体经济中，非金融部门借款者，如公司部门、家庭部门和政府部门，还存在还本付息能力的真实风险。贷款发放的越多，这种风险就越大。金融体系可以使用打包、切割和期限转换的方法创造出不同风险回报和流动性的组合，提供不同的组合供投资者选择，但这些组合并不能使风险凭空消失。然而，该体系似乎可以在短期内提供低风险、高回报和更高流动性的组合，但不可能长期持续。银行可以做到这一点，但银行体系只有受到监管约束、中央银行流动性保险和存款保险才能实现稳定。多环节的影子银行体系也可以做到这一点，并且本轮危机之前规模已经很大了。

危机使人们迅速认识到这样一个事实：这种要求权总体上是不可持续的。很显然，流动性的债权变得没有流动性；低风险债权变成高风险并且迅速贬值；金融体系创造满足投资者预期的新债权的能力下降了。而且，应对危机的一些政策反应（为避免灾难的非自愿反应），导致信用中介和期限转换功能的大规模社会化。美国按揭贷款市场越来越由国家提供担保的政府支持企业所主导；目前向希腊、葡萄牙和爱尔兰等欧洲主权国家的新增贷款是由公共机构而不是市场提供的；央行资产负债表吸收更大规模的期限转换和信用风险，因为

① Nicola Gennaioli, Andrei Shleifer and Robert Vishny, '*Neglected Risks, Financial Innovation and Financial Fragility*', September 2010.

私人银行与影子银行体系已经无法支撑之前的规模。

由于私人部门创造低风险和高流动性工具能力的下降，有学者建议，应对政策应包括审慎地让公共部门来创造真正安全的流动性资产，如发行短期国债，以避免由潜在的具有顺周期性的抵押融资工具来创造安全的流动性资产。波扎尔认为，“管理影子银行体系规模的一种办法就是将国债供给管理作为宏观审慎工具”。①

即使能创造出真正安全的工具也只能解决部分问题，更具普遍性的结论肯定是，需要设计出一套体系，让最终投资者面对现实，并且不能让由风险、回报和流动性组合形成的要求权在总体上无法持续。确保建成这样的金融体系需要对银行和影子银行进行综合监管改革。

四、应对影子银行的风险：改革措施

金融稳定理事会承诺2012年底向二十国集团领导人提交有关影子银行体系改革的政策建议。为此，金融稳定理事成立五个工作组，分别解决不同政策问题。在具体描述五个工作组的任务之前，我们首先应考虑有助于了解政策设计的三个关键问题：一是我们需要多少非银行信贷中介：证券化和影子银行是否是我们想重振的有效工具？二是我们可以集中多少精力来从根本上确保银行系统不受影子银行体系的干扰，或者对影子银行体系本身进行改革？三是我们应该如何应对银行资产负债表内外由抵押融资造成的顺周期性风险？

1. 多少非银行信用中介合适?

首先，我们希望资产证券化和影子银行重新出现吗？我们经常自相矛盾。在金融稳定理事会内部，我们经常辩论“重启资产证券化”面临的挑战。最近在《经济学人》杂志“金融创新”专刊上，一位美国高级监管人员称：“资产证券化是有益的，如果所有交易都在银行资产负债表上，将会出现信贷不足”。当然，在危机之前，资产证券化促进了（尤其在美国）信贷扩张，并带来了经济的短期繁荣。但大部分信贷资产质量欠佳，导致不可持续的资产价格

① Zoltan Pozsar (August 2011). See also Arvind Krishnamurthy and Annette Vissing - Jorgensen, '*The Demand for Treasury Debt*', NBER Working Paper Series, Working Paper 12881, January 2007.

以及住宅与商业房地产的泡沫。有学者（Gennaioli、Sheifer 和 Vishny）声称，许多信用证券的发行以及基础信用的扩张主要源于对风险的忽视。如波扎尔等人指出的，美国低质量贷款发放的核心是这样一个过程："影子银行通过将不透明、风险大的长期资产转换为类似货币、看起来无风险的短期负债，从而为信贷提供廉价的资金来源"。

这表明证券化可能是有益的，但不能再以危机之前影子银行的形式出现。

我们希望看到连接非杠杆化长期投资者与长期借款者的信用中介渠道的进一步发展，这些渠道包括，保险公司或养老基金直接购买公司债券以及分层或打包的证券化产品。但是，如果这些渠道包括不受约束的杠杆率和期限转换，那将存在很大的风险。由于相当比例的证券化信贷就是因为杠杆化、期限转换和被忽略的风险才存在的，因而证券化信贷不太可能恢复到危机前的水平。

2. 拆分还是监管?

第二个问题是，我们是仅在传统银行周围布置警戒线，还是也直接监管影子银行？当然，我们需要仔细观察银行与影子银行或市场之间的联系。在危机之前的体系中，银行为资产负债表外结构性投资工具和管道提供显性或隐性的流动性保险。未来，我们需要确保任何类似的或有流动性承诺都能受到流动性监管标准的约束。危机之前，银行利用少得可怜的交易账面资本来支持证券化信贷交易：巴塞尔协议 II. 5 提高了证券化风险的资本要求，以解决该缺陷。将投资银行与传统银行分开监管，无论是美国的沃尔克规则，还是英国独立银行委员会的建议，都将会以不同方式降低银行资产负债表对信用市场发展的脆弱性。

虽然这些措施都是可取的，但应该谨慎地考虑这些措施是否充分。即使与银行没有关联且银行不提供支持，影子银行体系也能够发展（可能充分复制银行体系杠杆化和期限转换）：果真如此的话，将会产生信贷和资产价格的繁荣和衰退的周期性循环，这对宏观经济和银行体系的稳健性都是不利的。

3. 应该监管抵押融资的顺周期性吗?

第三个问题是，如何看待过去 30 多年以来，信贷中介体系、银行资产负债表和影子银行体系中抵押融资的显著发展。回购型负债占主要交易银行（如巴克莱银行或摩根大通的）资产负债的 10% ~15%，长期担保融资占银行总负债的份额不断上升：许多银行，尤其是欧元区的银行，目前严重依赖央行提供的抵押融资。对抵押融资来源依赖性的增强，部分源于对市场认知的回应，即市场认为非抵押债务风险更大。这种市场认知具有自我强化性，因为资产负债表上抵押债权的比重越大，非抵押债权人的相对风险就越大。一旦相当部分资金提供者通过抵押交易寻求避险，那么自由市场均衡可能会变成几乎所有（不同于抵押存款者的）资金提供者都将会寻求这种形式的保障。

然而，正如申铉松（Adrian 和 Shin）所指出，随着抵押品采用持续盯市的方式进行重新估值以及追加可变保证金要求，“在资产负债表持续盯市、资产价格随着净值改变而随时改变，将引发金融中介通过调整资产负债表规模作出反应，盯市的杠杆将呈现出明显的顺周期性”。

因此，抵押融资在银行资产负债表中扮演更大作用可能使银行体系变得更具顺周期性。对监管当局者的启示是，在抵押融资发展趋势不可能逆转的金融体系中，至少采用三种方式来缓解其影响：一是通过要求银行体系持有更多资本，从而拥有更大的能力吸收资产价格波动的顺周期影响。二是通过规定单家银行必须持有的自救安排（bail - inable）无抵押期限债务的数量，来限制抵押融资拖累资产负债表的程度。三是直接限制抵押融资市场（如回购市场）的顺周期性：在合约层面上引入资本要求，如最低初始保证金和折扣率要求，以降低折扣率和保证金调整带来的顺周期性。

4. 监管改革方案

监管改革一些的具体措施已经被纳入巴塞尔协议 II. 5 和巴塞尔协议 III 改革，包括引入更高的交易账户资本要求、更高的资本和流动性监管标准。一些基于市场的活动与银行资产负债表活动的拆分将通过实施类似于沃尔克或威克尔式的监管改革方案来实现。

金融稳定理事会的五个工作组将确定是否需要采取进一步的政策措施解决影子银行自身的问题。

一是解决银行体系与影子银行之间可能存在的相互关联问题，以及制定适用于资本并表的监管规则和针对银行向非银行实体提供授信支持的资本要求的监管规则。

二是专门针对货币市场基金。由于货币市场基金可以创造出公司部门、家庭部门或机构持有的货币等价物，除监管限制之外我们还关注其货币创造。该工作组的假设是，如果货币市场基金对其投资者承诺不变的净资产价值，那么它将类似于银行，应接受类似于银行的流动性和资本限制。

三是审视以证券化形式向实体经济发放的贷款，以寻求能解决“发起—分销”模式内生的委托代理和激励问题，以确保产生良好授信标准的激励。

四是关注区别于货币市场基金的其他影子银行实体。目标是发现杠杆率和期限转换如何进入非银行信用中介体系，在必要的情况提出适当的限制。

五是针对抵押融资市场的复杂网络：回购、主要经纪商融资、证券借贷和现金抵押品再投资。抵押融资市场使商业银行、交易经纪商、资产管理人、货币市场基金和对冲基金等之间形成复杂的内在联系。该工作组将重点考虑：为抵消这些市场中内在的顺周期性，我们是否应该监管折扣率和保证金率？我们是否具备有效的机制来这样做？

五个工作组结合起来将产生我们的改革方案。该改革方案将与其他已经提出政策变化相配合，解决危机之前影子银行体系带来的金融不稳定问题。我们必须维持改革的势头，若有必要还应进行更加激进的改革。这不仅仅是因为2008年金融危机前10年我们已经意识到问题的存在但未能充分作出反应。一些导致2007/08年危机的金融体系特征可以在长期资本管理公司迅速崛起和随后崩溃的故事中看出端倪。随后发表的一些有价值的研究报告已经提出了其中的一些问题，如2001年全球金融体系委员会（CGFS）发表的“批发金融市场中的抵押品”报告已经指出了危险：在一个抵押程度较高的金融体系中，抵押融资压力将会影响市场流动性，因此将产生“资产价格下跌导致流动性压力和违约，反过来引致资产抛售和价格再次下跌的恶性循环”的危险。① 报告提出了一系列可能的政策反应，包括一些目前正在重新考虑的政策措施；但由于随后几年对金融稳定的威胁明显下降，当局并没有采取政策行动。

这次，我们要确保改革足够彻底，当然我们不能自欺欺人地以为目前设计出的改革措施将充分保证体系的长期稳定，或者以为我们可以进行精确干预，在保护非银行信用中介好的方面的同时，仅剔除那些有害的因素，因为不断变化产生新风险和新关联性是现代全球金融市场的本质特征。在2011年3月举行的国际货币基金组织会议上，经济学家保罗·罗默（Paul Römer）指出，

---

① Committee on the Global Finance System (CGFS), '*Collateral in Wholesale Financial Markets: Recent Trends, Risk Management and Market Dynamics*', March 2001.

“每十年左右，任何有限的金融监管制度将会导致系统性的金融危机，因此，我们需要不断调整监管制度以应对不断变化的环境”。为此，我们需要将金融体系置于永久的监控之下。如果我们能做好，监控将使我们可以发现重要的趋势和所产生的风险，但它无法为我们提供金融体系相互关联和风险传递方式的精确指示图。

2010 年 7 月纽约联邦储备银行的研究报告提出了一些解决影子银行问题的合理建议。报告明确提出，“建议附上影子银行体系 36 × 48 英寸的海报”。鉴于他们描绘出了影子银行体系的复杂性，该建议很有必要。因此，复杂性超出理解能力的任何体系和精确校准我们应对政策的任何想法都将是一种妄想。在不稳定的巨大成本和复杂性所带来的收益不确定的情况下，监管反应因此应偏向于审慎，这种取向可以应对复杂的金融体系内部关联性、应对顺周期的市场合约、应对具有期限转换或高杠杆的不受监管的机构或市场。

（中国银监会国际部　王胜邦　中央财经大学中国公共财政与政策研究院汪兵韬　译）

图书在版编目（CIP）数据

比较 .61 / 吴敬琏主编．—北京：中信出版社，2012.8
ISBN 978-7-5086-3429-6

I. ①比… II. ①吴… III. ①比较经济学 IV. ① F064.2

中国版本图书馆 CIP 数据核字（2012）第 155991 号

比较·第六十一辑

主　　编：吴敬琏
策 划 者：《比较》编辑室
出 版 者：中信出版股份有限公司
经 销 者：中信出版股份有限公司＋财新传媒有限公司
承 印 者：北京华联印刷有限公司
开　　本：787mm×1092mm 1/16　　印　　张：13　　字　　数：200 千字
版　　次：2012 年 8 月第 1 版　　印　　次：2012 年 8 月第 1 次印刷
书　　号：ISBN 978-7-5086-3429-6/F · 2673
定　　价：28.00 元